Martin Lange

Rustikaler Innenausbau

Doppelbände in der Reihe
Fachwissen für Heimwerker

Manfred Birreck	**Reisemobilausbau**
Karl-Heinz Böse	**Heizkosten sparen**
	Kalt-, Warm- und Abwasserleitungen selbst verlegt
Werner Dittmer	**Hausbau leicht gemacht**
Dietrich Engelhard	**Solaranbauten**
Hans H. Göres	**Betonieren und Mauern**
	Haussicherung
Heinz Graesch	**Holzarbeiten dekorativ und nützlich**
Erich H. Heimann	**Einbau von Fenstern, Türen und Toren**
Rudolf Horstmann	**Richtig renovieren**
	Möbel lackieren
Edwin Johnson	**Altes und Antikes aufarbeiten**
Wolfgang Kreinberg	**Eigenheimausbau**
Bernd W. Krupka	**Dachbegrünungen und Grasdächer**
Martin Lange	**Fachwerkhäuser renovieren**
Dietmar Lochner	**Ferien- und Wochenendhäuser im Selbstbau**
	Wärme- und Schalldämmung im Innenausbau
	Dachgeschoßausbau
	Kellerausbau
Klaus Mathoy	**Ökologisches Haus planen und bauen**
Wilhelm Michel	**Streichen und Lackieren**
Peter H. Nengelken	**Bauen im Garten mit Holz und Beton**
	Rustikale Möbel selbst gebaut
	Vom Brachland zum gepflegten Garten
Manfred Rascher	**Kachelofenbau**
	Steinöfen, Backöfen und Gartengrills
	Wintergärten
Eberhard Richter	**Campingbusausbau**
Gerd Sandstede	**Kunstschmieden**
Albert Wartenweiler	**Arbeiten auf der Drechselbank**
Walter Wolf Windisch	**Spannende Spiele selbst gemacht**

Martin Lange

Rustikaler Innenausbau

Verlagsgesellschaft Rudolf Müller, Köln-Braunsfeld

1.– 5. Tausend 1983
6.–13. Tausend 1984
14.–17. Tausend 1986

ISBN 3-481-24331-6

© Verlagsgesellschaft Rudolf Müller GmbH
Köln-Braunsfeld 1983
Alle Rechte vorbehalten
Verlagsredaktion: Ingeborg Roggenbuck
Satz: Fotosatz Berger, Köln
Druck: Druck- + Verlagshaus Wienand, Köln
Printed in Germany

Vorwort

Rustikaler Innenausbau bedeutet heute für uns, sich wieder an das Alte, das Gemütliche aus der Zeit der Großeltern zu erinnern. Ist Ihnen dabei nicht auch schon der Gedanke gekommen, Ihr eigenes Zuhause so einzurichten? Haben Sie beim Betrachten der schönen alten Fachwerkhäuser nicht auch schon den Wunsch gehegt, sich den Innenausbau der Häuser anzuschauen? Leben wie damals - doch mit der Technik von heute. Wenn Sie sich mit diesen Gedanken schon vertraut gemacht haben und Ihnen nur der Anfang, das »Gewußt wie« gefehlt hat, dann soll dieses Buch Ihnen die notwendigen Informationen vermitteln. Es will nicht nur Ratgeber sein, sondern vielmehr mit den Bildern und Erläuterungen Anregungen wecken und Ihren eigenen Vorstellungen vom rustikalen Wohnen neue Elemente hinzufügen. Zudem soll Ihnen die Suche nach geeignetem Material erleichtert werden.

Auch die Industrie hat in den letzten Jahren vieles für Selbermacher getan, indem sie Fertigteile und Halbfabrikate für den rustikalen Innenausbau in diversen Variationen anbietet. Ich habe mich für Sie nach leicht zu verarbeitendem Material auf dem Markt umgesehen und auch Geeignetes gefunden. Natürlich konnte ich nicht alle Hersteller besuchen oder nach mir weniger bekannten fahnden. Sie brauchen sich jetzt nur entscheiden, welches Material für Sie in Frage kommt. Vielleicht zeigt Ihnen auch Ihr Händler noch etwas ganz Neues. Bei der Gestaltung können Sie jeweils auf die in diesem Buch gezeigten Anregungen zurückgreifen.

Möglichkeiten in der Innenraumgestaltung gibt es jedoch so viele, daß sie hier natürlich nicht alle im Detail behandelt werden können. Auch sind nur einige in der Praxis ausgeführte Arbeiten gezeigt. Sie können diese Ausbauvorschläge und Gestaltungsanregungen natürlich nicht als Idealbeispiel für jeden Raum übernehmen. Immer ist eine Abweichung auf den jeweils einzurichtenden Raum erforderlich. Trotzdem hoffe ich, daß meine Vorschläge und Beispiele für Sie eine Arbeitshilfe sind.

Wenn jedoch ein totaler Innenausbau größeren Stils von Ihnen geplant ist und Sie sich bei der Gestaltung nicht sicher sind oder zu keiner Lösung kommen, so fragen Sie einen Fachmann, der ständig mit dieser Materie umgeht oder lassen Sie sich am besten gleich eine komplette Planung machen.

Für die handwerkliche Ausführung hätte ich auch in Ihrem Fall keine Bedenken. Sollten Sie als Heimwerker aber mal feststellen, daß Sie diese oder jene Arbeit nicht selbst ausführen können, weil Ihnen vielleicht die erforderlichen Geräte oder Maschinen fehlen, so scheuen Sie nicht zum Fachmann zu gehen und die Arbeiten dort in Auftrag zu geben. Zum Montieren gibt's trotzdem genug für Sie zu tun.

Wenn Sie das Titelbild oder die fertigen Einbauten anschauen, schrecken Sie bitte nicht zurück und denken an die Beschaffung eines großen Maschinenparks. Sie brauchen nur das in Ihrer Heimwerkstatt befindliche Werkzeug. Wer über den üblichen Bestand hinaus etwas mehr verfügt, hat leichteres Arbeiten.

Ich bin sicher, daß nach Studium dieses Buches sich jedermann in die Materie des rustikalen Innenausbaues hineindenken kann und die Anwendung sowie das Verarbeiten des Materials bewältigen wird. Denn ich setze voraus, daß Sie als Heimwerker auch über einige handwerkliche Fähigkeiten verfügen. Und nun wünsche ich Ihnen viel Glück und gutes Gelingen bei Ihrer rustikalen Innenausbauarbeit.

Marktrodach, im März 1983   Martin Lange

Inhalt

Deckenverkleidungen 9
Einleitung – Einfache Balkendecke – Balkenfries, indirekt beleuchtet – Balkendecke mit verbretterten Feldern – Decke mit Stulpschalung – Unterteilte Balkendecke – Balkendecke, zum Teil tiefer abgehängt – Balkenkassettendecke – Segment- und Rundbogendecken – Abgehängte Decken - Techniken und Arbeitsweisen

Wandverkleidungen 34
Fachwerkaufblendungen – Verschalungen – Nischenverkleidungen – Integrierter Regalaufbau – Konsolen, Knaggen und Stützen – Tür- und Fenstereinfassungen, Türverkleidungen – Fenstereinfassungen und Heiznischenverkleidungen – Heiznischen- und Heizkörperverkleidung

Raumteiler 66
Fachwerktrennwände – Fachwerktrennwände als Stollenwand mit Schrankeinbauten – Raumteiler bei vorhandenem Mauerwerk – Raumteiler, konstruktiv

Sitzbänke 85
Gestaltung und Konstruktion – Polsterarbeiten – Rundbank

Tische 101
Vorschläge und Konstruktionen

Oberflächenbehandlung 107

Werkzeug 111
Fußböden

Vorhänge und Dekorationen 115

Die Eßdiele 116

Ein Raum zum Feiern 126

Die Wohnung 137

Stichwortregister 158

Deckenverkleidungen

Einleitung

Beim rustikalen Einrichten sollte man auf heimische Hölzer zurückgreifen. Am geeignetsten für den Heimwerker sind Fichte und Kiefer, wobei die Fichte am häufigsten auf dem Markt angeboten wird. Die Oberflächen der handelsüblichen Hölzer sind in gehobelter, sandgestrahlter beziehungsweise gebürsteter, gebrannter, behauener oder geschruppter Ausführung zu bekommen. Zum Teil werden die Materialien schon in gebeizter, demnach fertiger Oberfläche angeboten. Natürlich können Sie auch alte Balken und Bretter von Scheunen- oder vom Dachabbruch verwenden, vorausgesetzt sie sind weder morsch noch verfault.
Bedenken Sie bei Anwendung von Massivholz, daß dieses unbedingt raumtrocken sein muß. Nasses Holz ist für den Innenausbau völlig ungeeignet. Bestimmt werden Sie bei Ihrem Zimmermann einige trockene Balken bekommen.
Holz ist ein lebender Werkstoff, der temperatur- und feuchtigkeitsabhängig ist. Wenn also Holz für den Innenausbau gekauft worden ist, lagern Sie es nie draußen im Freien oder in der Garage. Besser ist es, ins Haus damit oder lagern Sie es in dem betreffenden Raum, jedoch erst nach Beendigung der Maurer- und Verputzarbeit, das heißt, wenn alle Feuchtigkeit heraus ist.
Baufeuchtigkeit läßt sich mit einem einfachen Stück Papier ermitteln. Legen Sie dazu ein Stück Zeitungs- oder Pergamentpapier einen halben Tag lang in den Raum. Wird das Papier weich, so ist noch Baufeuchtigkeit vorhanden, knistert es, ist der Raum trocken.
Baufeuchtigkeit wirkt sofort auf die Materialien ein. Sie werden dies beim späteren fertigen Ausbau feststellen. Die Bretter schwinden, und die Balken reißen und verwerfen sich. Trotzdem sollten Sie einen gerissenen Balken nicht ersetzen. Zum rustikalen Innenausbau gehört das einfach dazu.
Wenn Ihnen Fichte nicht gut genug ist, so können Sie auch Massiv-Eichenholz für den Innenausbau nehmen. Der Markt bietet auch dies, allerdings nur in beschränktem Maße an. Es ist jedoch für den Selbermacher mit den zumeist vorhandenen Heimwerkergeräten oder gar mit seinem Handwerkzeug schwerer bearbeitbar. Denn Eiche ist Hartholz.
Eine Kombination von Fichtenholz für Wand- und Deckenverkleidungen und dazu Möbel aus Eiche ist sehr verträglich und daher zu empfehlen. Ihr Holzhändler kann Ihnen bestimmt eichefurnierte Spanplatten für Schrankfronten oder Bankeinbauten anbieten.
Bei Deckeneinbauten brauchen Sie keine lackierten Oberflächen. Es genügt, wenn die Holzteile gebeizt sind. Es gibt spezielle Beizen, die nach dem Beizvorgang nur noch ausgebürstet werden.

Durch dieses Ausbürsten erscheint ein leichter Seidenmattcharakter. Auch gibt es Beizen mit Wachszusatz, die nach der Endbehandlung sogar einen mattseidenen Glanzeffekt haben.
Die nachfolgenden Zeichnungsansichten sind immer direkt gesehen, auch bei Deckenansichten. Diese sind von oben gezeichnet mit der Ansicht von unten, also es ergibt sich kein Spiegelbild.
Bereiten Sie Ihre Arbeit gut vor, und überlegen Sie einmal mehr, dann kann nichts schiefgehen!

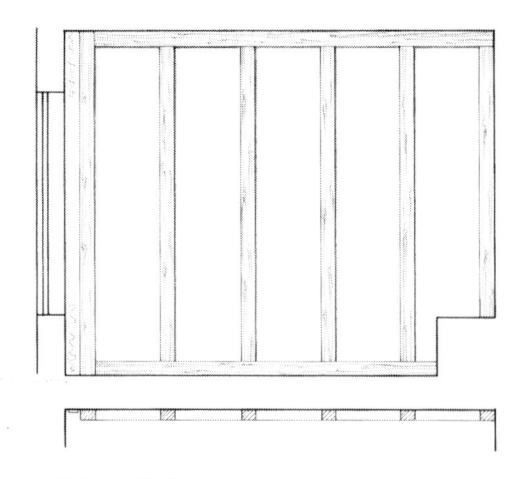

1 Einfache Balkendecke.

Einfache Balkendecke

Wollen Sie einen Raum, dessen vorhandene Decke noch sauber und glatt ist, mit Balken aufgliedern, so ist die einfache Balkendecke die leichteste und billigste Lösung. Gehen Sie bei der Aufteilung der Deckenfläche immer von den Raumproportionen aus, das heißt: Im Regelfall wird die Balkenanordnung parallel zu den schmalen Wänden verlegt. Nur in den seltensten Fällen und zur Erreichung eines besonderen Effektes sollte und kann auch anders verfahren werden.

Die Auswahl der auf dem Markt vorhandenen Fertigbalken ist groß: Von der flachen Balkenschale 3 x 12 cm bis hin zum zusammengesetzten Balken 21 x 20 cm oder durch Verbindung mehrerer Einzelelemente in Höhe und Breite zu optisch gebündelten Balkeneinheiten ist alles zu haben. So kann man gut Unterzüge, Stahlträger, Rohrleitungen und ähnliches auf diese Weise verkleiden.

Ratsam ist es natürlich, sich vor der Planung mit dem Händler in Verbindung zu setzen, um festzustellen, welche Fertigteile er führt. Sollte wider Erwarten kein geeignetes Material zu bekommen sein, so erfragen Sie dort die Liefermöglichkeiten der auf Seite 156 des Buches aufgeführten und von Ihnen als richtig befundenen Materialien.

Wenn Sie nun die Decke vorplanen, so messen Sie den Raum mit allen Ecken, Nischen und Absätzen auf, und bringen das Ergebnis maßstabsgetreu 1:10 (ein Meter = 10 cm) oder bei größeren Räumen 1:20 (ein Meter = 5 cm) zu Papier. Überlegen Sie, ob bei den Fenstern eine eventuell vorhandene Vorhangschiene in die Decke eingezogen werden soll. Schmiedeeiserne Vorhanggarnituren oder hölzerne Landhausgarnituren braucht man bei der Deckengestaltung nicht zu berücksichtigen, da diese ja an der Wand befestigt werden.

Es ist zweckmäßig, allein schon für die späteren Tapezierarbeiten, auch an den Langwänden Balken einzuziehen. So ersparen Sie sich das lästige und zeitraubende Tapetenausschneiden bei den Wandanschlüssen der Deckenbalken. Andererseits ist das Einpassen der Deckenbalken zwischen den Wandbalken auch einfacher.
Teilen Sie dann die Deckenfläche zwischen den Wandbalken auf. Der Abstand zwischen den einzelnen Deckenbalken sollte im Regelfall zwischen 60 bis 85 cm liegen. Nachstehendes Rechenbeispiel soll Ihre Arbeit erleichtern:

Raumlänge 451 cm
abzüglich
2 Wandbalken à 15 cm = 30 cm
1 Vorhangkanal = 16 cm
4 Mittelbalken à 15 cm = 60 cm

Summe der verkleideten
Deckenflächen 106 cm

Raumlänge 451 cm, abzüglich
106 cm = 345 cm : durch 5 Deckenfelder = 69 cm Deckenfeldbreite.

Bringen Sie diese Maßrechnung direkt an die Decke oder markieren Sie sie an den Wänden.
Im letzteren Fall wird dann mit Setzlatte und Wasserwaage die Einteilung an der Decke markiert. Die Wandbalken werden nach dem sich ergebenden Gesamtmaß zugeschnitten und können nach fertiger Oberflächenbehandlung montiert werden.

Die Mittelbalken, also die Balken, die zwischen den Wandbalken liegen, werden dann aus dem Gesamtmaß ermittelt und zugeschnitten, und zwar einzeln, falls Wände schräg verlaufen und unterschiedliche Maße auftreten. Die Anschnittkanten der Balken müssen, wenn Wand- und Mittelbalken mit Kantenprofil oder Fase ausgeführt sind und gleiche Höhe haben, mit einer Abfasung versehen werden.
Setzen Sie den Hobel schräg zum Werkstück an, und bewegen Sie ihn in Richtung Holzfaser nach unten und gleichzeitig zur Seite. Erst von links nach rechts, dann umgekehrt. Sie können aber auch die Wandbalken in der Höhe stärker als die Mittelbalken dimensionieren, dann entfällt die Anschnittkantenbearbeitung.
Die Felder zwischen den Balken können nach Abschluß der Arbeiten wahlweise mit Rauhfaser, Textil- oder geschäumten Tapeten mit Putzstruktur tapeziert werden. Selbstverständlich können die Felder auch mit Grobstruktur-Mörtel oder mit grobkörnigem Kunststoffputz verputzt und gestrichen werden. Beim Ver-

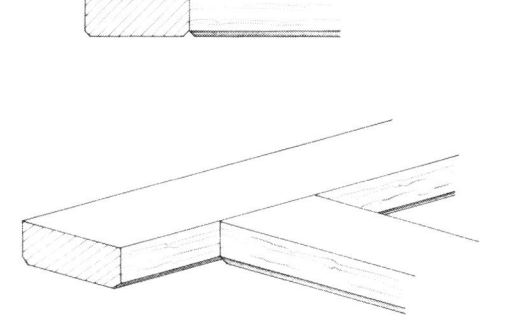

2 Abfasen der Anschnittfläche bei gleichhohen Balken.

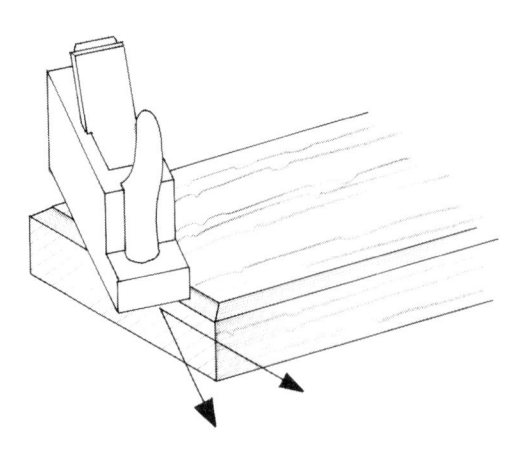

3 Kantenabfasen mit dem Hobel.

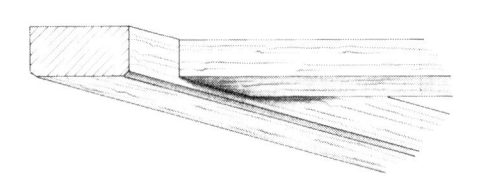

4 Wandbalken, in der Höhe stärker als Zwischenbalken.

Balkenfries, indirekt beleuchtet

Soll eine Decke als Fläche erhalten bleiben, jedoch dem rustikalen Stil entsprechen und dabei gleichzeitig als Lichtspender funktionieren, so ist ein Balkenfries an den Außenwänden zu empfehlen.

Die Balkenhöhe müßte hierzu 25 bis 30 cm umfassen, bei einer Breite von etwa 30 bis 40 cm. Da solche Balken aber nicht handelsüblich zu bekommen sind, müssen sie aus Brettern zusammengesetzt werden. Die Verbindungen sind sorgfältig zu verleimen.

Sie müssen hierbei beachten, daß die Frontblende zur Lampenaufnahme mindestens 9 cm hoch sein muß, damit die Leuchtstofflampe nicht sichtbar wird. Als Lampen werden hier Langfeldleuchten in abgedeckter Ausführung verwendet. Diese müssen nicht fest in den Kanal montiert werden, sondern können lose eingelegt sein. Letzteres erleichtert ein späteres Austauschen von Vorschaltgeräten, Kondensatoren und Startern. Der Abstand von der Frontblende bis zur Decke sollte mindestens 10 cm betragen. Wenn es die Raumhöhe zuläßt, ist eine größere Höhe besser: Einmal um Leuchtstoffröhren austauschen zu können und andererseits um einen guten Lichtaustritt zu erhalten.

Als Lichtfarbe für die Leuchtstoffröhren sollte Warmton gewählt werden. Damit wird eine Angleichung an das normale Glühlampenlicht erreicht.

Die Montage der Balkenfriese geschieht mittels Dachlatten oder gleichwertiger Leisten. Diese werden mit entsprechen-

putzen sollten aber alle Holzflächen sauber abgeklebt werden. Kalkspritzer verändern die Oberfläche und verursachen Fleckbildung.
Eine weitere Voraussetzung ist, daß alle Holzteile für die Decke vor der Montage oberflächenbehandelt sind. Das kann auf unterschiedliche Weise geschehen: naturlackieren, beizen, beizen und lackieren oder imprägnieren. Wichtig ist, das Holzwerk niemals an der fertig montierten Decke zu behandeln.

5 Balkenfries, indirekt beleuchtet.

den Mauerdübeln an Decke und Wand geschraubt und direkt daran befestigt man die Balkenschalen, ebenfalls mit Schrauben. Die Eckverbindungen können für Profis auf Gehrung, wahlweise aber auch stumpf gestoßen ausgeführt werden.

Beim stumpfen Zusammenstoßen der Balkenverbindungen achten Sie unbedingt darauf, daß die Lichtkanalabschot-

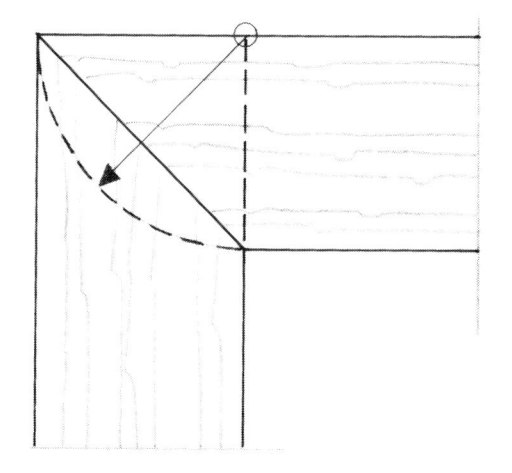

6 Anreißen der Gehrung.

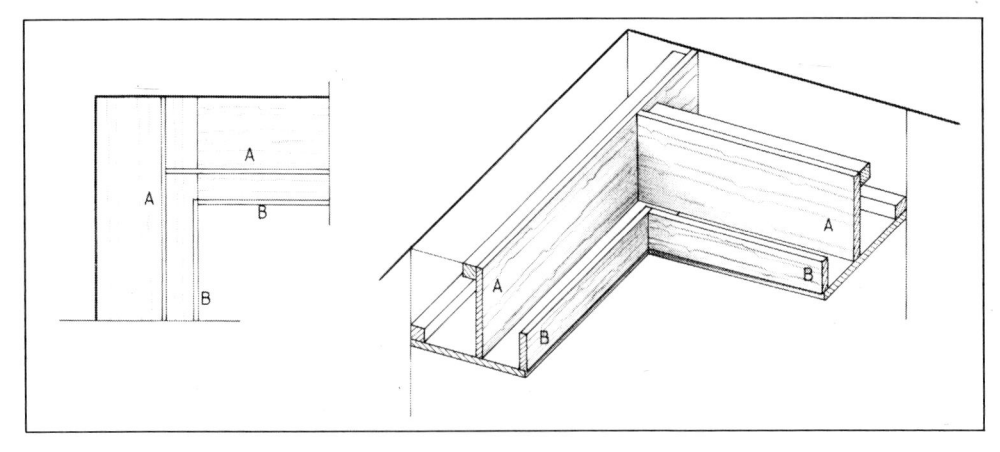

7 Stumpfe Stoßverbindung bei Beleuchtungsbalken.

tung A) beim anstoßenden Balken um die Tiefe des Lichtkanals länger geschnitten wird. Diese Verbindung muß dicht anschließen, denn in den meisten Fällen kann die Eckverbindung nach fertiger Montage eingesehen werden.
Die Anschnittkanten sind gemäß Bild 3 abzufasen. Sollte sich im Raum eine Mauerecke, Stütze oder ein Kamin befinden, so muß der Balken nicht unbedingt hier herumgeführt werden, sondern es genügt, wenn bei kurzen Distanzen ein Brett in der Höhe des Gesamtbalkens herumgeführt wird.

Balkendecke mit verbretterten Feldern

Zwingt die Decke zu einer totalen Erneuerung, so kann dies auch mit einer rustikalen Decke (siehe Bild 8) geschehen. Sie setzen in die umlaufenden Wandbalken einige Mittelbalken und ziehen dazwischen noch Querbalken ein. Die sich dann ergebenden Felder werden mit Profilbrettern in herkömmlicher Weise mit Unterlattung und den zu den Profilbrettern passenden Montageklammern montiert. Für die eventuelle Vorhanganbringung setzen Sie den ersten Balken im Fensterbereich mit 16 cm Wandabstand an. Das Einpassen der Bretter in die Felder kann paßgenau erfolgen.

Die Anschnittkanten werden mit Schleifpapier, 80er Körnung, leicht gebrochen. Oder lassen Sie umlaufend eine etwa 1 cm breite Schattennut. Bei dieser Anordnung werden die Anschnittkanten abgefast.

Man kann natürlich auch die Decke gegen Wärmeverlust dämmen, indem zwischen Decke und Unterlattung Mineralwolle oder Styroporplatte eingelegt wird. Alternativ dazu, um einen noch besseren Dämmeffekt zu erreichen, bringt man auf die gesamte Deckenfläche eine Unterlat-

8 Balkendecke mit verbretterten Feldern.

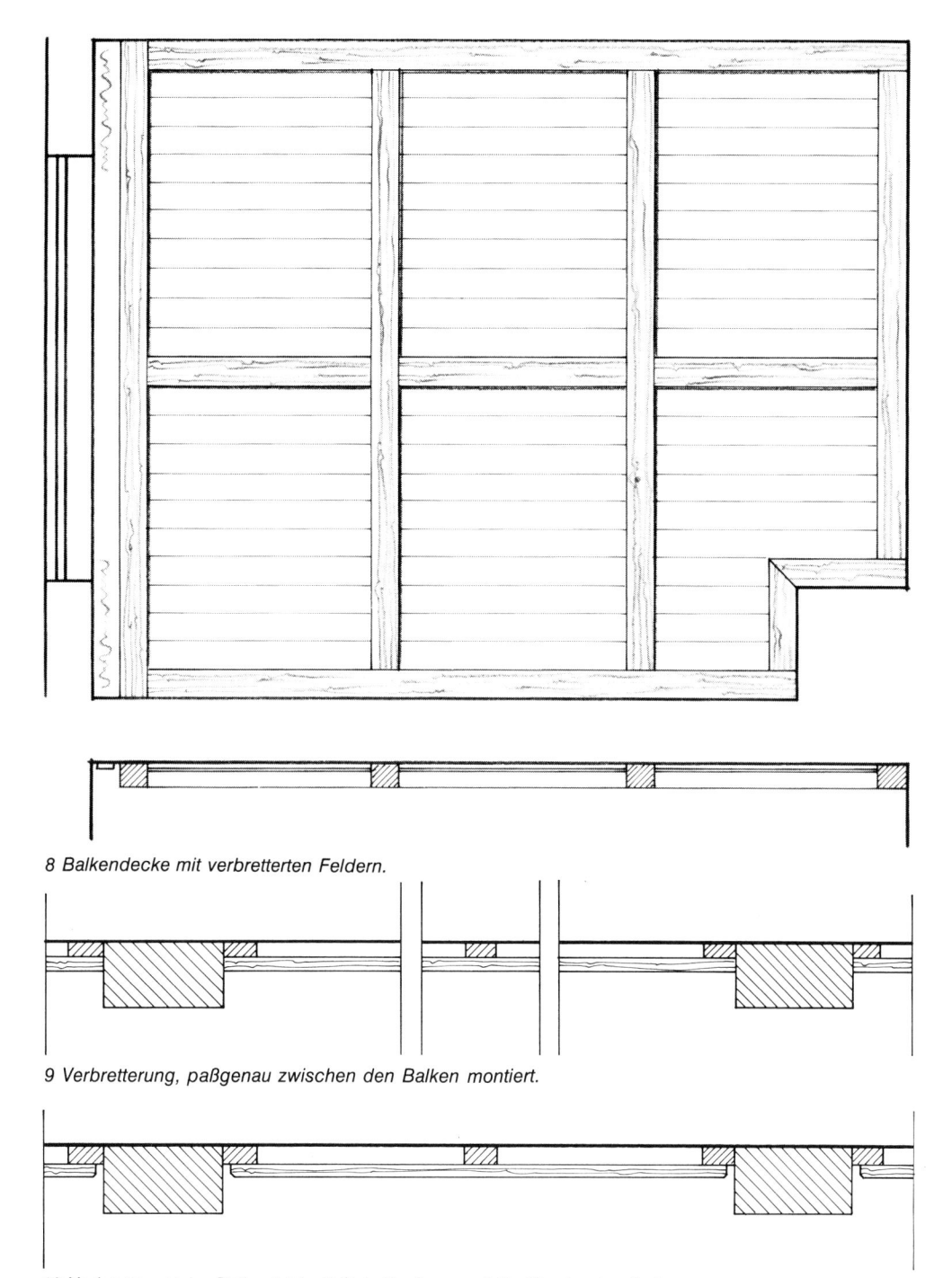

9 Verbretterung, paßgenau zwischen den Balken montiert.

10 Verbretterung im Balkenfeld mit Schattenfuge und Brettkante abgefast.

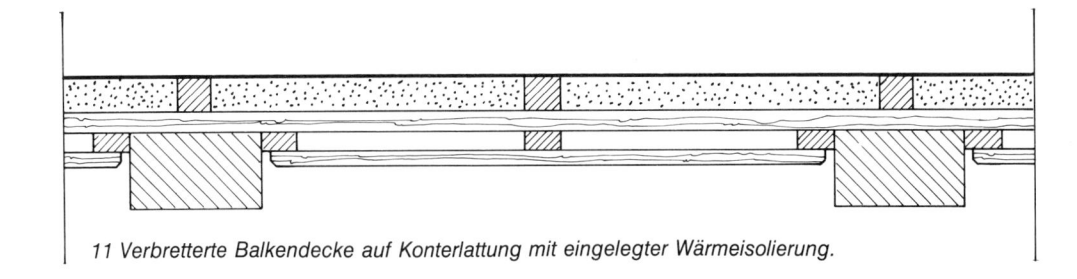

11 Verbretterte Balkendecke auf Konterlattung mit eingelegter Wärmeisolierung.

tung von 30, 40 oder 50 mm Stärke an. Zwischen der Lattung wird dann die Isolierung eingebracht und das Ganze mit einer Konterlattung, die mit der Wasserwaage ausgerichtet wird, verschraubt. Auf diese Vorrichtung wird dann in der üblichen Weise die Balkendecke und die Schalung aufgebracht. Beachten Sie bitte, daß die Unterlattung in Richtung Mittelbalken verläuft.

Je nach Material besteht auch die Möglichkeit, vorgefertigte Balkenschalen mit Einschubnuten für die Verbretterung zu verwenden. Die Balkenschalen können mit Friesbrettern oder Montageeisen montiert werden. Jeder Balken hat eine tiefe und eine flache Nut. In die tiefe Nut werden Spezialfedern und eine Holzfederleiste eingesetzt. Die in der Länge zugeschnittenen Einschubbretter brauchen nur noch in die mit den Federn ausgelegten Nuten eingedrückt zu werden. Die Federkraft schiebt das jeweilige Brett in die gegenüberliegende Nut ein. Als Einschubbretter sind Profilbretter oder Nutbretter mit loser Feder verwendbar.

Zu beachten ist, daß bei der Montage der Balken sich stets eine tiefe und eine flache Nut gegenüberliegen und die Balken genau parallel verlaufen.

Decke mit Stulpschalung

Eine Alternative zur Balkendecke mit verbretterten Feldern ist die restlos verbretterte Decke. Empfehlenswert ist auch hier der wandumlaufende Balken. Er sollte mindestens 13 cm breit und 6,5 cm hoch sein. Besser ist jedoch, der stark auftragenden Stulpkonstruktion wegen, etwa 20 cm breite und 15 cm hohe Balken zu verarbeiten.

Wie schon bei den soeben beschriebenen Decken werden auch hier zunächst

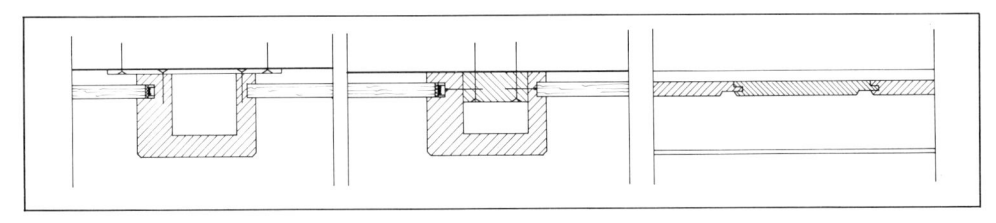

12 Schnitt durch Balkendecke bei Verwendung von Deckenbalken mit Einschubnuten für Verbretterung.

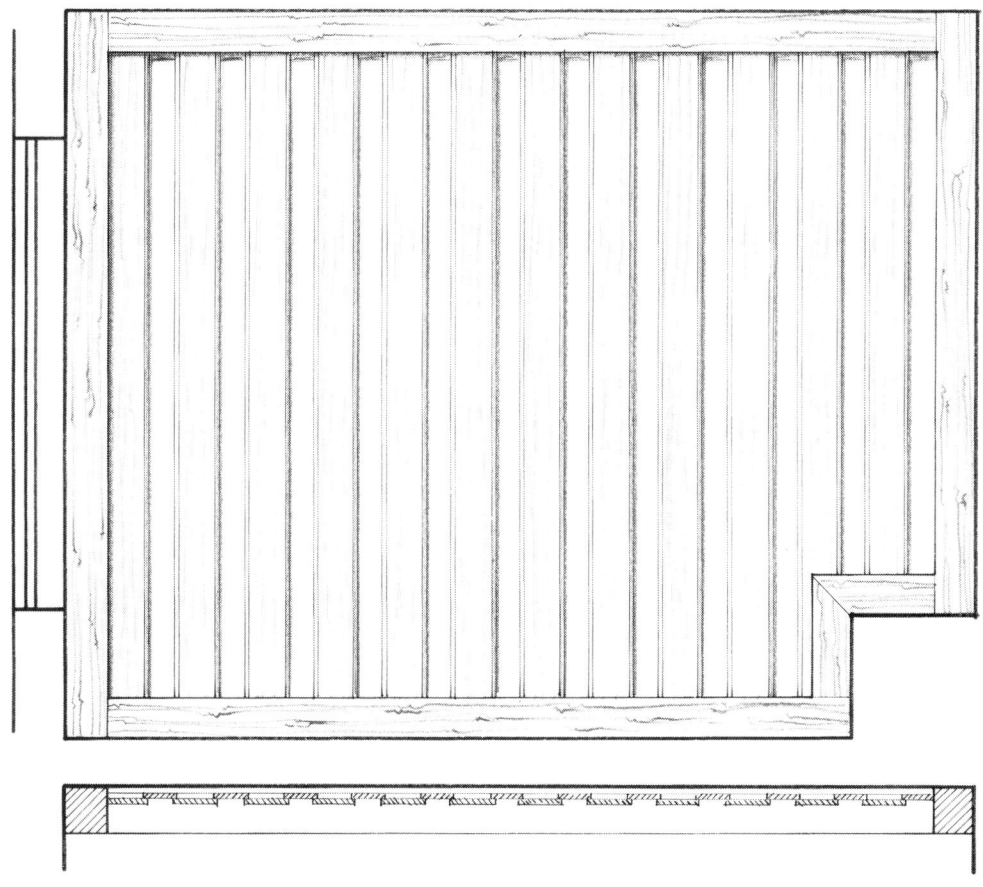

13 Decke mit Stulpschalung.

die Wandbalken angebracht. In dem sich ergebenden Deckenfeld wird die Unterlattung im Abstand von etwa 65 bis 75 cm an die Rohdecke geschraubt und ausgerichtet. Dann können die Schalungsbretter auf Länge geschnitten und mit den vom Hersteller empfohlenen Klammern montiert werden. Auch hier besteht wie bei allen geschlossenen Decken die Möglichkeit der Wärmeisolierung.

Wem die einfache Stulpschalung nicht ausreicht, sollte System Rotan, mit profilierten Kanten, nehmen. Hier werden genutete Bretter mit passenden Profilleisten verleimt und mit Spezialkrallen montiert. Die Krallen müssen, etwa 4 cm versetzt im Abstand der Unterkonstruktion, eingeschlagen werden. Dann wird dieses Stulpbrett mit der Kralle einseitig auf das zuvor befestigte Deckenbrett eingeschoben und die andere, auf die Unterkonstruktion ausgerichtete Kralle festgeschraubt. Anschließend schieben Sie das nächste Deckenbrett über das Stulpbrett und schrauben die andere Seite

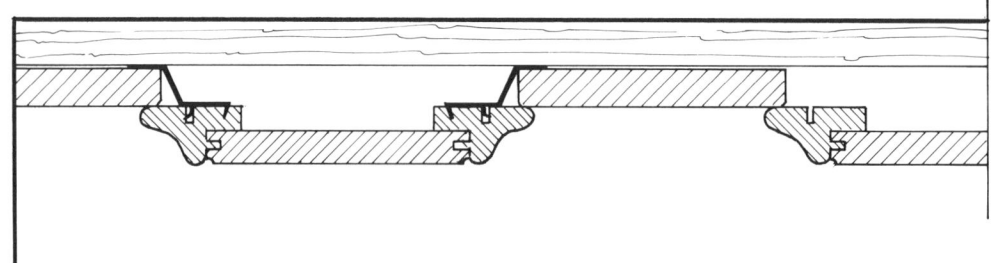

14 Stulpschalung mit profilierten Kantenleisten, System Rotan.

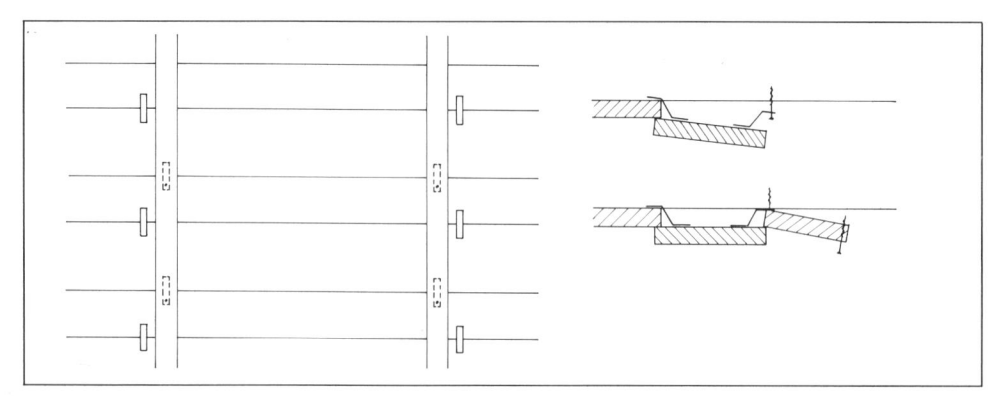

15 Das Setzen der Halte- und Montagekrallen bei Stulpschalung.

fest. Sollte Ihnen die Deckenfläche zu groß sein und sich eine Balkenunterteilung optisch anbieten, kann man auch diese Decke unterteilen, ähnlich wie in Bild 8 gezeigt.
Bei der Stulpschalung gibt es verschiedene Montagemöglichkeiten, und zwar:
1 Die Stulpbretter werden eingehängt.
2 Die Stulpbretter werden sichtbar geschraubt und mit schmiedeeisernen Deckkappen abgedeckt.
3 Die Stulpbretter werden versenkt geschraubt und mit Holzzierknöpfen abgedeckt.
Beim Einhängen der Stulpbretter geht man folgendermaßen vor: Die oberen Deckenbretter werden auf die ganze Länge und die untergesetzten Stulpbretter auf die Länge zwischen den Balken zugeschnitten. Das erste Brett wird fest montiert.
Dann verfahren wir gemäß Bild 15: Stulpbrett einhängen, Deckenbrett einschieben und festschrauben. Der Balken wird aus den Stulpbrettern ausgespart und zum Schluß in diese Aussparung eingesetzt.
Beim Schrauben der zweiten und dritten Montagemöglichkeit gibt es keine Probleme. Die oberen Deckenbretter laufen über die ganze Raumlänge durch. Sie werden mit Abstandsschablonen fest montiert. Dann werden die Balken eingesetzt und an die Deckenbretter angeschraubt. Die Stulpbretter werden auf Länge geschnitten, die Kanten abgefast

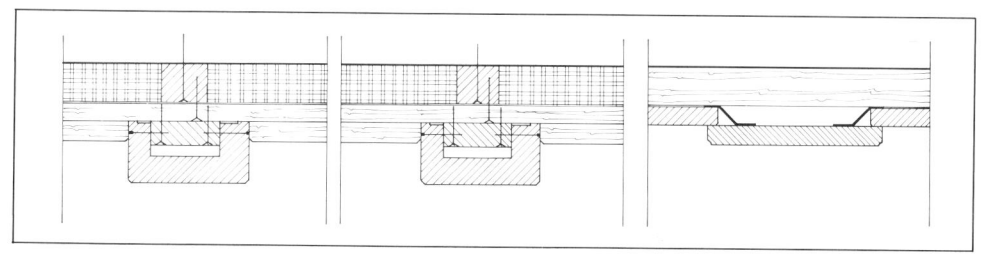

16 Schnitt durch Balkendecke mit Stulpschalung und Isolierung.

17 Unteransicht der angebrachten Stulpschalung mit Aussparung für den Balken.

18 Ein fertiges Deckenteil mit Stulpschalung und Querbalken.

und dann mit der Abstandsschablone festgeschraubt.
Sollen die Schraubenköpfe mit schmiedeeisernen Abdeckkappen versehen werden, braucht man keine besonderen Vorkehrungen zu beachten. Die Abdeckkappen gibt es mit zwei oder drei Einschlagecken, sie sind innen hohl, der Schraubenkopf kann also überstehen.
Beim Versenktverschrauben bohren Sie die Löcher mit einem Stufenbohrer und Anschlag an der Bohrmaschine oder mit einem Anschlagklotz. Nach dem Festschrauben kann man dann in die großen offenen Löcher Holzzierknöpfe einleimen. Die Größe des oberen Stufenansatzes richtet sich nach der Größe des Zapfens am Holzzierknopf. Man kann

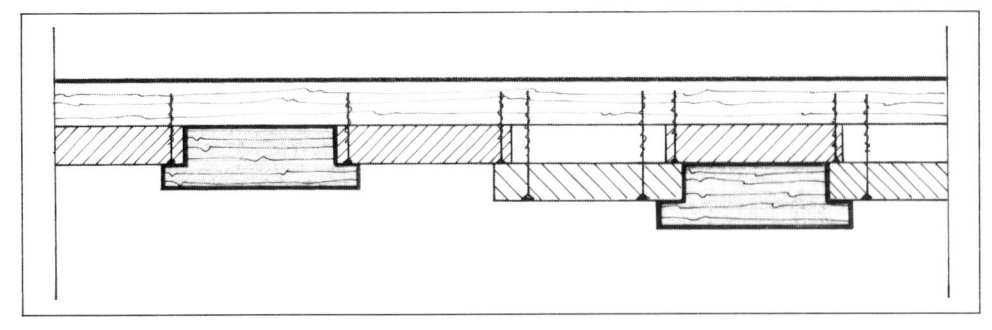

19 Arbeiten mit Abstandsschablonen für Decken- und Stulpbretter.

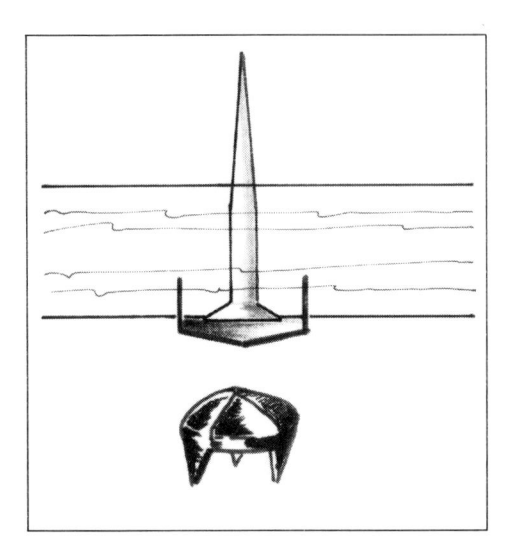

20 Brettbefestigungen mit Schrauben und schmiedeeisernen Abdeckkappen.

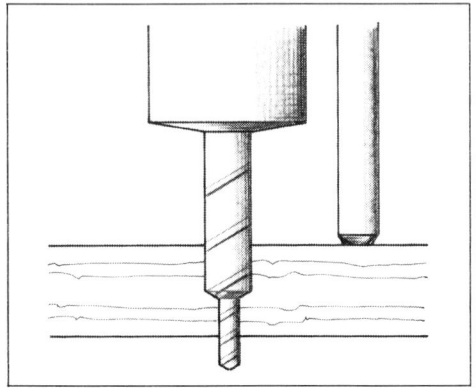

21 Bohren mit Stufenbohrer, nur mit Anschlag.

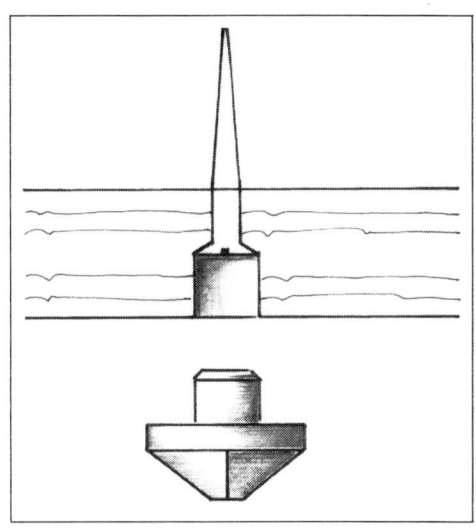

22 Mit Stufenbohrer vorgebohrtes Schraub- und Dübelloch für Holzzierknopf.

sich aber auch behelfen, muß jedoch jedes Loch zweimal bohren: einmal für den Zapfen, etwa 10 mm tief, und danach für die Schraube.

Unterteilte Balkendecke

Sie kann abgehängt und mehrmals unterteilt sein. Die Felder sind zum Tapezieren mit Spanplatten ausgelegt oder mit Furnierplatten, die gebeizt werden oder natur lackiert. Bild 23 zeigt die Dek-

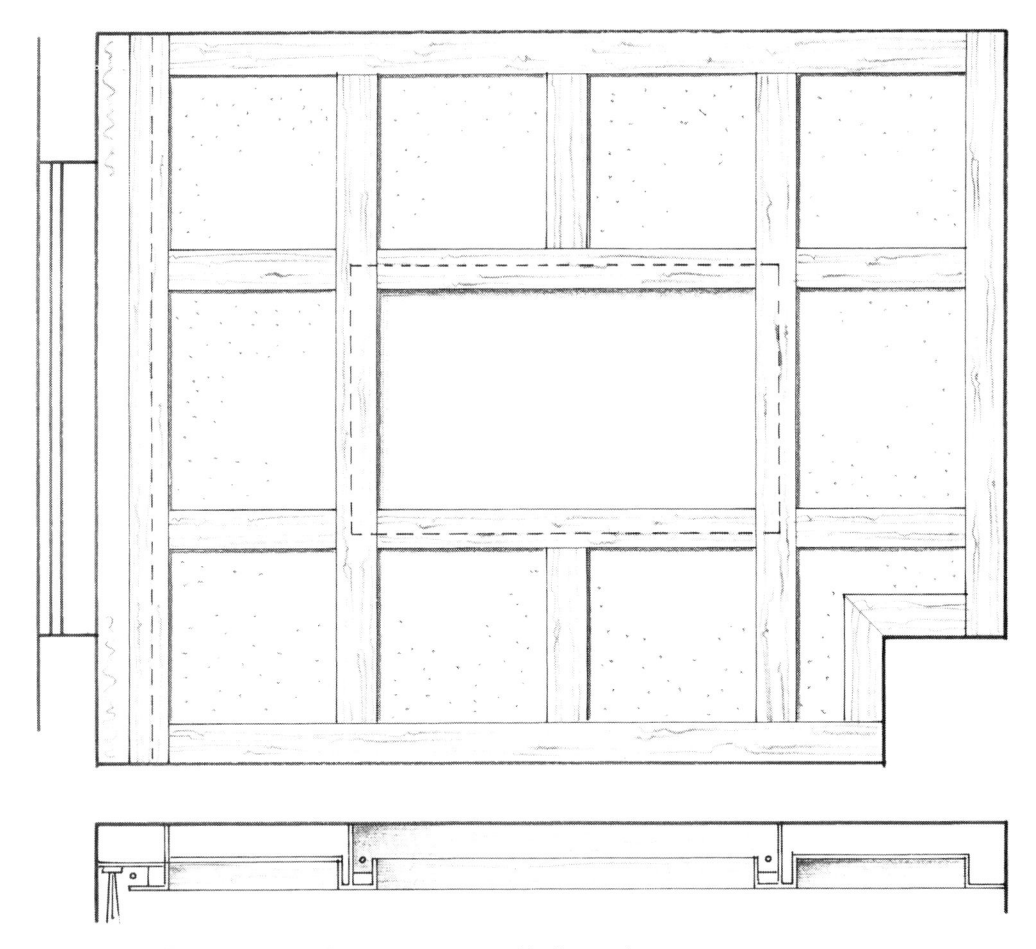

23 Unterteilte Balkendecke mit Beleuchtungsspiegel in Raummitte.

ke mit innerem Beleuchtungsfeld, Vorhangbeleuchtung und Vorhangkanal. Die Balken sind hier etwa 15 cm von der vorhandenen Decke abgehängt. Lediglich im Mittelfeld ist die vorhandene Decke belassen, und die Balken sind für indirekte Beleuchtung ausgelegt. Im Fensterbereich ist die Vorhangschiene eingebaut und zusätzlich mit indirekter Beleuchtung ausgestattet.

Die einzelnen Balken sind als Balkenschalen aus Brettern zusammengesetzt. Die Konstruktion richtet sich nach dem ausgewählten Material.
Ist eine Abhängung der zu niedrigen Raumhöhe wegen nicht möglich, werden die Balken direkt an die Rohdecke montiert. Dabei kann der Vorhangbalken wie auch die anderen als Kasten ausgebildet sein.

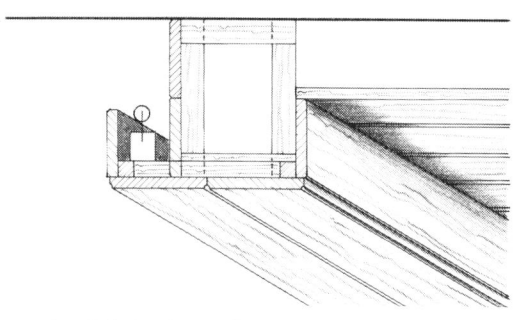

24 Schnitt durch Beleuchtungsbalken mit Anschluß der Feldverbretterung.

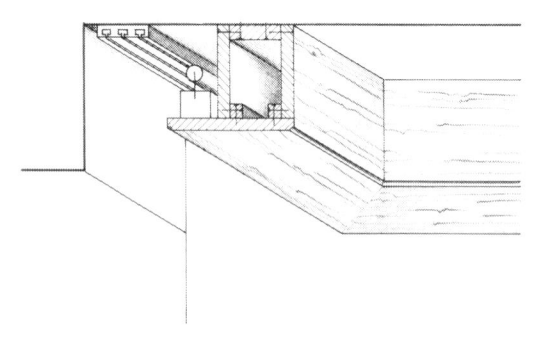

25 Deckenbalken mit indirekter Beleuchtung und Vorhangschiene.

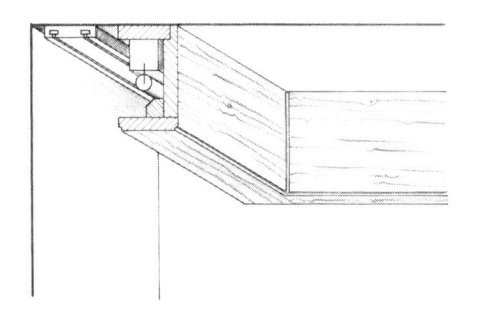

26 Vorhangblende für indirekte Beleuchtung.

Bei Räumen, die rustikal eingerichtet sind und keine Deckenverkleidung erhalten sollen, kann die Vorhangschiene einschließlich indirekter Beleuchtung mit einer Blende ähnlich dem Vorhangbalken, versehen werden.

Der Gesamtaufbau dieser Decken entspricht in etwa dem der zuvor beschriebenen Decken. Zu beachten ist, daß die vorhandene Decke im beleuchteten Mittelfeld einwandfrei sauber und glatt ist. Jede Unebenheit würde das einfallende Licht noch besonders betonen. Erforderlichenfalls verkleiden Sie diesen Bereich mit Span- oder Gipskartonplatten.

Balkendecke, zum Teil tiefer abgehängt

Soll ein Raum einer bestimmten Nutzung dienen, beispielsweise als Hausbar oder Trinkstube, oder soll eine seiner Besonderheiten herausgestellt werden, ein offener Kamin oder ein hübscher Kachelofen, eine gemütliche Sitzgruppe oder ein rustikaler Arbeitsplatz, so kann man bereits bei der Deckengestaltung einen besonderen Akzent setzen, indem man in einem bestimmten Teil des Raumes die Decke tiefer abhängt als im übrigen Teil.

Die Decke wird zunächst als normale Balkendecke aufgebaut, jedoch in dem besonders ausgestatteten Teil des Raumes werden unter der Decke nochmals Balken angesetzt. Die Felder zwischen den Balken müssen verbrettert werden. Die untergesetzten Balken werden am besten aus Massivholz gefertigt, weil das Kopfteil profiliert wird, oder man baut einen Hohlkörper aus Brettern zusammen und paßt am Kopfteil ein profiliertes Massivholz ein. Dieser Vorschlag ist jedoch mit viel Arbeit verbunden.

Die Möglichkeiten der Kopfteilprofilierungen sind vielfältig und unterliegen dem persönlichen Geschmack des jeweiligen Bauherrn. Das Bearbeiten der Kopfprofi-

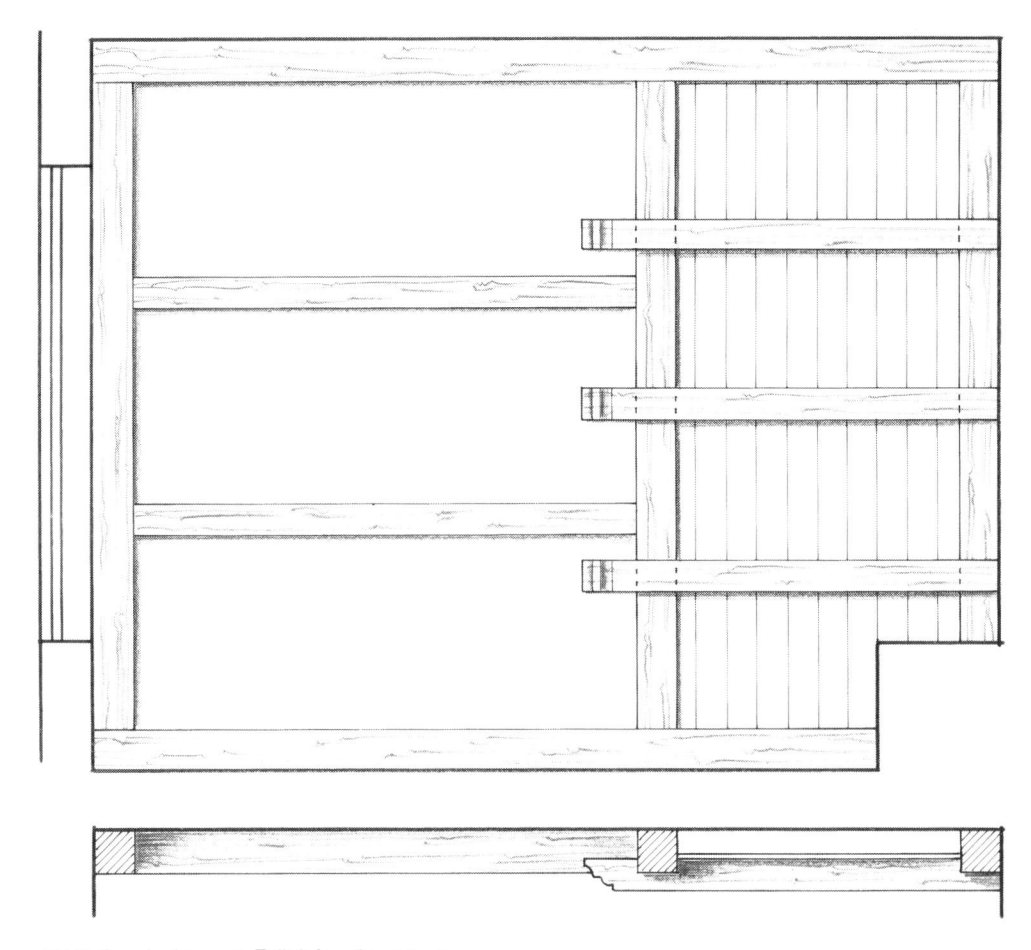

27 Balkendecke, zum Teil tiefer abgehängt.

le ist mit der Stichsäge allein nicht getan. Entweder es wird mit der Hand-Schweifsäge versucht, oder Sie gehen am besten gleich zum Tischler oder Zimmermann und lassen sich den Balken mit Profil anfertigen.

Sofern diese Massivbalken später reißen und aufspringen, brauchen Sie bitte keine Bedenken zu haben. Denn zum rustikalen Innenausbau gehören auch Risse und Äste, je mehr es sind, desto besser ist es.

28 Abgehängte Balkendecke mit Verbretterung aus gebürsteten Materialien, gebeizt ohne Lacküberzug.

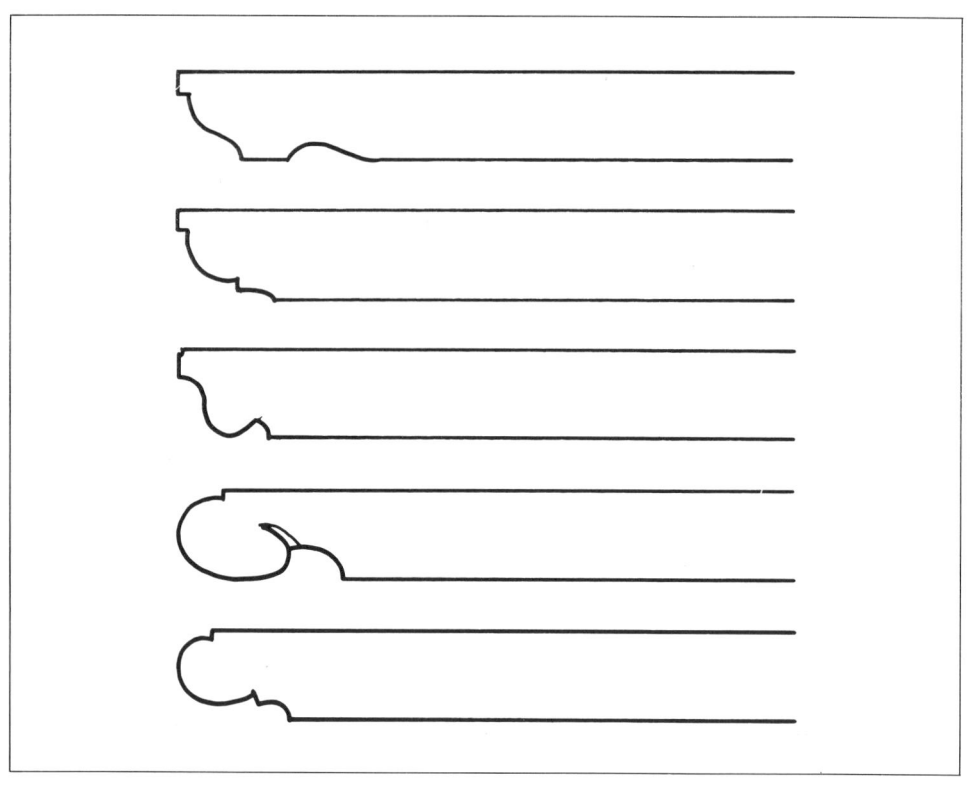

29 Ein Teil der verschiedenen Balkenkopfprofilierungen.

Wollen Sie den abgehängten Teil der Decke noch weiter als in Bild 30 gezeigt herunterziehen, dann setzen Sie einfach an den querlaufenden Frontbalken noch ein oder zwei Bretter an. Der hintere Wandbalken wird um die zusätzliche Abhängehöhe gleich tiefer montiert. Die Mindesthöhe unter der tiefsten Balkenkante sollte 215 cm jedoch nicht unterschreiten.

Balkenkassettendecke

Für Heimwerker ist die umfangreiche Arbeit zum Herstellen einer Balkenkassettendecke kein leichtes Vorhaben. Mit Geduld und Sorgfalt, auch ein wenig künstlerische Fähigkeiten sind gefragt, dürfte auch dies zu schaffen sein: Schließlich ist solch eine Decke ein einmaliges Erlebnis für lange Zeit und zeigt neben den handwerklichen Fähigkeiten auch noch die künstlerische Ausdrucksweise der Malerei.

Zwei bis drei Motive wählt man aus, die sich in wechselnder Folge wiederholen können. Das Gesamtbild der Decke, hier wirken ja auch die Teilungen und Profilierungen, kann sehr gut aussehen.

Zeichnen Sie Ihre Motive auf Papier und übertragen Sie diese mittels Kohlepapier auf die Kassettenplatten. Mit Deck- oder Plakatfarben, bunt oder in gedeckter Tö-

30 Konstruktionsansicht für ein tiefer abgehängtes Deckenteil.

31 Gesamtbild einer Kassettendecke.

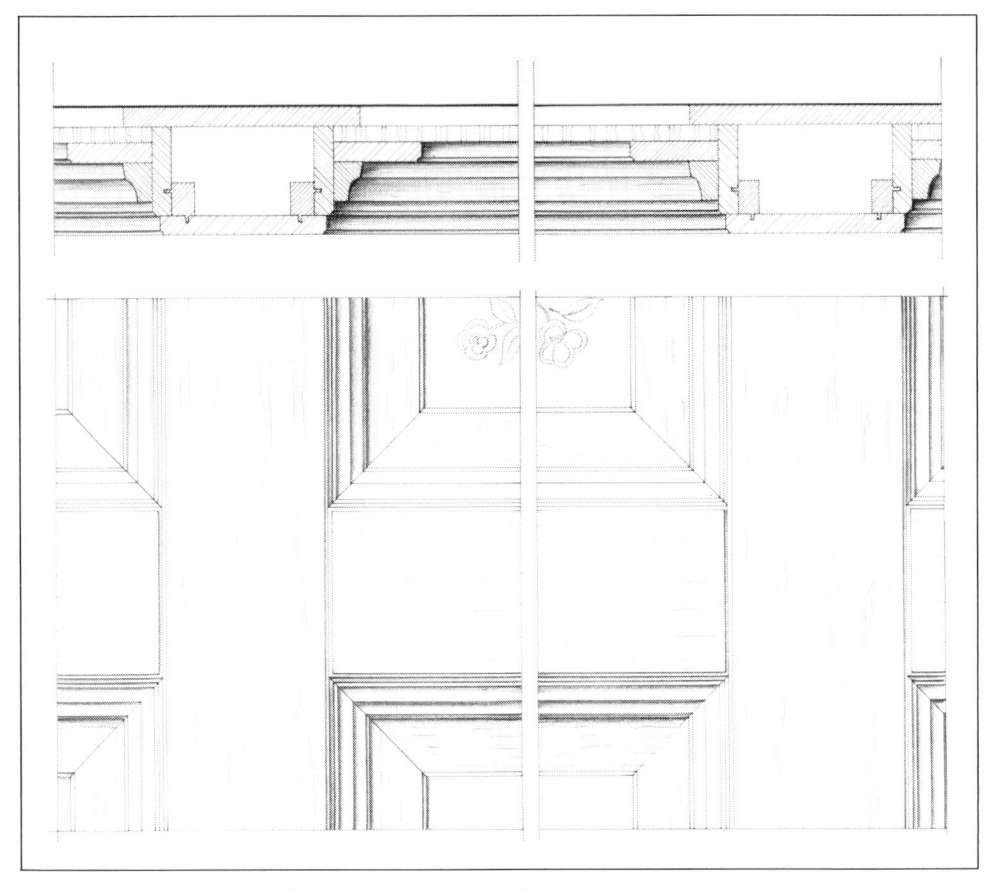

32 Detail und Ansicht einer Kassettendeckenkonstruktion.

nung, malen Sie dann die gepausten Motive aus. Nach völliger Durchtrocknung der Malerei wird sie mit Seidenglanzlack überzogen.
Der Aufbau einer Kassettendecke ist prinzipiell der gleiche wie bei den zuvor beschriebenen Decken. Entscheidend ist die Materialauswahl. Für die gezeichnete Decke wurde das Rotan-System gewählt, jedoch mit Abweichungen in der vom Werk gegebenen Konstruktion. Zur Montage sind die Balken mit Spanplattenüberstand, je Seite etwa 3 cm, gut verleimt und geschraubt, versehen.
Die Maßeinteilung erfolgt stets von der Mitte des Raumes. Da die Kassetten quadratisch sein sollen, müssen Maßdifferenzen durch Ausgleich am Wandbalken vorgenommen werden. Wenn die Maßeinteilung auf Anhieb nicht gelingt, sollte es noch einmal, und zwar entgegen der im Bild gezeigten Methode, versucht werden.
Die Kassette ist eine einfache, 14 mm

starke Spanplatte oder eine bereits furnierte. Auf ihr werden, je nach Größe der Felder, 7 bis 9 cm breite, auf Gehrung geschnittene Randfriese von der Kassettenrückseite mit Schrauben befestigt. Die fertig bearbeiteten Kassetten schraubt man dann mit vier Schrauben durch den äußersten Rand in die Kassettenfelder ein. Den unteren Abschluß bilden profilierte Eckleisten, die, ebenfalls auf Gehrung geschnitten, in die Felder eingepaßt sind. Sie werden schließlich mittels dünner Schrauben befestigt.

Zu den Verschraubungen gilt für die bereits beschriebenen sowie die noch auszuführenden Arbeiten folgender Hinweis: Alle sichtbaren Schrauben sind soweit zu versenken, erforderlichenfalls durch 1 bis 2 mm tiefes Aufreiben des Bohrlochs, daß diese Stellen mit Wachs- oder Möbelkitt, im Farbton der Beize, nach Beendigung der Arbeiten ausgekittet werden können.

Nägel, nur gestauchte Nägel verwenden, werden mit dem Versenkstift ebenfalls so tief eingesenkt, daß eine Verkittung möglich ist. Paßt der Kitt zum Farbton des Holzes, werden nach fertiger Arbeit keine Schraub- oder Nagelstellen zu sehen sein.

Segment- und Rundbogendecken

Es gibt Situationen, wo durch verlegte Heizungs- oder Wasserleitungsrohre eine Verlegung von Decken in herkömmlicher Weise nicht möglich ist, besonders dort, wo der Raum nicht sehr hoch ist, aber auch in Fällen, in denen man bewußt etwas anderes machen will. Hier

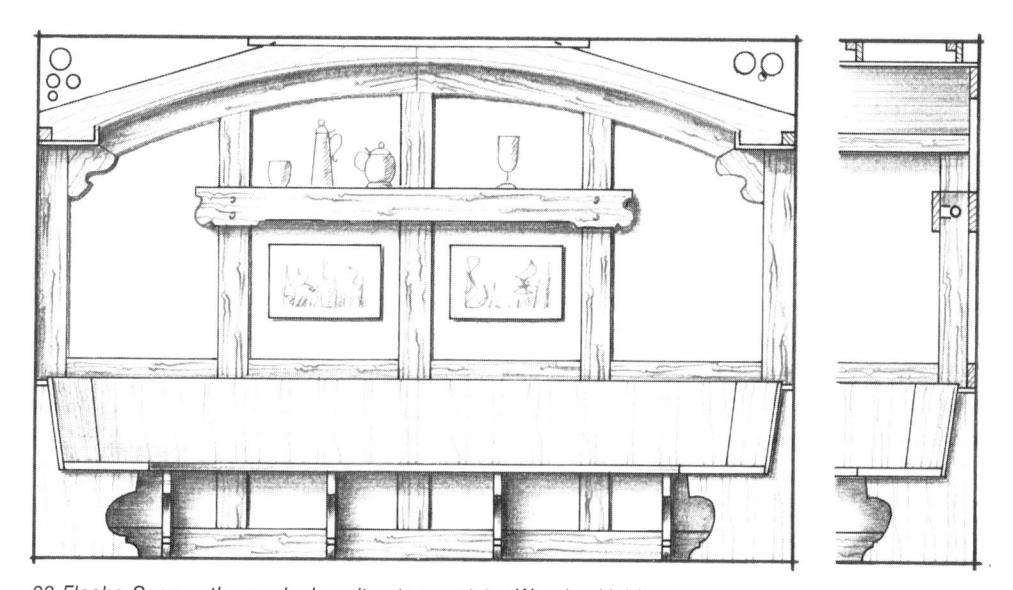

33 Flache Segmentbogendecke mit untergesetzter Wandverkleidung.

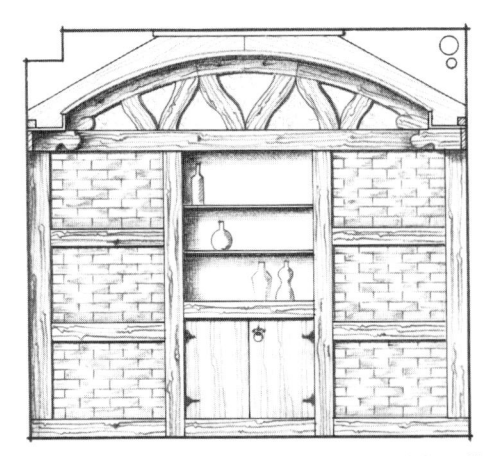

34 Rundbogendecke mit Unterkonstruktion für Eckverkleidungen und Rohrbündeln, einschließlich Ansicht der untergesetzten Wandverkleidung.

bietet sich die Segment- oder Rundbogendecke an.
Bild 33 zeigt, daß an den Wänden Rohrbündel verlaufen und diese durch die Anordnung der Decke eingebaut werden. Die Raumhöhe, zumindest in der Mitte, bleibt fast erhalten.
Die Bogendecke ruht seitlich auf einem etwa 10 cm hohem und 20 bis 40 cm breitem Balken. Die Mindesthöhe unter dem Balken sollte 205 cm nicht unterschreiten. Der Segment- oder der Rundbogen kann aus Profilbrettern jeder Art hergestellt oder auch als Stulpschalung gefertigt sein. Die Schalung nimmt die gesamte Raumlänge ohne Unterbrechung ein. Entscheidend bei dieser Deckenanordnung ist die Unterkonstruktion. Sie kann aus Tischlerplatten oder zusammengesetzten Brettern bestehen, die mit Dachlatten an die vorhandene Decke und seitlich an die Wände gedübelt wird. Bitte keine Spanplatten verwenden! In den Schnittkanten halten keine Schrauben.
Die Brettkonstruktion wird zunächst provisorisch mit einigen Nägeln zusammengehalten, sodann reißt man die Länge – Raumbreite oder Raumlänge –, je nachdem wie die Decke verlaufen soll, mit dem Bleistift an. Desgleichen verfährt man bei den seitlichen Balken. Mit einer vorn mit Bohrloch für den Bleistift versehenen Latte ziehen Sie dann den gewünschten Kreisausschnitt. Drehpunkt ist Raummitte, die Drehpunktentfernung ist entsprechend Ihrem gewünschten Bogen zu wählen.
Anschließend schneiden Sie das Ganze mit der Stichsäge aus und nageln die Konstruktion fest zusammen. Mit dieser ersten Konstruktion können die weiteren angezeichnet werden. Nach der Montage der Dachlatten an den Wänden und der Decke werden die Bogenunterkonstruktionen daran befestigt, wobei in alle Richtungen mit Wasserwaage und Setzlatte ausgewogen wird.
Der Abstand zwischen den Unterkonstruktionen dürfte etwa 80 cm betragen. Wenn alles stimmt, schrauben Sie die seitlichen Balken, die als Balkenschalen aus Brettern zusammengesetzt sind, an die Unterkonstruktion.
Die Verschalung im Bogenbereich sollte bereits auf den am Boden liegenden Unterkonstruktionen angerissen sein. Versuchen Sie von der Mitte aus, die Einteilung aufzureißen. Eventuelle Maßdifferenzen können am Endbrett im Balkenbereich ausgeglichen werden. Das Verlegen der Verschalung wird mit den herstellerseits empfohlenen Montagekrallen vorgenommen.

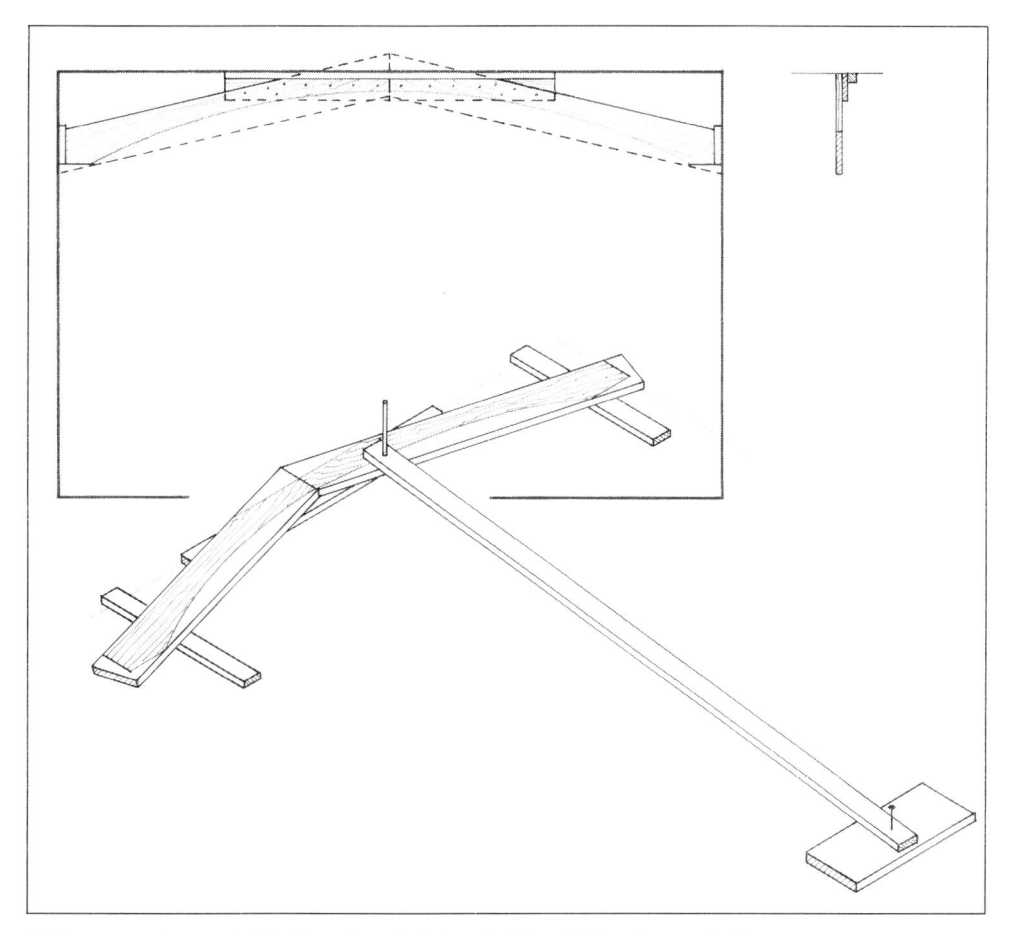

35 Zusammenbau und Aufreißen einer Unterkonstruktion für Rundbogendecke.

Vergessen Sie aber nicht, und das trifft bei allen Deckenverkleidungen zu, daß noch anzubringende Strahler, Pendel- oder Deckenleuchten vorher elektrisch versorgt werden und der Kabelanschluß den erforderlichen Durchbruch bekommt. Messen Sie Ihren Tisch oder die Sitzgruppe genau in den Raum ein, dann haben Sie die Gewißheit, daß die Lampe wunschgemäß hängt. Achten Sie bei der Verkleidung von Decken auf eventuell vorhandene Reinigungsöffnungen, Elektroabzweigdosen, Wasserabstellhähne oder sonstige technische Einrichtungen, die zugänglich bleiben müssen. Falls erforderlich, muß in diesem Bereich ein abschraubbares Brett oder eine Klappe montiert werden.

Abgehängte Decken - Techniken und Arbeitsweisen

Wie schon bei der Montage der Balkendecken erwähnt, besteht auch bei diesen Deckenkonstruktionen die Möglichkeit der Abhängung. Nachstehend lesen Sie über Technik und Arbeitsweise einige Tips aus der Praxis.

Bei vielen Altbauten stellt man fest, daß die Räume für die heutigen Verhältnisse zu hoch sind. Die jetzigen Neubauten haben überwiegend 250 cm Raumhöhe. Dies ist das ungefähre Maß, bei dem sich auch noch groß gewachsene Menschen wohlfühlen können.

Eine Balkendecke sollte in Ihren Feldbereichen eine Höhe von etwa 240 bis 250 cm halten. Rechnet man die Balkenkonstruktion davon ab, verbleiben je nach Wahl des Deckenaufbaues etwa 230 bis 240 cm. Diese Maße sollten für eine Ge-

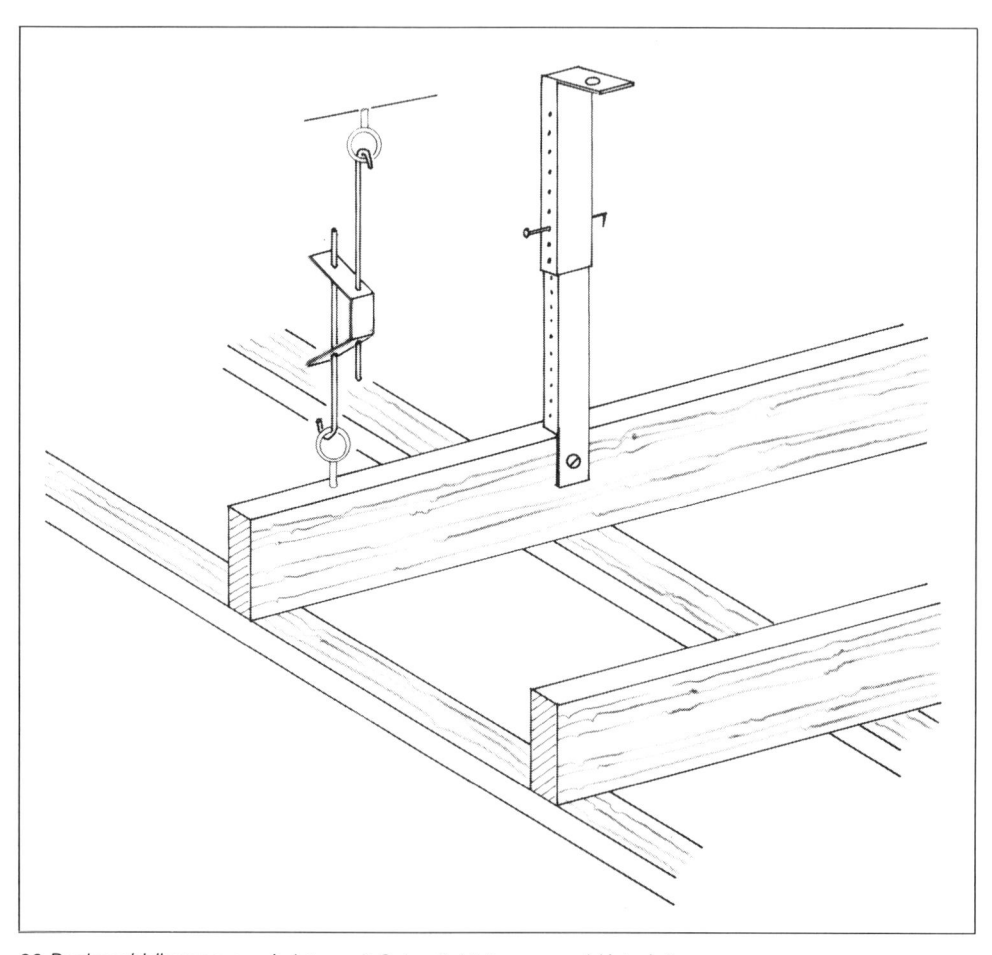

36 Deckenabhängung aus Leisten mit Schnellabhängern und Unterlattung.

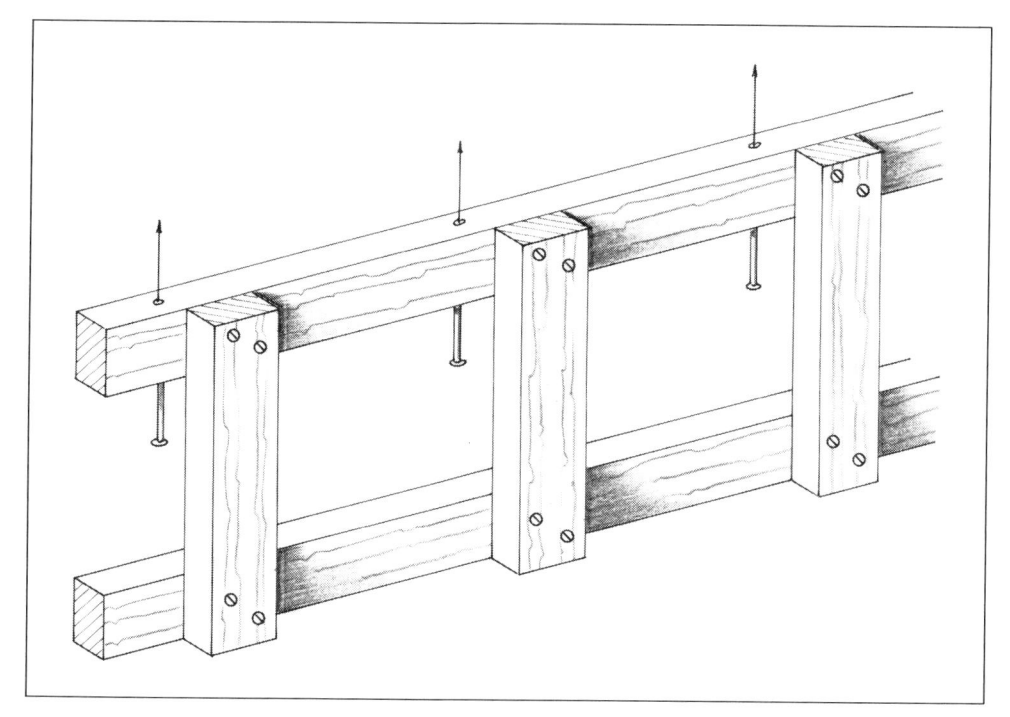

37 Deckenabhängung aus Dachlatten-Leiter-Konstruktion.

samtdecke beachtet werden. Dennoch kann bei Teildecken auf minimal 210 cm heruntergegangen werden, wie im Kapitel »Balkendecke, zum Teil abgehängt« und »Segment- und Rundbogendecke« erwähnt.
Soll eine Decke bei einer vorhandenen Raumhöhe von 280 cm auf 250 cm abgehängt werden, kann man sich, um den Höhenunterschied zu überbrücken, verschiedener Techniken bedienen.
Mit etwa 10 cm breiten und 3 cm starken Leisten, die mit Schnellspann- oder Noniusabhängern von der Decke abgehängt werden, gäbe es eine Möglichkeit. Die andere, kompakte Abhängung kann durch eine Dachlattenkonstruktion, die als Leiter aufgebaut ist, erreicht werden. Die Höhenlaschen sind auf das abzuhängende Maß zugeschnitten. Die obere Latte wird an die Decke gedübelt. Ein Ausgleichen in der Höhe kann man durch Unterlegen von Holzplättchen erreichen. An die untere Latte wird die Decke montiert.
Höhenausgleich durch Brettabhängung ist wieder eine Möglichkeit.
Bei Höhen bis etwa 20 cm kann man ein einfaches, etwa 3 cm starkes Massivbrett verwenden. Dazu wird eine Latte, 4 x 4 cm, an die Decke gedübelt. Das Brett wird sodann ausgerichtet an diese Latte angeschraubt. Bei größeren Höhen sollte eine 19 mm starke Tischlerplatte

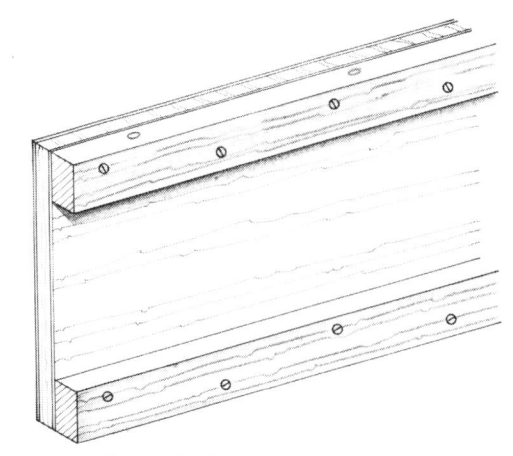

38 Die Bretterabhängung.

verwendet werden. Dieser Aufbau muß allerdings an der Unterkante zur Befestigung der Deckenkonstruktion nochmals eine Latte erhalten.

Für großdimensionierte Balken kann man die Unterkonstruktion als Latten- oder Brettabhängung mit aufgeschraubten Balkenschablonen gleich entsprechend herrichten. Nachdem die Abhängung wie üblich montiert wurde, werden die Balkenschablonen mit der Schnur ausgerichtet und von der Seite auf die Abhängung geschraubt. Bei dieser Anwendung können Sie zwischen den Schablonenstücken gleich die Schalung oder Verbretterung anbringen. Anschließend wird der Längsbalken über die Schablone gesteckt und festgeschraubt. Die Balken in der Querrichtung brauchen keine besondere Aufhängung.

An die bereits montierte Balkenschale schrauben Sie ein für den Innenkorpus des Querbalkens passendes Brettstück, schieben diesen darüber und verschrauben ihn in das Brettstück, das seitlich Langholz aufweisen muß.

Bei allen abgehängten und geschlossenen Decken besteht auch die Möglichkeit der Wärmedämmung.

Zwischen den Abhängekonstruktionen legen Sie das entsprechende Isoliermaterial ein. Welche Wärmedämmstoffe für Ihren Fall am geeignetsten sind, sagt

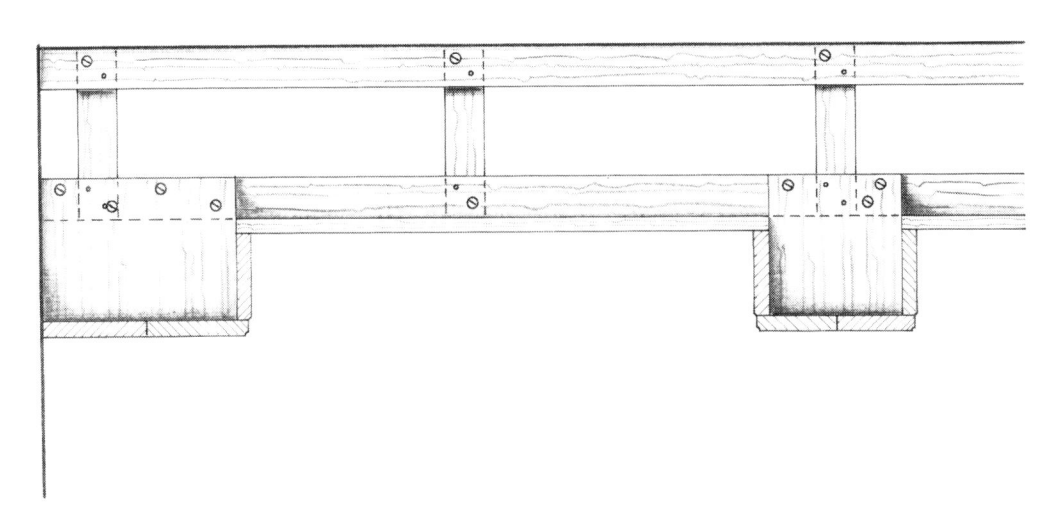

39 Deckenabhängung mit aufgeschraubten Balkenschablonen.

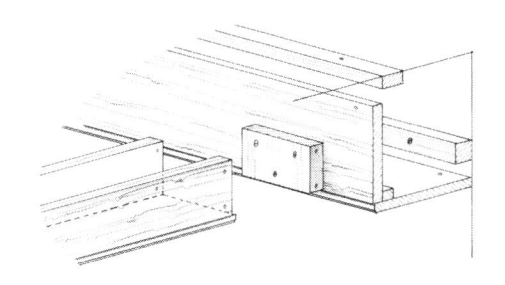

40 Befestigung der Querbalken mit Brettstück.

Ihnen das im gleichen Verlag erschienene Buch »Wärme- und Schalldämmung im Innenausbau«.
Grundsätzlich zur Befestigung von Decken muß gesagt sein, daß eine Decke ein hängend zu befestigender Bauteil ist. Das Eigengewicht des Deckenaufbaues muß von den Befestigungselementen wie Dübel, Schrauben und Unterkonstruktion gehalten werden. Sind Ihnen die Befestigungstechniken und das erforderliche Material nicht ausreichend bekannt oder haben Sie Zweifel, welcher Dübel wo und wie angewendet wird, können Sie sich bei der Lektüre des Buches »Befestigungstechnik für jedermann« (ebenfalls aus der Reihe »Fachwissen für Heimwerker«) informieren.
Sollten Sie Ihre Deckenarbeit ohne jede Hilfe ausführen müssen, dann brauchen Sie statt des »Festhalters« eine Abstützkonstruktion. Dazu schrauben Sie je eine Latte an die Beine des Unterstellbocks der Arbeitsbühne, oder spannen Sie sie mit Schraubzwingen fest, und versehen Sie sie oben mit einem Querbrett. Auf jedes Querbrett werden zwei Gleitkeile lose aufgesteckt.
Auf diese Vorrichtung legen Sie Ihr Werkstück oder die Balkenschale auf. Sie drücken dann von der Arbeitsbühne den Balken in die richtige Lage und schieben die Gleitkeile darunter. Erst die eine Seite, danach die andere. So haben Sie beide Hände für die Montage frei. Bei langen Werkstücken, die sich aufgrund ihres Eigengewichtes durchbiegen, stützen Sie in der Mitte nochmals mit ein oder zwei Latten ab.

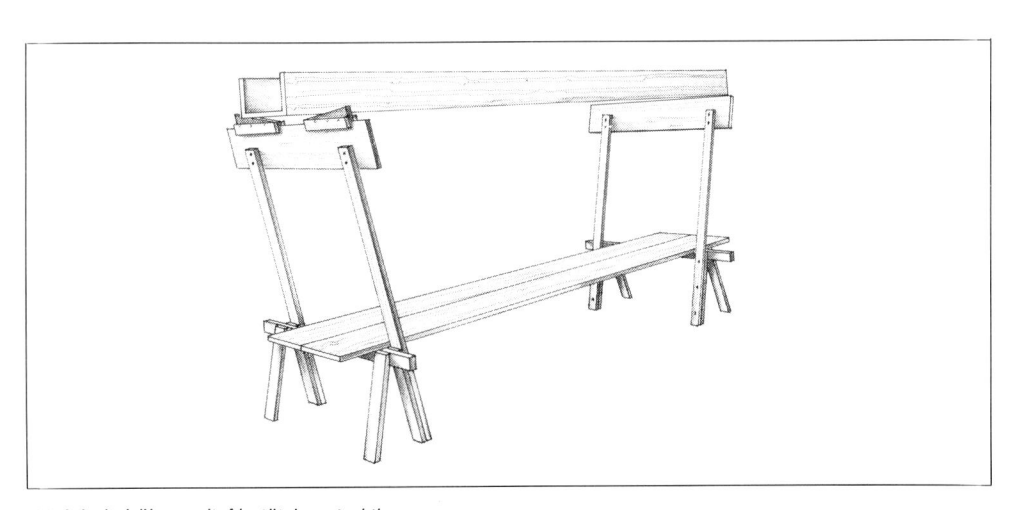

41 Arbeitsbühne mit Abstützkonstruktion.

Wandverkleidungen

Fachwerkaufblendungen

Wer Freude am rustikalen Wohnen hat und einmal etwas anderes als nur eine Balkendecke haben möchte, der sollte sich mit dem Fachwerk vertraut machen. Wurden vor Jahrhunderten die Wohnstätten aus massivem Fachwerk aufgebaut, so begnügen wir uns heute mit der Aufblendung von Fachwerk auf vorhandenes Mauerwerk.

Die Möglichkeit der Gestaltung hängt mehr oder weniger von der handwerklichen Geschicklichkeit und der Ausdauer des Heimwerkers ab. Vieles an vorgefertigten Teilen ist im Handel erhältlich. Bei besonderen Entwürfen muß man jedoch so manches selbst herstellen.

Die einfachste Fachwerkaufblendung ist jene mit der strengen Linienführung. Gerade Balken, die, unter Berücksichtigung vorhandener Türen und Fenster, stumpf zusammengestoßen werden, ergeben insgesamt ein geschlossenes Bild. Wer mag, kann die Fachwerkfelder mit schönen Bildern, Trockenblumengebinden oder anderen, dazu passenden Dekorationen auflockern, so daß er einen gemütlichen Raum erhält.

Die in Bild 42 gezeigte Wand kann aus

42 Fachwerkaufblendung in strenger Linienführung.

Balkenschalen, alten aufgetrennten Balken oder Brettern gestaltet werden. Balkenschalen sind vorgefertigte Balken von etwa 3 x 12 oder 4 x 15 cm, die zur Aufnahme des Montagebretts hinten ausgefräst sind.

Es können auch alte Balken von Scheunen oder Dachstühlen verwendet werden. Diese müssen von allen Eisenteilen, Nägeln, Schrauben, Verbindungseisen und ähnlichem, befreit werden. Auf Wurm- und Schädlingsbefall ist natürlich auch zu achten. Die Oberflächen der Balken werden mit einer Stahl- oder Messingbürste gereinigt, oder man läßt sie sandstrahlen. Ein Sägewerk oder eine Tischlerei sollte mit dem Auftrennen der Balken beauftragt werden. Gebraucht werden nur die äußeren, alt aussehenden Balkenseiten. Eine Beschädigung der Oberfläche oder ein gestemmtes Loch sollte kein Hindernis sein, den Balken mit einzubauen. Die Stärke der Balkenanschnitte sollte möglichst 4 bis 6 cm betragen, je nachdem, ob die Wandflächen zwischen den Balken später geputzt oder mit Klinkern ausgefacht werden. Spaltklinker trägt mit Kleber etwa 2,5 bis 3 cm auf. Der Balken sollte darüber aber noch etwa 2 bis 4 cm überstehen.

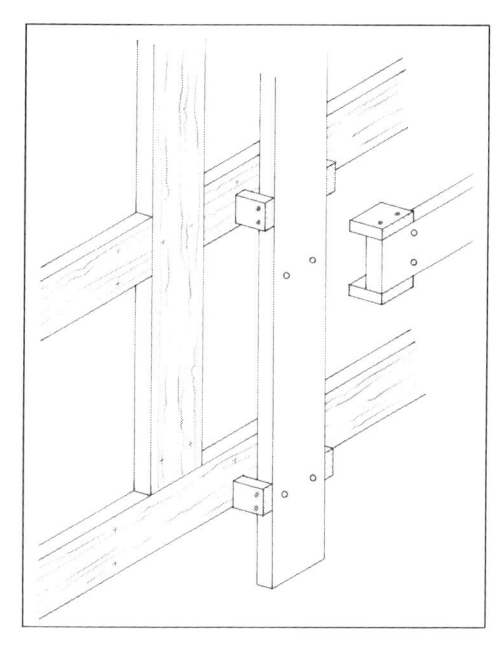

44 Bohrschablone für direkte Verschraubung.

Wenn die vorhandenen Wände sauber und glatt sind, kann auch mit einfachen,

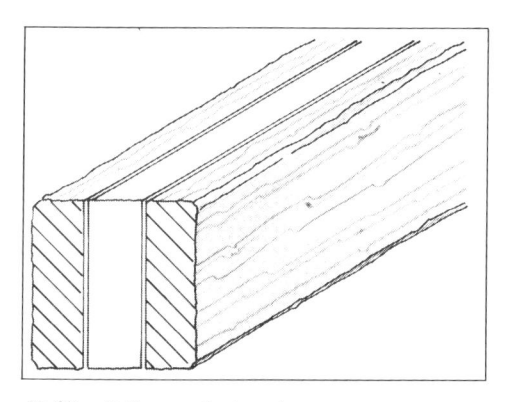

43 Alter Balken, aufgetrennt.

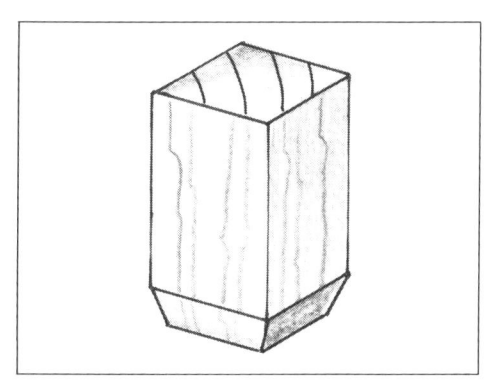

45 Einfacher Holzdübel.

35

etwa 2 cm starken Brettern aufgeblendet werden, jedoch nur, wenn die Feldflächen tapeziert werden sollen.

Während bei den Balkenschalen die Montagebretter an die Wand gedübelt und die Balkenschalen darübergesteckt und von der Seite mit dünnen Nägeln angeheftet werden, müssen die Bretter und die aufgetrennten Balken direkt durchgeschraubt und gedübelt sein. Hierzu ist eine Bohrschablone zu verwenden. Die Befestigungsstellen bleiben ja stets sichtbar, auch wenn sie mit schmiedeeisernen Kappen, Holzzierknöpfen oder einfachen Holzdübeln abgedeckt werden. Abstand und Richtung müssen schon passen.

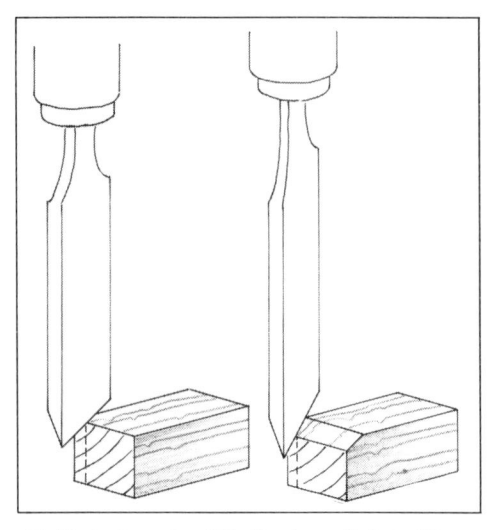

47 Abstechen der Dübelkanten mit dem Stemmeisen.

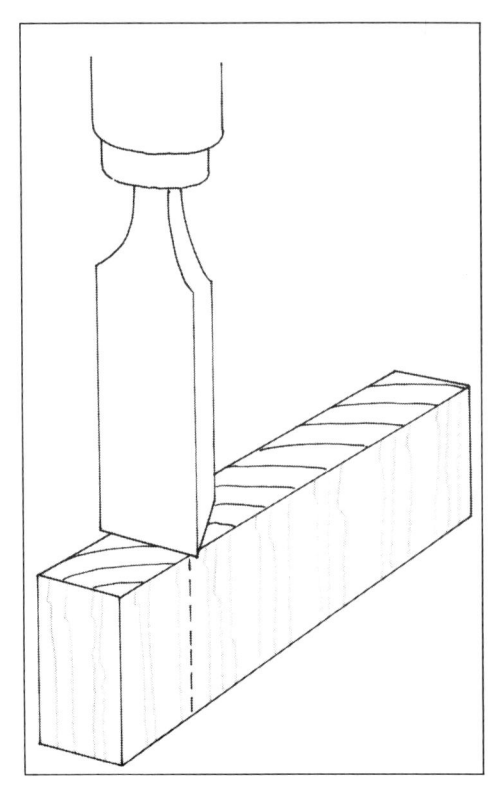

46 Abspalten der Dübel vom Hirnholzbrettchen.

Einfache Holzdübel stellt man selbst her, denn billig sind die Holzzierknöpfe gerade nicht. Man nimmt bei 10-mm-Lochbohrung und 10-mm-Tiefe ein 10 mm starkes Brett und schneidet beziehungsweise sägt davon etwa 20 mm lange Hirnholzstreifen ab. Von diesem Streifen werden dann mit dem Stemmeisen 10 mm breite Stückchen abgespalten. Von den sich ergebenden 10 x 10 x 20 mm Klötzchen sticht man mit dem Stemmeisen zwei Kanten schräg weg. Jetzt kann man die Klötzchen in das Bohrloch einführen und treibt sie mit dem Hammer fest hinein. Der überstehende Teil bleibt außerhalb des Bohrloches sichtbar.

Bevor die Balken zugeschnitten werden, ist auf die Anordnung zu achten. Der obere Deckenbalken ist über die ganze Länge durchgehend. Ebenso der untere Sockelbalken. Lediglich bei Türen und Nischen sind die aufrechten Stützbalken, von Fußboden bis Unterkante Decken-

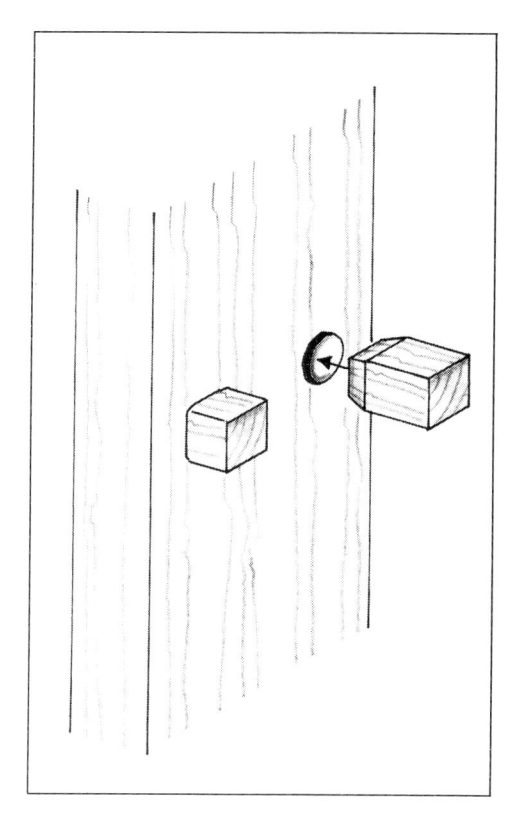

48 Einführen der Holzdübel, und der endgültige Sitz.

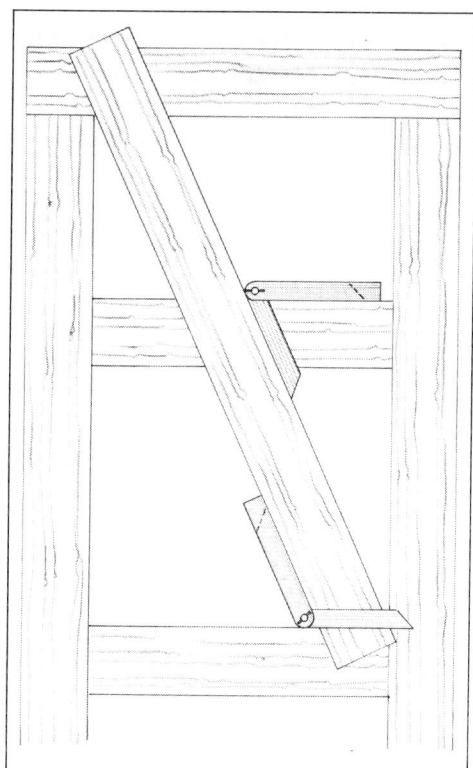

49 Arbeiten mit der Schmiege.

balken, durchzuführen, sonst würde das Hirnholz des Sockelbalkens sichtbar werden.
Nach der Montage der Stützbalken werden die Querbalken eingesetzt. Kommen Streben zur Anwendung, so läßt man diese zweckmäßigerweise durchlaufen und paßt die Querbalken dazwischen. Zum Anreißen der schrägen Teile benutzt man eine Schmiege. Alle Kanten sind leicht anzufasen, wie bereits bei der Deckenverkleidung beschrieben.
Bei vorhandenen Türen sind die sie um-

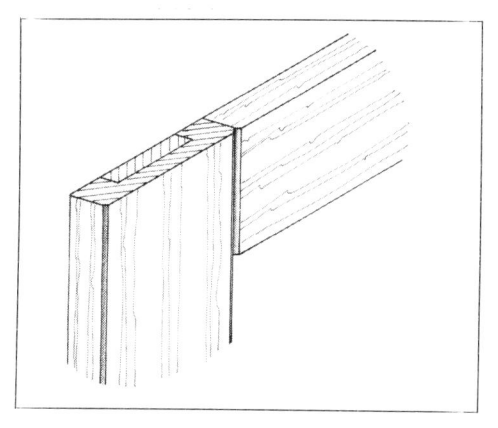

50 Anschnittkanten der Wandbalken abfasen.

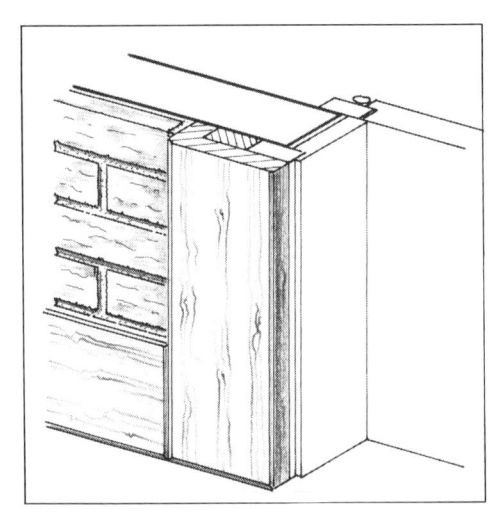

51 Der einfassende Wandbalken auf der Türzierverkleidung.

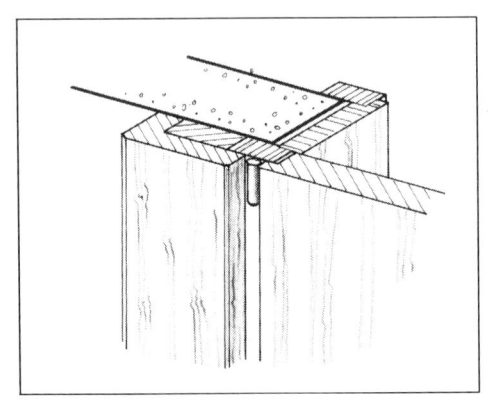

52 Der einfassende Wandbalken auf der Türfalzverkleidung.

doch nur soweit, daß die Bänder sich frei bewegen können und die Tür noch mehr als 90 Grad aufgeht. Die dann noch sichtbare Verkleidung kann, wenn sie nicht zum Gesamtkonzept paßt, gestrichen werden. Die Breite der sichtbaren Verkleidung ist umlaufend beizubehalten. Damit ergibt sich automatisch die Höhe des oberen Querbalkens. Fangen Sie also mit der Türverkleidung bei der Einteilung und der Arbeit an.

Wenn die Gesamtgestaltung eine Dekken- und Wandverkleidung vorsieht, sollten die Stützbalken jeweils unter die Deckenbalken angeordnet werden. Die Felder zwischen den Stützbalken können durch Einsetzen von Balkenkreuzen, Bogenteilen und Abstellborden besonders aufgegliedert sein. Wenn zum Beispiel im unteren Bereich ein einfaches Balkenkreuz eingesetzt und im oberen Bereich der Segmentbogen einer eventuell vorhandenen Tür wiederholt wird, bleibt im mittleren Bereich Platz für Dekorationen.

Die hier eingesetzten Bogenteile sind aus 20 mm starken Brettern herausge-

gebenden Balken wie folgt zu behandeln: Geht die Tür nach außen auf, so ist die Zierverkleidung im Raum. Der einfassende Balken wird seitlich ausgefälzt, so daß die Verkleidung ganz abgedeckt wird.

Geht die Tür nach innen auf, so ist die Falzverkleidung ähnlich abzufälzen, je-

53 Wandverkleidung mit Balkenkreuzen und Segmentbogeneinsatz.

schnitten und durch Ausfälzen der aufrechten Balkenteile in diesem Bereich eingeschoben. Damit das Holz auch arbeiten kann, sind die Bretter durch den Falz mit einem Nagel am oberen Ende gehalten.

Sie können diese Bogenteile auch stumpf zwischen die Stützbalken einsetzen, nur sollten sie dann so stark sein wie die Balken selbst. Beim Einpassen sind alle Kanten so stark abzufasen, wie die Balkenkanten bereits abgefast sind.

Bei hohen Räumen, wenn über der Tür noch genügend Platz ist, kann hier durch Einsetzen von profilierten Balken der Eingang besonders betont werden. Diese Balken sind aus Bohlen, in Stärke der Wandverkleidung, herauszuarbeiten. Auch kann man der strengen Linie der Fachwerkteilung durch Einsetzen von Rundbogenteilen und Verblenden der

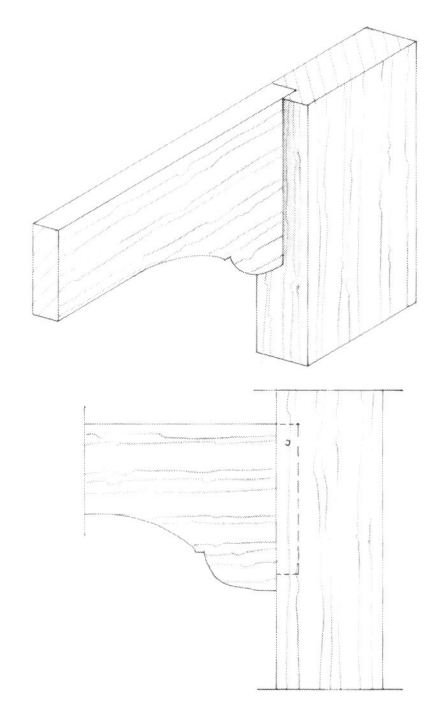

54 Segmentbogen in den Falz der Wandbalken eingelegt.

55 Wandverkleidung mit eingesetzten Rundbogenteilen und Verblendung der unteren Fachwerkfelder mit Verblendklinkern.

unteren Felder mit Verblendklinkern entgegenwirken und dabei noch etwas Besonderes erreichen.

Bei mit Klinkern ausgemauerten Feldern sollten handgeformte Verblendklinker verwendet und je nach Einfärbung der Balken die Klinker in verschiedenen Farben eingesetzt oder zumindest mit eingestreuten andersfarbigen Steinen gearbeitet werden. Dadurch entsteht ein besonders rustikaler Charakter.

Die Motive für Fachwerkaufgliederungen sind so vielfältig, daß der Umfang dieses Buches nicht ausreicht, um alle Möglichkeiten darzustellen. Holen Sie Ihre Anregungen von den alten Fachwerkhäusern, die überall im Lande anzutreffen sind,

57 Wandverkleidung mit geschweiften Balkenkreuzen und Abstellböden.

56 Das Rathaus in Staffelstein/Oberfranken.

machen Sie Fotos davon und suchen Sie sich zuhause in aller Ruhe Ihre speziellen Motive heraus. Ein Beispiel wäre das Rathaus in Staffelstein/Oberfranken. Es zeigt die Vielfalt der Fachwerkgestaltung und deren Aufteilung. Sicher ist auch für Ihre Gestaltung etwas dabei. Die Motive können durchaus vereinfacht verwendet werden.

Wer Abstellflächen ins Fachwerk mit einbeziehen möchte, kann mit geringem Aufwand viel erreichen. Die Abstellböden, etwa 30 bis 35 mm stark und 150 mm breit, werden auf die Querbalken geschraubt. Sollen sie schwerer Belastung ausgesetzt sein, bringen Sie noch eine kleine Holzkonsole darunter an. Wenn dazu die untere Feldteilung mit geschweiften Balkenkreuzen ausgelegt ist und die anderen Feldflächen mit Trockenblumengebinden, altem Werkzeug oder altem Küchengerät dekoriert sind, ergibt das Ganze eine interessante Wandgestaltung.

Wandverkleidungen unter Segment- oder Rundbogendecken haben ein genauso gutes Aussehen, sie können

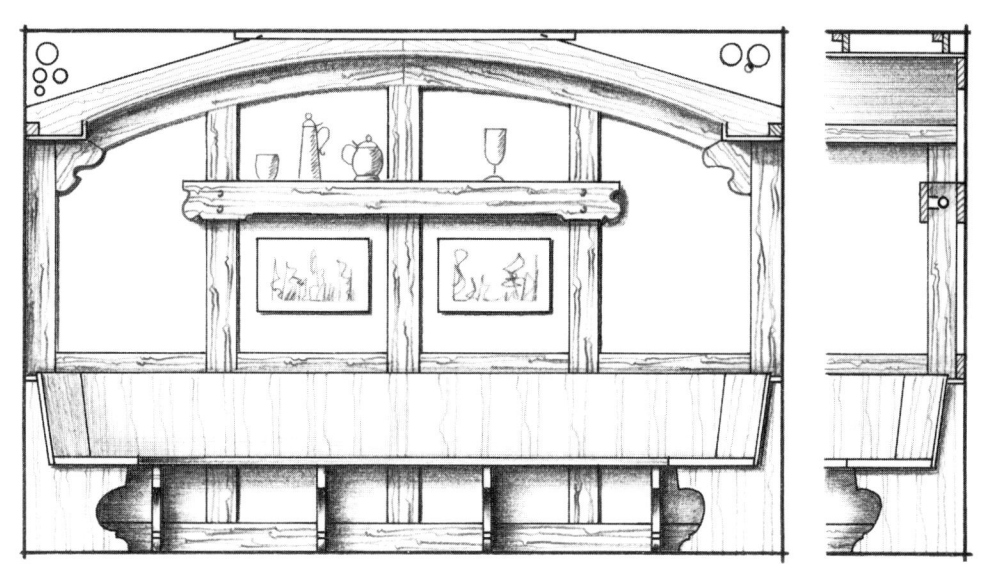

58 Wandverkleidung unter Segmentbogendecke mit eingebauter Eckbank und indirekter Beleuchtung.

durch die Bogenform sogar noch ansprechender wirken. Die Verkleidung einer solchen Wand ist das gleiche wie die normale Fachwerkaufblendung, lediglich der Deckenbalken ist an die Deckenrundung angepaßt. Er kann aus zwei oder mehreren Teilen zusammengesetzt werden.

Der Übergang vom Decken- zum Wandbalken wird durch eine angedeutete Knagge oder ein profiliertes Eckstück überbrückt. Diese gebogenen Teile schneidet man aus einer Bohle in Stärke der Wandverkleidung heraus. Kanten und Oberfläche werden dem Wandbalken angepaßt.

Bild 58 zeigt an dieser Wand eine eingebaute Eckbank. Über der Bankanlage ist, mit Abstandsklötzen montiert, eine Beleuchtungsblende für indirekte Beleuchtung angebracht. Die Schraubstellen sind

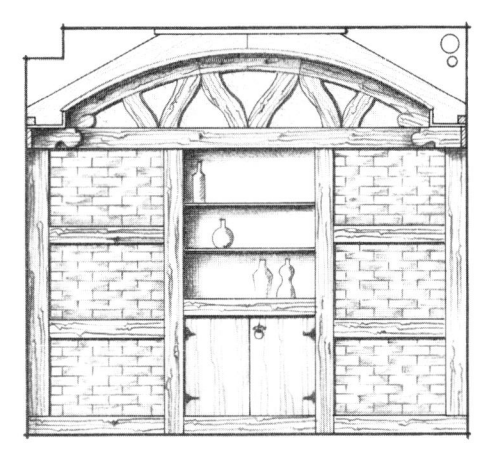

59 Wandverkleidung unter Rundbogendecke mit Auskleidung einer Türnische und Verklinkerung der Fachwerkfelder.

mit Holzzierknöpfen abgedeckt. Legt man auf die Oberkante dieser Blende bis zum Wandbalken eine Glasscheibe in einen Falz ein, hat man gleichzeitig ein beleuchtetes Abstellbord.

Ist in dem auszubauenden Raum ein Türdurchbruch, der nicht mehr gebraucht wird, vorhanden, so kann diese Nische als Schrank oder offenes Regal ausgebaut werden. Seitlich davon ist eine Fachwerkaufblendung sichtbar, deren Felder mit Spaltklinker verkleidet sind. Über dem oberen Querbalken bis zur Runddecke wird aus optischen Gründen die Wandfläche verputzt oder tapeziert.

Die Auskleidung der Türnische wird in diesem Buch noch ausführlich beschrieben. Belassen Sie die Tür als eingebautes Bauelement, entfernen Sie die Drückergarnitur und schrauben Sie eine Spanplatte auf die Türfläche. Diese kann nach fertiger Auskleidung eventuell mit Textiltapete tapeziert werden.

Für alle Wandverkleidungen gilt bei der Bearbeitung der Feldflächen das gleiche, wie das bei Decken schon Gesagte. Beim Verputzen alle Holzteile abdecken; beim Tapezieren die Tapeten in fertige Felder einkleben.

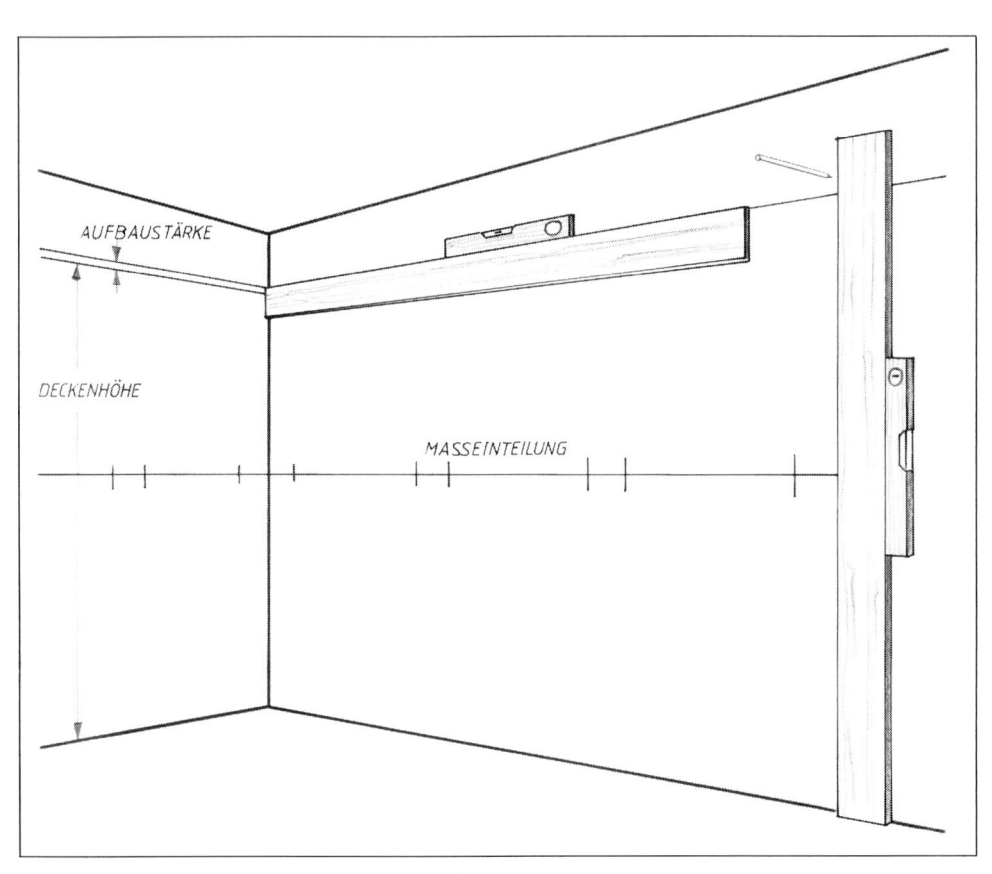

60 Anreißen der Teilmaße auf die Wände und Übertragen an die Decke.

In der Praxis erfolgt nach Aufmaß des Raumes und wenn die Gestaltung zu Papier gebracht und für gut befunden worden ist, das Übertragen der Maßverhältnisse auf die Wände. Die Balkengröße muß vorweg festliegen. Begonnen wird mit der Einfassung der Türen, Fenster, Mauervorsprünge und Nischen. Dazu wird in bequemer Arbeitshöhe, waagerecht durch den ganzen Raum, eine Linie gezogen. Mit einem kurzen Original-Balkenstück oder mit dem Maßstab werden die Balkenbreiten und Feldteilungen auf dieser Linie markiert. Die Maße für die Feldteilungen errechnen sich aus dem Gesamtmaß abzüglich der Anzahl der Balken mal Balkenbreite. Dieses Restmaß wird durch die Anzahl der gewünschten Felder geteilt und diese, Einzelfeldmaß plus Balkenbreite plus Einzelfeldmaß und so weiter, auf den angezeichneten waagerechten Strich übertragen. Sicherheitshalber überprüfen Sie alle Maße nochmals auf Gleichmäßigkeit. Wollen Sie Ihre gestaltete Wand im Original überprüfen oder sind Sie nicht sicher, daß es stimmt, dann zeichnen Sie die Fachwerkaufblendung mit allen Einzelheiten auf die Wand. Nehmen Sie hierzu Setzlatte und Wasserwaage. Sind Sie Ihrer aber sicher, dann können Sie die Balken direkt mit der Wasserwaage nach den angezeichneten Einteilungsstrichen montieren.

Bei der Montage beginnt man mit dem Balken an der Decke, durchgehend über Türen und Fenster. Dann werden die einfassenden Balken bei Türen, Fen-

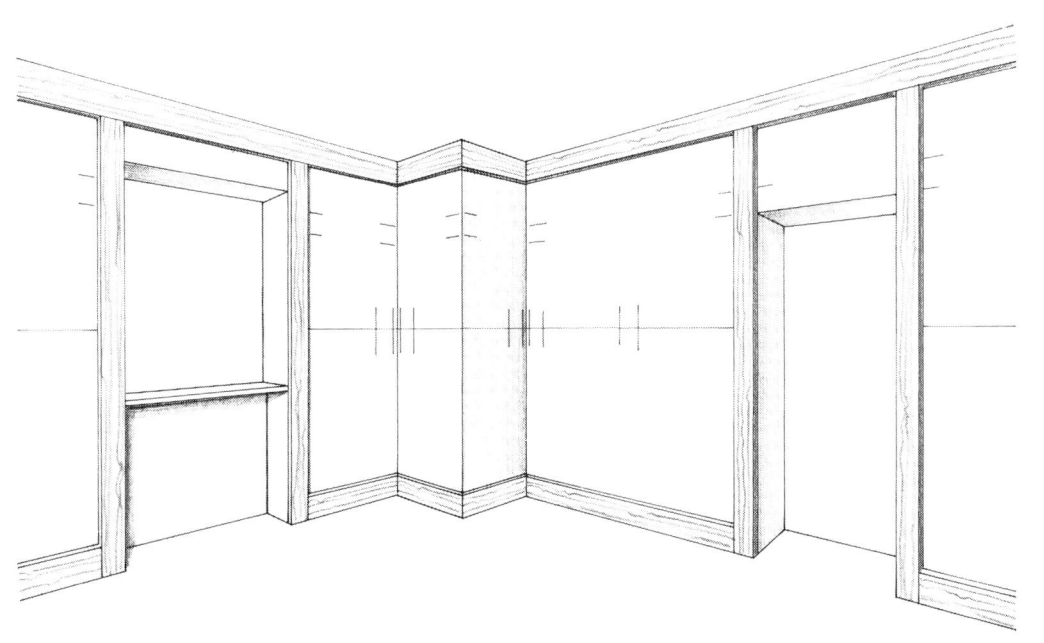

61 Raumdarstellung nach Montage der Deckenbalken, der einfassenden Stützbalken bei Türen und Fenstern und der Sockelbalken.

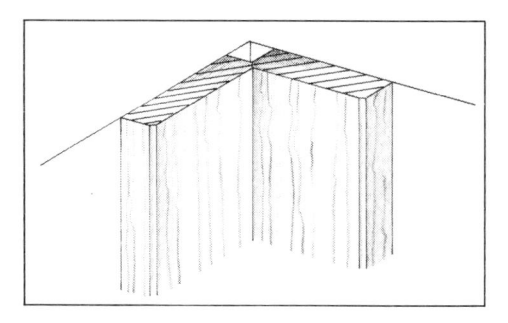

62 Wandbalkenanstoß bei Eckmontagen.

63 Höhenversatz beim oberen Querbalken in niedrigen Räumen.

stern und Nischen gesetzt. Zwischen diesen werden die Sockelbalken eingepaßt und montiert. Bei Außenecken, also Vorsprüngen, Pfeilern und ähnlichen Bauteilen, den Sockelbalken auf Gehrung schneiden. Zwischen dem Decken- und Sockelbalken werden die aufrechten Stützbalken herausgemessen, zugeschnitten und montiert.
In den Ecken achten Sie bitte darauf, und das schon beim Einteilen der Maße, daß hier zweimal die Stärke der Balken zusammmenkommt, sonst passiert es, daß hier eine falsche Ansicht zustandekommt. Sind alle Balken gesetzt, dann passen Sie den oberen Tür einfassenden Querbalken ein. Dieser bestimmt in der Regel die Höhe der oberen Querbalkenteilung. Ist der Raum jedoch nicht sehr hoch, können die Wandquerbalken um eine Breite tiefergesetzt werden.
Bei der Höhenfestlegung für den unteren Querbalken sollte die Höhe einer eventuell vorhandenen Sitzgelegenheit, Eckbank, Bank oder der Stühle bestimmend sein. Zweckmäßig und der Ansicht wegen sollte die Bankhöhe in Balkenmitte abschließen. Beispiel: Bei einer Bankhöhe von 82 cm und einer Balkenbreite von 15 cm ist die Balkenoberkante 89,5 cm und die Unterkante 74,5 cm vom Fußboden.
Bei Verwendung von Balkenschalen achten Sie auf die Ausfräsung im Balken. Nicht immer sind die Schenkel gleich

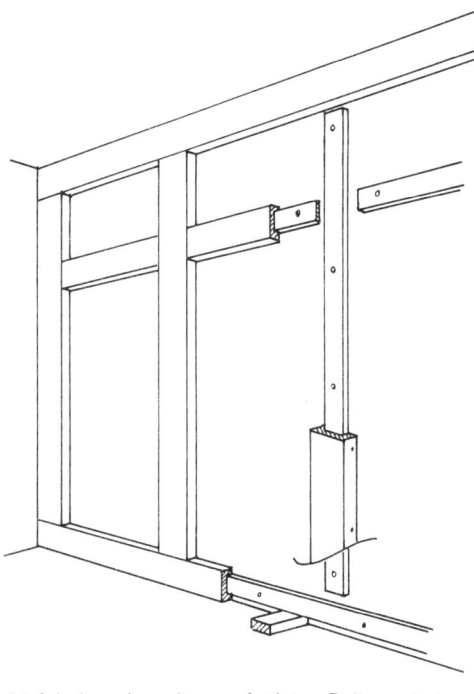

64 Arbeitsweise mit vorgefertigten Balkenschalen.

breit. Dübeln sie die Unterfriese oder Montagebretter an die Wand. Lassen Sie zwischen den Stößen genug Platz, damit die Kanten der Balkenschalen beim Montieren noch Platz finden. Zum Montieren der Sockelfriese legen Sie einfach einen Abstandsklotz in Stärke der Balkenschalenkante darunter.

Verschalungen

Sollten widrige Umstände eine Fachwerkaufblendung nicht zulassen, sei es durch Rohrsysteme, Elektroverkabelungen, Sandsteinquadermauerwerk oder eine noch nicht verputzte Wand, so können diese Wandbereiche ohne Bedenken verschalt werden. Es paßt durchweg in den Rahmen eines Fachwerkaufbaues, wenn sich als Gegenkomponente eine verschalte Wand einschließt. Andererseits kann das Fachwerk in den Einzelfeldern ebenfalls verschalt werden.

Eine Wandverschalung wird in herkömmlicher Art und Weise aufgebaut. Auf einer ausgerichteten Unterlattung werden die Profil- oder Nut- und Federbretter mit den dazu passenden Befestigungskrallen geschraubt, geheftet oder genagelt.

Bei der Verbretterung der Fachwerkfel-

65 Wandverschalung in Kombination mit Fachwerkaufblendung.

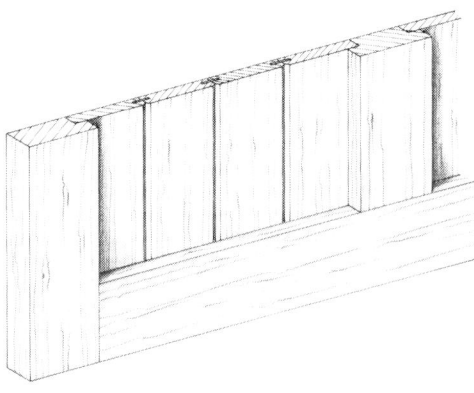

66 Feldverbretterung in ausgefälzte Balken eingelegt.

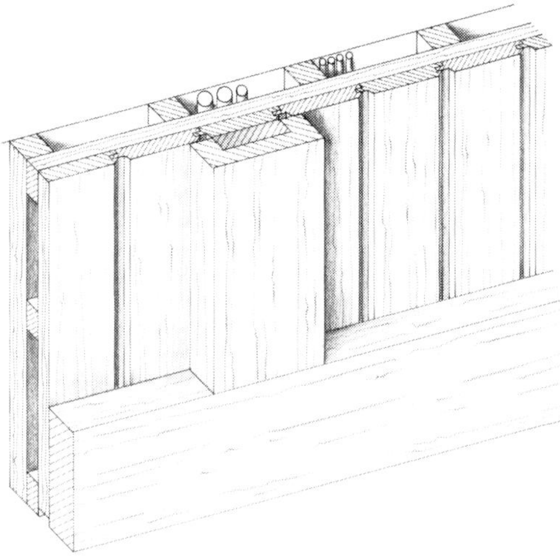

67 Verschalte Wandfläche mit Fachwerkaufblendung.

der ist eine Unterlattung nicht möglich. Deshalb müssen die Balken hierfür seitlich, oben und unten mit einem Falz versehen werden. Die Verbretterung wird dann lose hierin eingelegt.

Eine andere Möglichkeit eine verbaute Wand mit Fachwerk zu belegen, ist, die Verschalung auf eine verstärkte Unterlattung anzubringen und das Fachwerk im üblichen Sinn auf diese Verschalung aufzuschrauben.

Muß eine Wand wärmegedämmt werden, zum Beispiel eine Betonwand im Keller, so ist das kein Hindernis, eine Fachwerkverblendung anzubringen. Mit einer Gipskarton-Verbundplatte, einer mit Styropor hinterlegten Rigipsplatte, die es mit verschiedenen Isolierwerten gibt, sie ist mit Ansetzmörtel anzukleben oder auf Latten zu schrauben, kann Abhilfe geschaffen werden.

Alternativ dazu wird mit einer Lattenkonstruktion gearbeitet, deren Felder mit Dämmaterial ausgelegt und mit einer einfachen Gipskarton- oder Spanplatte abgedeckt werden. Auf diese Wärmeschutzkonstruktion kann dann in beschriebener Weise die Fachwerkaufblendung aufgebracht werden.

Verschalungen, ob ganzflächig oder in Fachwerkfelder eingelegt, müssen nicht immer saubere und neue Profilbretter sein, im Gegenteil. Haben Sie vom Bauen alte Bretter übrig behalten oder bekommen Sie im Sägewerk alte verwitterte Abdeckbretter, so haben gerade diese ihren Reiz. Diese alten Bretter werden schnittrauh mit einer Stahlbürste kräftig ausgebürstet, bis aller Schmutz und die Sägefasern entfernt worden sind. Die Kanten schneiden Sie glatt und parallel, und hobeln Sie eine Fase an. Leicht angebeizt haben diese alten Bretter auch einen gewissen ideellen Wert.

Zu beachten ist jedoch, daß Holz schwindet. Hinterlegen Sie die Fuge mit einer Leiste, oder nutzen Sie die Bretter und legen eine Feder ein. Wer möchte, kann die Wand dahinter einfach schwarz anstreichen.

68 Auskleidung einer Tür- und Fensternische als Schrank beziehungsweise Regal.

Nischenverkleidungen

Sollten sich in einem auszubauenden Raum Nischen, Wanddurchbrüche oder nicht mehr zu benutzende Türen- oder Fensteröffnungen befinden, was beispielsweise bei Hauserweiterungen oder Anbauten oft vorkommen kann, mauern Sie sie nicht zu, sondern beziehen Sie sie mit in die Gestaltung ein. Eine Wandverkleidung, mit einer Nische als Abstellmöglichkeit oder als Regal ausgebaut, macht den Raum noch interessanter.

Zum Beispiel kann eine ehemalige Fensteröffnung an der Außenseite mit hochkant gestellten Mauerziegeln, 6 bis 7,5 cm stark, oder mit Bims, Ytong oder Gipsblock, etwa 10 cm stark, zugemau-

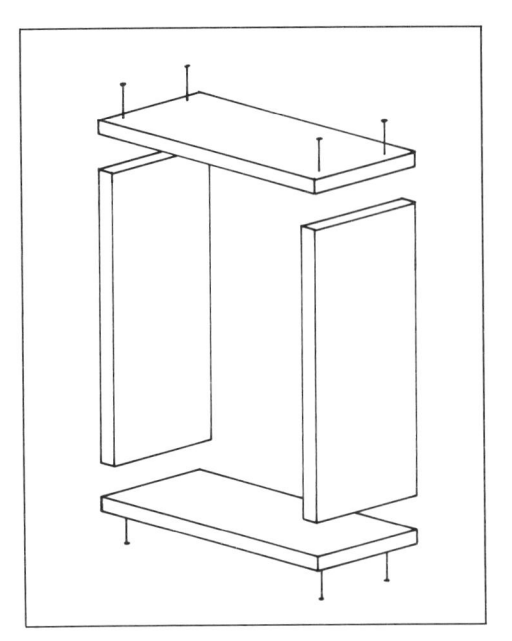

69 Zusammenbau einer Nischenauskleidung.

71 Schnitt durch eingebaute Nischenauskleidung.

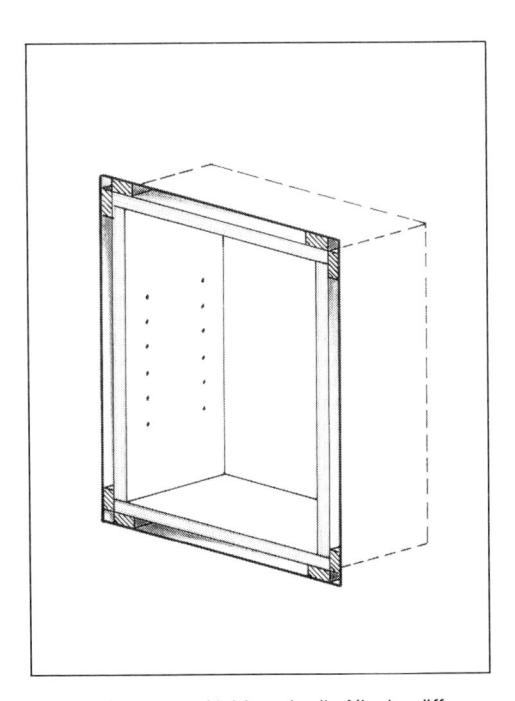

70 Die Nischenauskleidung in die Nischenöffnung eingekeilt.

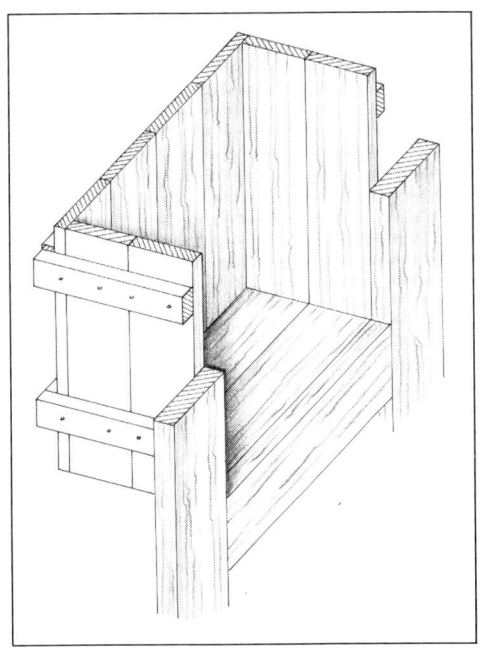

72 Nischenauskleidung aus zusammengenagelten Brettern.

ert werden. Die Nische wird dann grobrauh verputzt und mit Holz- oder Glasfachböden versehen.
Alternativ dazu wird ein Kasten aus furnierten Spanplatten zusammengeleimt und genagelt. Die Rückwand kann tapeziert werden, falls sie nicht aus furnierter Spanplatte besteht. Dieser Kasten wird mit der Wasserwaage flächenbündig eingepaßt und mit Holzstücken festgekeilt.

73 Türnische, ausgebaut als Regal mit Schrankteil und Auszugbrett.

Die Kastenseiten müssen vor dem Zusammenbau für die Bodenträger vorgebohrt sein. Anschließend kann die Fachwerkaufblendung auf die Frontkante des Kastens aufgeleimt und an die Wand gedübelt werden.

Statt der Kästen aus Spanplatten können auch Nut- und Federbretter oder alte gebürstete Bretter verarbeitet werden. Sie werden, an der Rückseite mit Latten verschraubt und als Kiste zusammengenagelt, in die Nische gestellt. Die aufgesat-

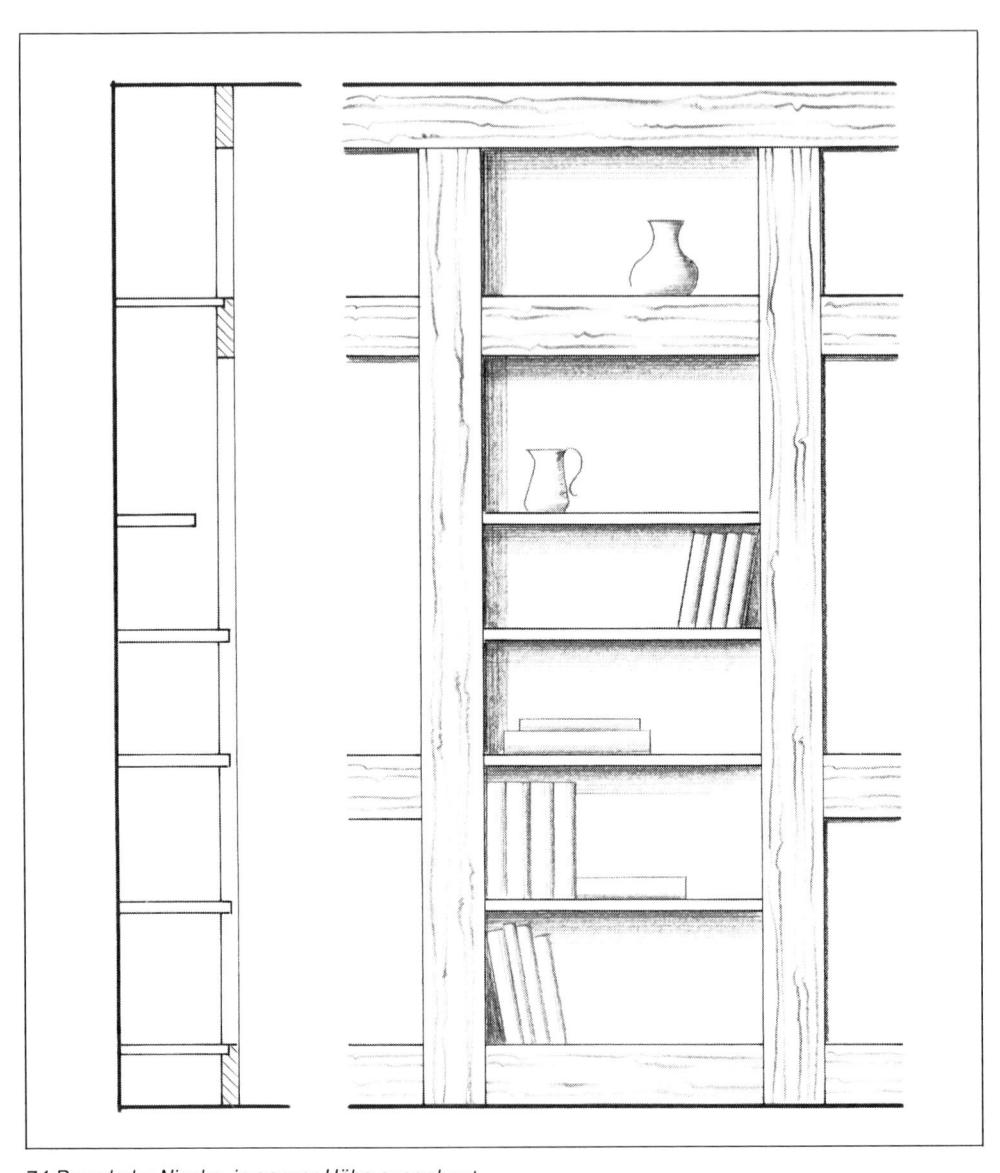

74 Raumhohe Nische, in ganzer Höhe ausgebaut.

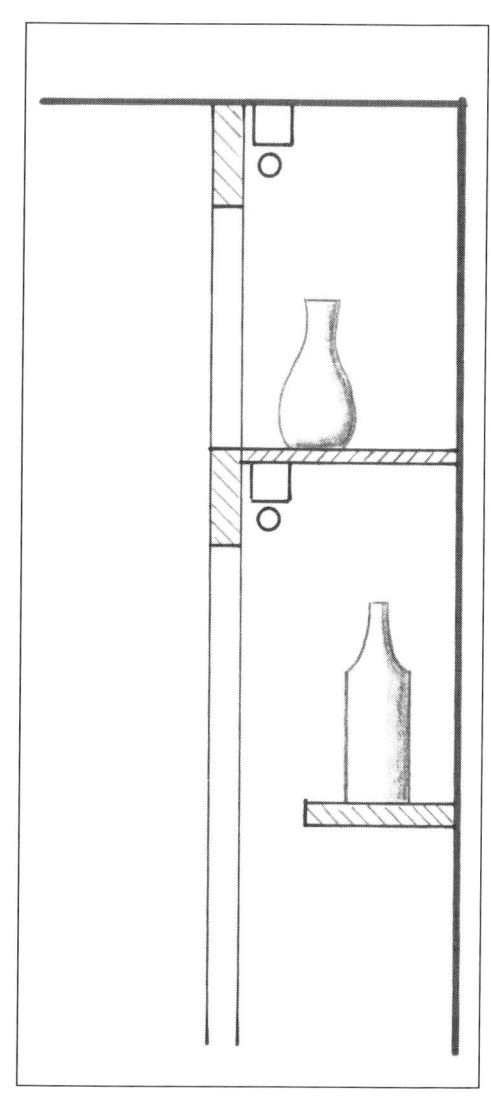

75 Querblende, als Beleuchtungsblende genutzt.

telten Latten müssen jedoch bei der Maßermittlung berücksichtigt sein.
Bei Türöffnungen kann auf die gleiche Art verfahren werden. Aufgrund der Höhe kann man hier zwei Kästen übereinander einsetzen, den oberen offen als Regal, den unteren geschlossen mit Türen. In den dazwischenliegenden Fachwerkquerbalken kann sogar ein Schubkasten oder ein Abstellauszug eingebaut werden.
Vorhandene raumhohe Nischen baut man etwa in Türhöhe, also bis zum oberen Querbalken, als Regal oder Schrank aus und beläßt den darüberliegenden Teil als offene Deko- oder Abstellfläche. Man kann, da sich die Querbalken als Beleuchtungsblende förmlich anbieten, in den Schrank und in die Deko-Nische eine indirekte Beleuchtung einbauen.

Integrierter Regalaufbau

Wollen Sie Ihr Arbeitszimmer oder Ihre Bibliothek rustikal mit Fachwerk einrichten, so ist es in jedem Fall notwendig, Regalwände mit einzubeziehen. Auch in einer Hausbar werden Regale gebraucht. Sind keine Nischen vorhanden, müssen welche geschaffen werden.
Die Fachwerkaufbauten sind so zu gestalten, daß die Regalwände mit eingeschlossen werden. Bei der Planung stellen Sie die benötigten Tiefen für die Regale fest. Für Bücher reichen 15 bis 17 cm, für Ordner 30 cm und für Flaschen und Dekorationen berechnet man 14 bis 16 cm. Wenn bisher bei der Fachwerkaufblendung Balken oder Balkenschalen von 15 x 4 cm ausreichend waren, muß man hier die Balken aus Brettern zusammensetzen. Für die Breite der Frontstücke rechnet man mit 12 bis 15 cm. Die Seitentiefe der Balken errechnet sich nach dem benötigten Platzbedarf. Reicht in der Tiefe ein Brett nicht aus, so neh-

76 Fachwerkaufbau, als Regalwand ausgeführt.

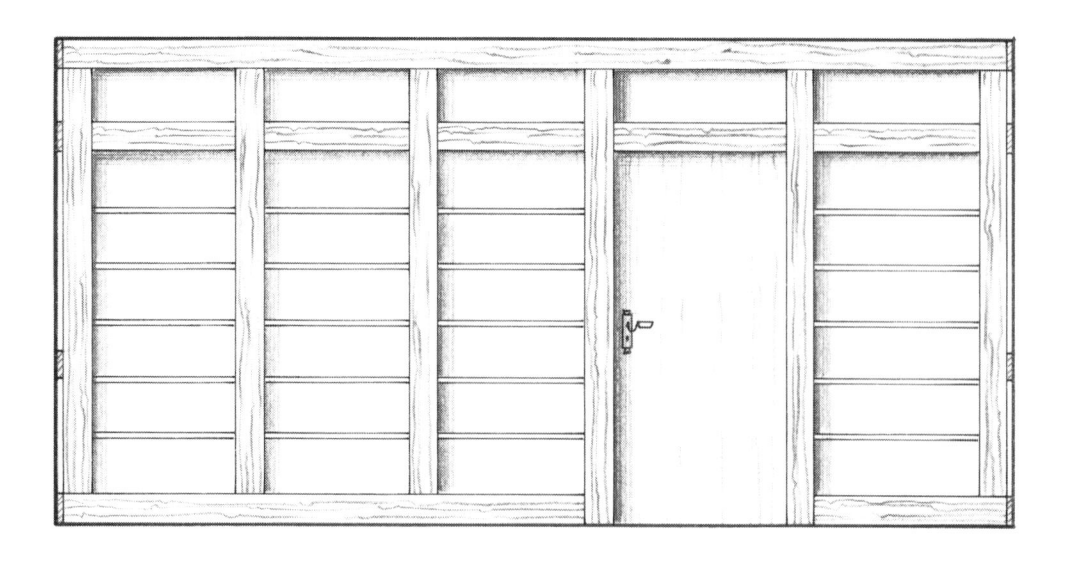

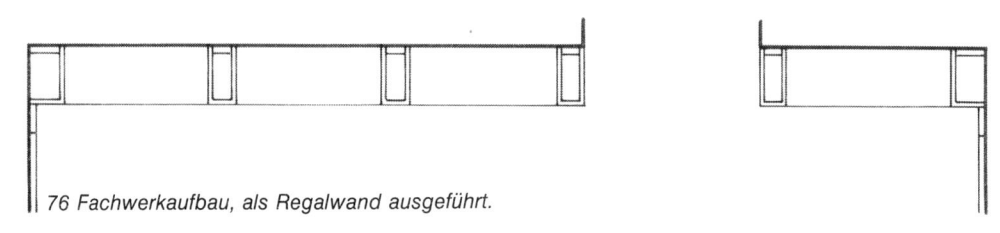

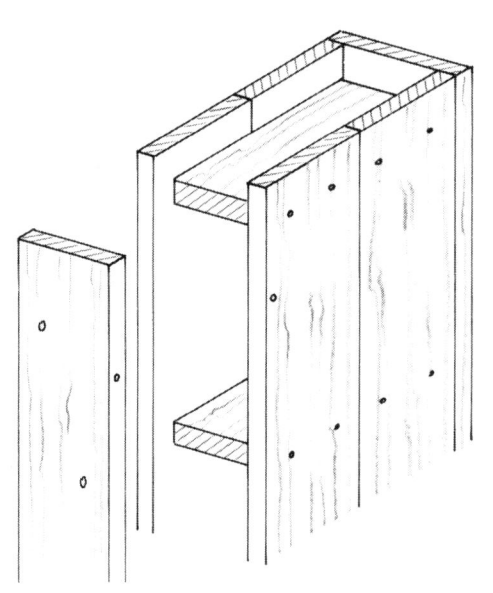

77 Zusammenbau eines Regalstollens.

men Sie zwei oder drei Bretter und nageln das Ganze über eine Aufbauschablone zusammen. Der so gefertigte Balken wird dann mit einem Montagebrett oder Unterfries an der Wand im üblichen Sinn festgedübelt. Vergessen Sie vor der Montage nicht, die Löcher für die Bodenträger in die Balkenseiten einzubohren. Der eigentliche Aufbau und die Montage erfolgt im Sinne einer Fachwerkaufblendung aus Balkenschalen.

Als Fachböden verwenden Sie etwa 28 mm starke, furnierte Spanplatten oder 3 bis 4 cm starke Bretter. Die Frontkante der Fachböden, bei Spanplatten mit Anleimern versehen, sollten abgefast oder profiliert werden.

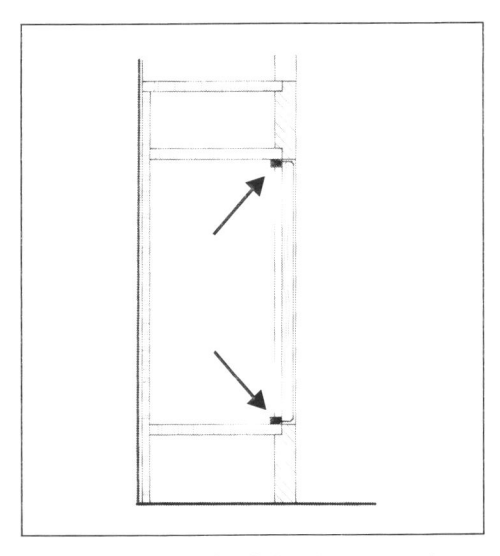

Die Rückwände der Regale können verputzt, tapeziert oder verschalt sein. Für eine Bücherwand macht sich eine Textiltapete in Rupfencharakter sehr gut.

Ohne großen Aufwand kann aus einer Regalwand eine Schrankwand entstehen. Die Fachböden schneidet man um die Türdicke schmaler, oder man macht die Balken gleich um soviel tiefer. Auf den unteren und an den oberen Boden sind etwa 24 x 12 mm starke Anschlagleisten aufzuschrauben. Entsprechend der Türbreiten sind mehrere Bretter nebeneinandergelegt und von hinten mit zwei gehobelten, etwa 10 bis 14 cm brei-

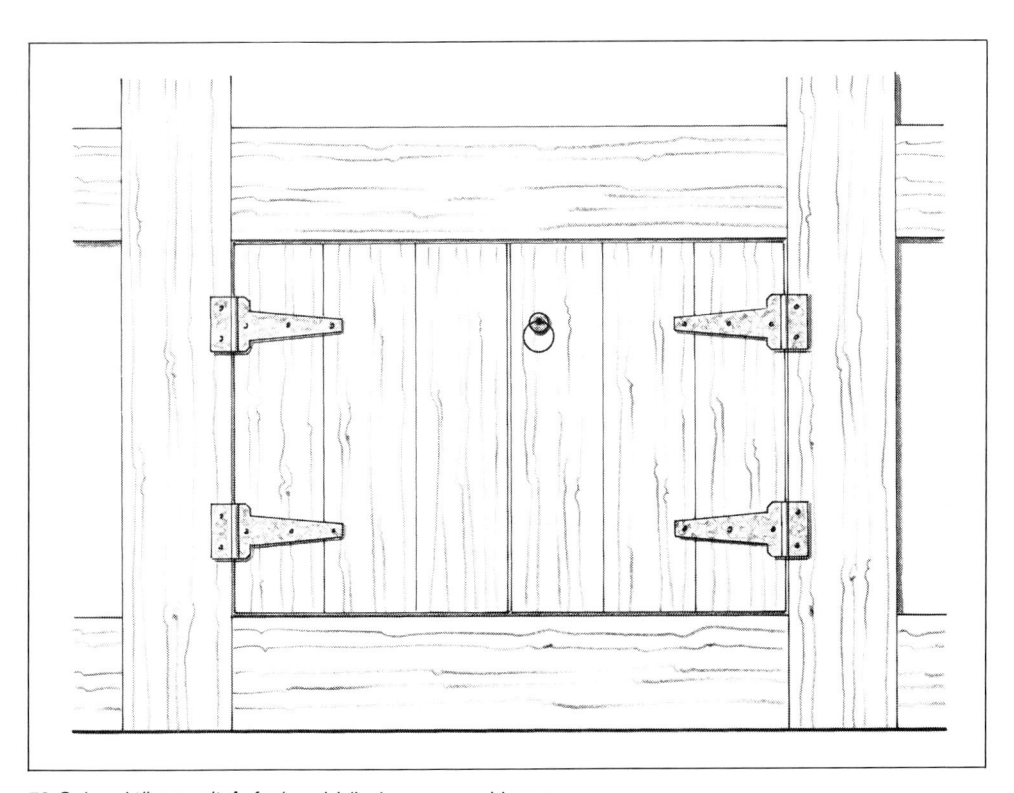

78 Anschlagleisten für Schranktüren an oberen und unteren Boden montiert.

79 Schranktüren, mit Aufschraubbändern angeschlagen.

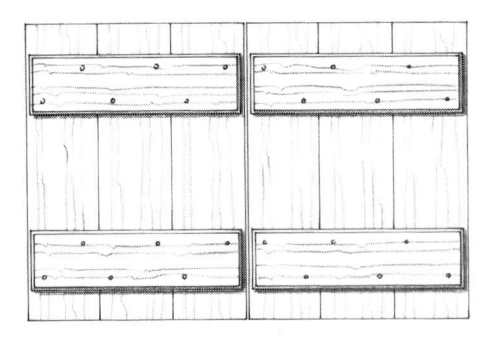

80 Innenansicht der Schranktüren mit aufgeschraubtem Querbrett.

ten Querbrettern verschraubt. Die so entstandenen Türplatten werden in die Schranköffnung eingepaßt und mit Holzkeilen festgesetzt. Als Türscharniere verwendet man schmiedeeiserne Aufschraubbänder. Diese werden von außen auf Balken und Türen mittels schmiedeeiserner Schrauben oder Eisen brüniert aufgeschraubt. Ein Holzknopf oder ein schmiedeeiserner Ring wird als Griff montiert. Als Verschluß dienen Magnetschnäpper oder Drehstangenmöbelschlösser.

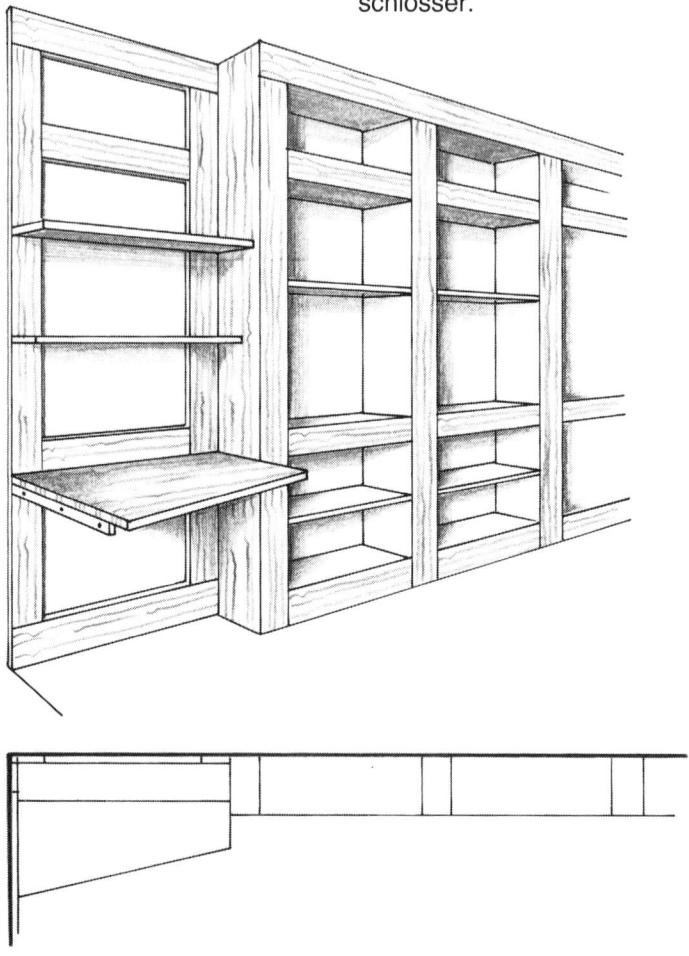

81 Fachwerkregalwand mit Schreibplatte.

Wenn Sie keinen Schreibtisch für Ihren Arbeitsraum haben, so bauen Sie die Schreibgelegenheit gleich in die Wandverkleidung mit ein. Hier kann eine furnierte, mindestens 28 mm starke Spanplatte oder eine kunststoffbeschichtete Spanplatte verwendet werden.

Eine auf die Wände geschraubte 3 x 3 cm gehobelte Leiste dient als Plattenauflage. Die Platte selbst wird von unten mit Linsenkopfschrauben durch die Leiste festgeschraubt. Die Frontkante wird mit Massivanleimern versehen und profiliert. Statt einer Schreibplatte kann auch eine Platte für das Fernsehgerät oder den Plattenspieler eingebaut werden.

Haben Sie eine Stereoanlage unterzubringen, so können die Boxen in die hohlen Balken direkt sichtbar oder aber abgedeckt eingebaut werden.

Konsolen, Knaggen und Stützen

Zur optischen Aufgliederung einer Wandverkleidung können Konsolen oder Knaggen einiges beitragen. Sie vermitteln eine tragende Abstützung. Sehr wirksam sind sie bei der Kombination von Decken- und Wandverkleidungen.

Die Deckenbalken werden mit einer aus der Wandverkleidung herausragenden Knagge abgestützt. Aber auch für Trennwände und Raumteiler, dies wird noch später beschrieben, sind sie ein ergänzendes Gestaltungselement.

Für Wandverkleidungen werden diese Elemente aus Brettern, als freitragende Stützelemente aus Balken herausgeschnitten. Die Formgebungen sind vielfältig. Sie können nach Ihrem Ge-

82 Fachwerkaufblendung mit Stützknaggen.

83 Stützknaggen als verbindendes Element zwischen Decken- und Wandbalken.

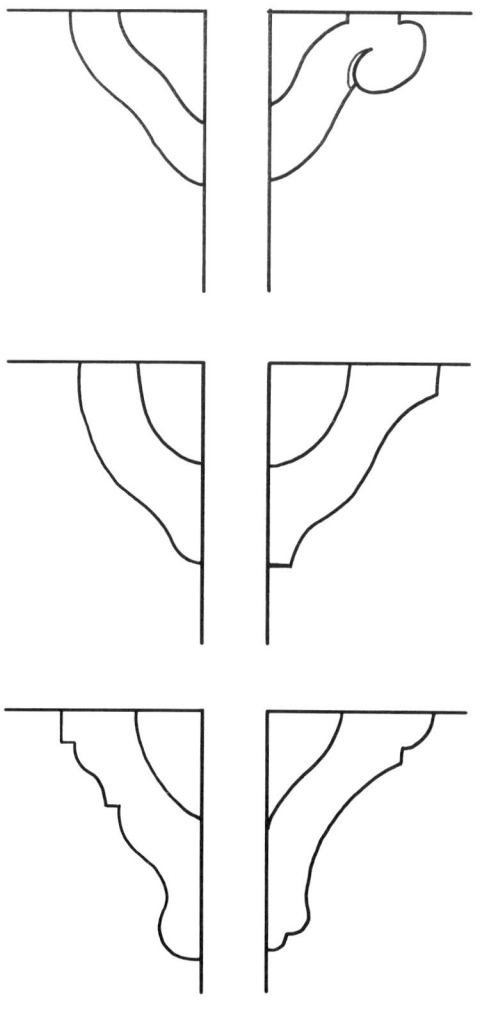

84 Verschiedene Formen für Stützknaggen.

schmack und nach mehr oder weniger großem Aufwand wählen.

Deckenbalken können auch eine zusätzliche Unterstützung durch kurze Balkenköpfe finden. Diese werden an die Wandverkleidung angesetzt und an den Deckenbalken geschraubt. Die Balkenköpfe sollten stets etwas schmaler als die Balkenstärke sein. Sie wirken, als läge der Deckenbalken auf den Kragbalken des Nebenzimmer auf.

Sie können die Verbindung zwischen auskragendem Balkenkopf und Deckenbalken zusätzlich noch mit einer schmiedeeisernen Lasche dekorieren.

Ein zweckgebundener Stützbalken, beispielsweise einer Trennwand, als Abschluß einer Sitzbank, Abgrenzung an eine Treppe oder einen Gang dienend, kann mit Knaggen oder Stützstreben verbunden und mit einer schmiedeeisernen Einfassung versehen, ein besonderes Zierelement werden.

Tür- und Fenstereinfassungen, Türverkleidungen

Das Thema Türeinfassungen ist ja schon anfangs behandelt worden. Hier möchte ich jetzt weitere Möglichkeiten für vorhandene Türen anschneiden.

Es ist doch viel zu schade, eine noch funktionstüchtige und gutaussehende Tür einfach rauszureißen. Doch dann fragt man sich: Kann ich diese gestrichene Tür in den rustikal gestalteten Innenraum auch miteinbeziehen? Auch das ist natürlich möglich.

Bei einer nach außen zu öffnenden Tür ist das Türfutter im Raum sichtbar. Soll

85 Balkenköpfe als Unterstützung von Deckenbalken.

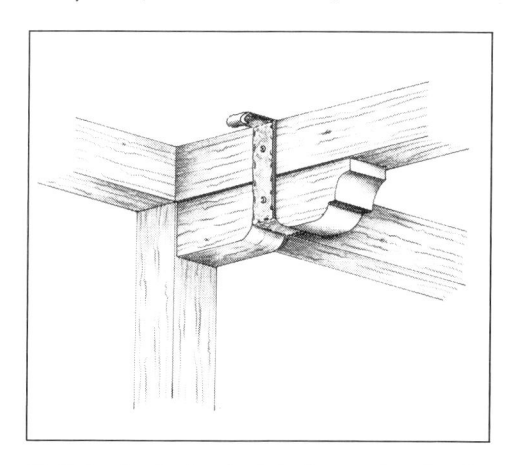

86 Balkenkopf mit schmiedeeiserner Lasche eingefaßt.

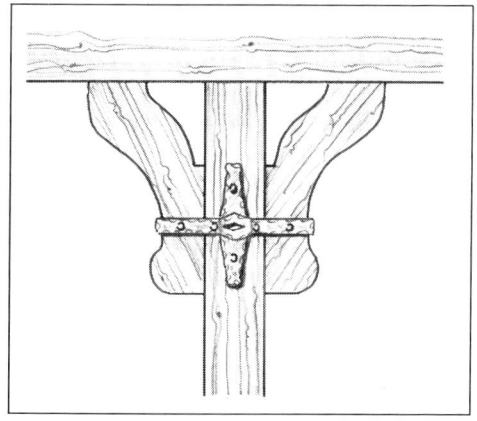

87 Freistehender Stützbalken mit Knaggen und schmiedeeisernem Kreuzband.

diese Tür in Fachwerk miteinbezogen werden, so muß der die Tür einfassende Balken um die Stärke der Brettverkleidung auf dem Türfutter in der Türöffnung überstehen. An die sichtbare Balkenin-

nenkante wird eine Fase angehobelt. Anschließend wird die Türverbretterung angebracht. Diese kann genagelt, mit schmiedeeisernen Schrauben oder einfach geschraubt mit schmiedeeisernen

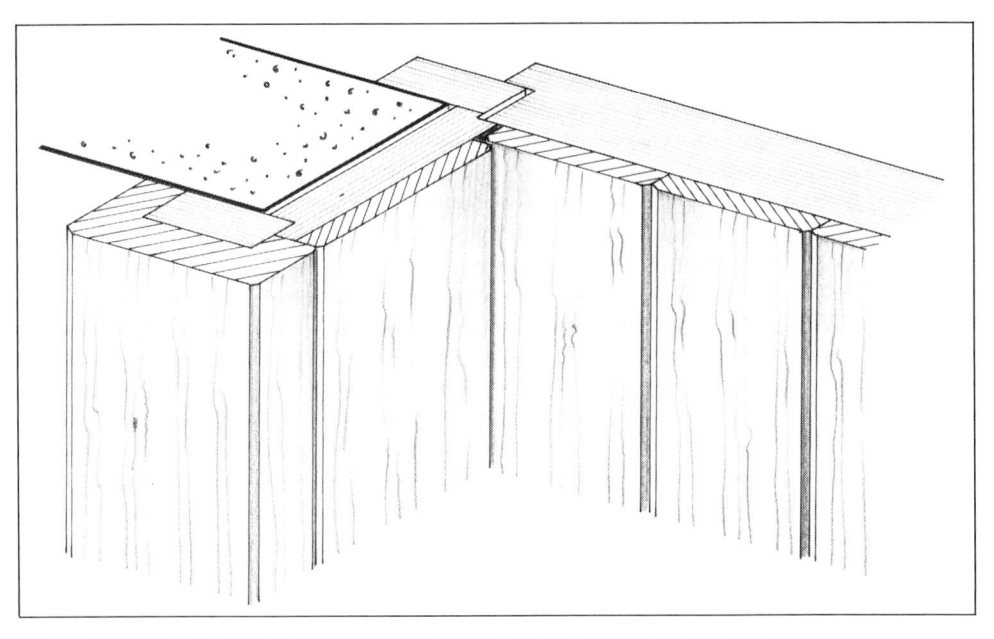

88 Türfutter und Türblatt mit Brettern verkleidet und in das Fachwerk eingebunden.

Abdeckkappen oder Holzzierknöpfen abgedeckt werden. Selbstverständlich können Sie auch die zum gewählten Material passenden Montagekrallen verwenden. Hierbei müssen allerdings die äußeren Bretter am Rand genagelt oder geschraubt werden, das heißt, daß man die Montage keinesfalls mit der Montagekralle beginnt.
Bei vorhandenen leichten Wabentüren ist eine feste Verschraubung nur am äußeren Türrand, also in dem Bereich, wo ein Massivholz eingeleimt ist, möglich. Die eigentliche Türfläche besteht zumeist nur aus einer überfurnierten, 3 bis 4 mm starken Hartfaserplatte. Dazwischen befindet sich ein Wabenaufbau aus Pappe. Soll auf Hartfaserplatte geschraubt werden, sind selbstschneidende Schrauben — Blechtreibschrauben oder Spanplattenschrauben — zu verwenden. Diese Schrauben drehen sich selbst in die Hartfaserplatte ein. Wenn Sie die Löcher jedoch vorbohren wollen, geschieht das mit schwachen, bis 2 mm starken Bohrern.
Die Türaufdoppelung muß am äußeren Türrand mindestens 4 mm Luft haben. Bei geschlossener Tür wird die Öffnung beziehungsweise die zu verschalende Türfläche angerissen. Zur Montage der Verschalung wird die Tür auf Arbeitsböcke aufgelegt, dann werden die Bretter aufgeschraubt. Danach hängt man die Tür wieder ein und mißt am Futter die Differenz zwischen Türblattverkleidung bis Balkenschale. Dann wird das Türfutterverkleidungsbrett zugeschnitten und am vorhandenen Türfutter befestigt.
Soll die Tür ein Sockelbrett oder -blech

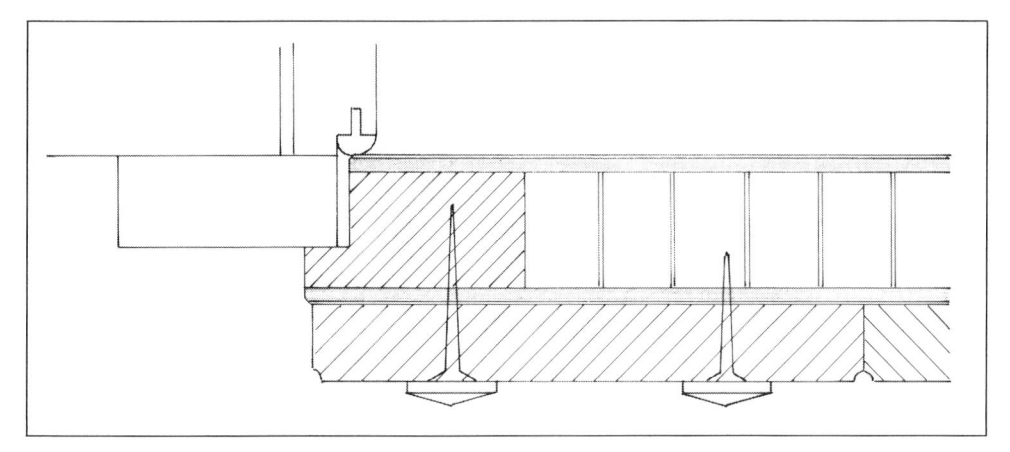

89 Wabentürblatt mit aufgeschraubten Brettern. Schraubstellen mit schmiedeeisernen Kappen abgedeckt.

erhalten, so bringt man erst das Sockelbrett auf und läßt danach die Verkleidungsbretter darauf anstoßen. Auf die fertige Tür können wahlweise schmiedeeiserne Scheinbänder oder Langbänder geschraubt werden. Die vorhandene Drückergarnitur wird durch eine schmiedeeiserne ersetzt.

Bei einer nach innen aufgehenden Tür wird ähnlich verfahren. Eine Futterverkleidung ist nicht erforderlich.

Wird eine Wand ganz verschalt, kann die nach innen aufgehende Tür auch flächenbündig in die Verkleidung einbezogen werden, was folgendermaßen geschieht:

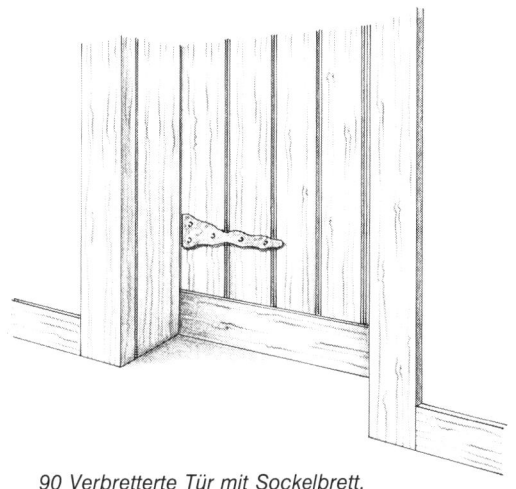

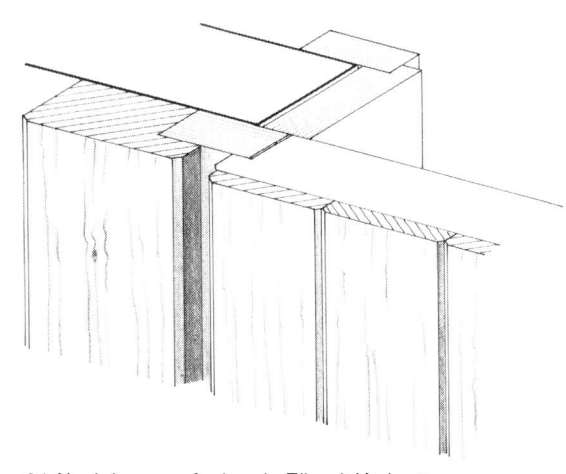

90 Verbretterte Tür mit Sockelbrett.

91 Nach innen aufgehende Tür mit Verbretterung.

Zuerst wird die Tür von der Mitte ausgehend aufgedoppelt. Die Bretter über der Tür läßt man in gleicher Richtung weiterlaufen, während die seitlichen Bretter der Wandverkleidung erforderlichenfalls zum Türfutter hin ausgeklinkt werden müssen. Die aufgedoppelte Fläche der Tür ist maßbestimmend für die Unterkonstruktion der Wandverkleidung. Nehmen Sie zur Verstärkung keine stärkere Unterlattung, sondern setzen Sie eine Konterlattung darunter, mit der sich Unebenheiten im Mauerwerk besser ausgleichen lassen.

92 Türen in einer Wandverschalung. Links flächenbündig, rechts mit Verkleidung des Türfutters.

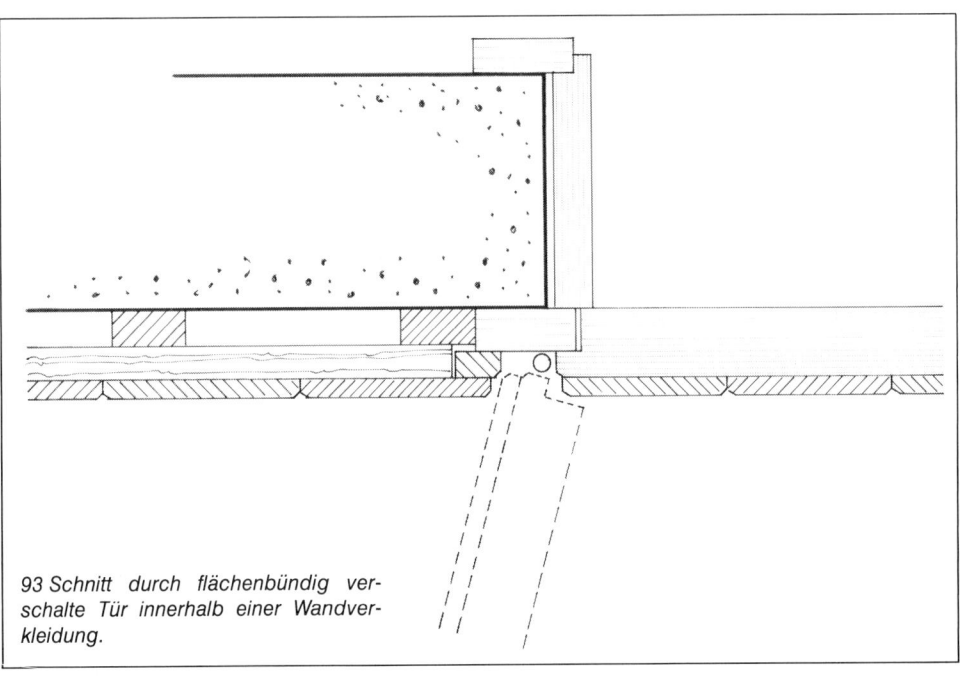

93 Schnitt durch flächenbündig verschalte Tür innerhalb einer Wandverkleidung.

Fenstereinfassungen und Heiznischenverkleidungen

Die Einfassung einer Fensterlaibung als Teil einer Wandverkleidung ist nicht in jedem Fall zu empfehlen. Mit zu entscheiden hat, ob Stores und Übergardinen oder nur Stores oder keine von beiden angebracht werden sollen. Bei Vorhängen mit Dekoschals braucht die Laibung nicht eingekleidet zu sein, da sie ja ständig verdeckt ist. Wenn nur Stores verwendet werden, kann man, braucht aber nicht unbedingt zu verkleiden. Ohne Vorhänge ist eine Verkleidung empfehlenswert.

Die Einkleidung der Fensterlaibungen geht in gleicher Weise wie das Türeinkleiden vor sich. Da das Verkleidungsbrett ans Mauerwerk geschraubt werden muß, vielleicht sogar an einen Betonpfeiler, ist es einfacher, das Verkleidungsbrett mit einem Alu- oder Kunststoffwinkel am Fenster anzupassen. Entweder schiebt man das Brett hinter den Winkel, wodurch er jedoch sichtbar bleibt, oder man nutet das Brett und schiebt es über den Winkelschenkel, der hierdurch verdeckt wird.

Ein kleines Keller- oder Dachfenster ist möglichst nicht als besonderes Element zu behandeln, sondern man sollte versuchen, diese verhältnismäßig kleinen Öffnungen in die gesamte Wandgestaltung einzubeziehen.

Eine Fachwerkwand, mit Feldverbretterung und Stützstreben aufgegliedert, schließt ein kleines Fenster ebenso ein, so daß es in der Gesamtgestaltung wie ein Fachwerkfeld wirkt. Als Fensterschmuck sollte man hier Scheibengardinen verwenden. Die Feldeinteilung müßte erhalten bleiben.

Ganz anders kann man bei zwei kleinen Fenstern unterm Dach verfahren. Hier ist die ganze Außenwand mit sandgestrahl-

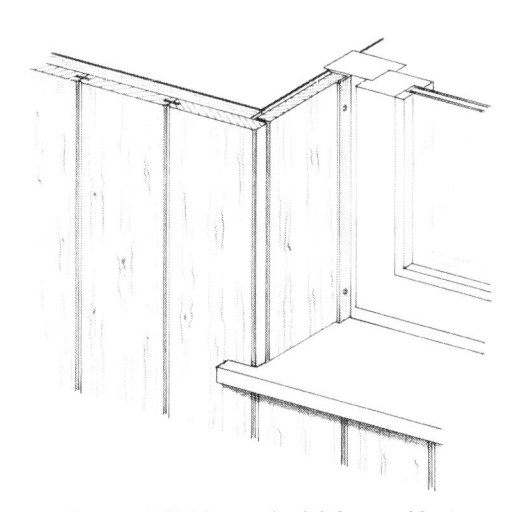

94 Fenstereinkleidung mit sichtbarem Montagewinkel.

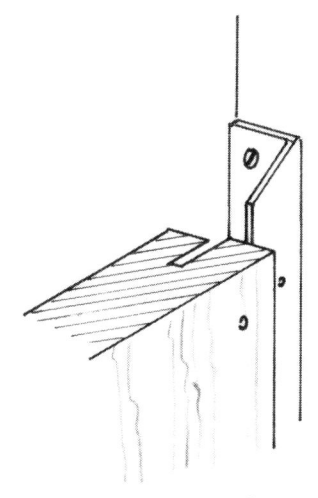

95 Fenstereinkleidungsanschluß mit genutetem Brett.

96 Ein Kellerfenster in die Fachwerkaufblendung einbezogen.

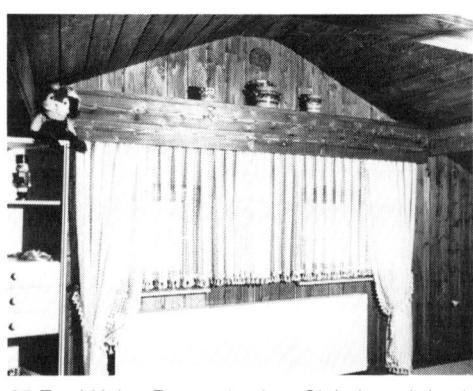

97 Zwei kleine Fenster in einer Giebelwand durch großzügige Vorhanganordnung optisch vergrößert.

ten Profilbrettern verkleidet. Hinter dieser Verkleidung ist gleichzeitig eine Wärmeisolierung untergebracht. Die zwei kleinen Fenster sind, um die Konzeption des Hauses nicht zu unterbrechen, belassen worden. Eine vorhandene Zange des Dachgebälks wurde mit Brettern verkleidet, und zwar derart, daß oben ein Abstellbord und hinter der Brettabdeckung die Vorhangschiene mit indirekter Beleuchtung montiert sind. Um die Fläche mit den kleinen Fenstern optisch zu vergrößern, ist über die ganze Wandbreite ein Vorhang angebracht worden. Der auf dem Bild noch weiße Plattenheizkörper soll später der Wandverkleidung entsprechend farbig angepaßt werden. Gut sähe auch hier eine rustikale Heizungsverkleidung aus.

Heiznischen- und Heizkörperverkleidung

Wer eine Fußbodenheizung oder einen Kachelofen hat, kann sich das lesen dieses Kapitels ersparen.

In den meisten Fällen sind aber Heiznischen und Heizkörper vorhanden, die beim rustikalen Innenausbau mitberücksichtigt werden müssen. Eine Eckbank oder eine gerade Anstellbank im Heizkörperbereich deckt natürlich vieles ab. Aber in Fällen, wo der Heizkörper als technisches Element inmitten der rustikalen Einrichtung sichtbar bleibt, muß nachgeholfen werden.

Die Einkleidung des Fensters läßt die Balken oder Bretter ohnehin bis zum Fußboden durchgehen. Ist die Fenster-

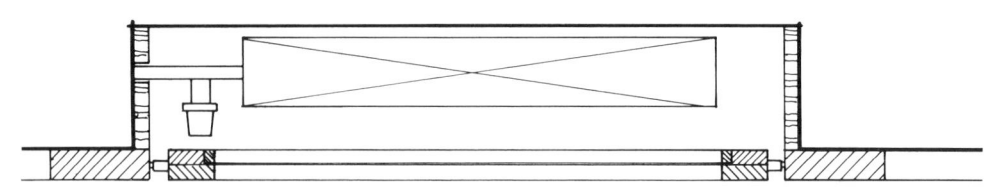

98 Schnitt durch eine Heizkörpernische.

99 Ansicht einer verkleideten Heizkörpernischenecke.

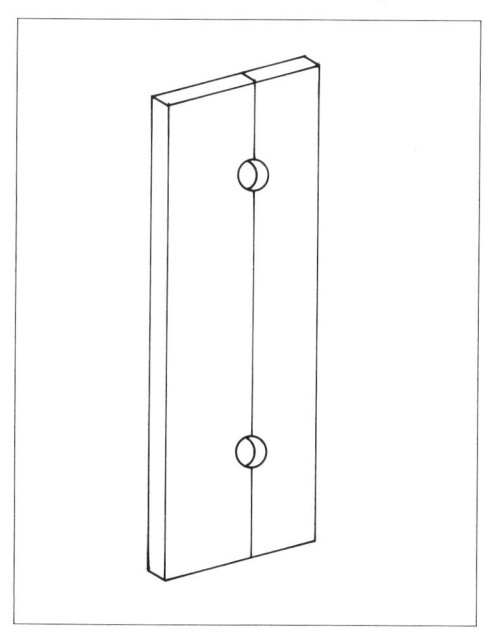

100 Paßbrett aus Spanplatten für Heizkörpernischenauskleidung im Rohrbereich.

laibung nicht verkleidet, so schneidet der Balken oder das Brett mit der Mauerkante ab. Ist die Laibung aber verkleidet, so überragt das Verkleidungsstück das Mauerwerk. Sie können die Laibung in der Heiznische belassen oder im Rohrbereich eine Spanplatte einpassen.
Bohren Sie dazu die Löcher für die Heizrohre mit größerem Durchmesser heraus. Schneiden Sie das Brett auf Mitte Bohrung durch, und kleben Sie es mit Baukleber hinter die vorstehende Verkleidung. Dies kann übertapeziert oder farbig gestrichen werden.
Im anderen Fall bringen Sie eine Reflektionsfolie oder Styroportapete an, auch unter dem Fensterbrett, dies stoppt den Wärmeverlust gewaltig.
Ein Rahmen mit Gitterwerk aus eloxiertem Leichtmetall- oder Stahllochblech, gestrichen, oder Streckmetall aus Messing als Einlage, mit Heizkörperbeschlägen festgemacht, ist als ideale Frontverkleidung gut geeignet.
Den Frontrahmen können Sie, sofern das Werkzeug zum Schlitzen fehlt, aus zwei Einzelrahmen zusammenbauen. Der Frontrahmen besteht beispielsweise aus sandgestrahlten, 6 bis 7 cm breiten Fichtenbrettern, die aufrechten Rahmenstücke sind durchgehend und stumpf zusammengesetzt. Der hintere, aus gehobelten Latten bestehende Rahmen ist 1 cm schmaler als die Frontrahmenstükke, stumpf zusammengesetzt, wobei die Querlatten durchlaufen.
Beide Rahmen werden aufeinander verleimt und von hinten vernagelt. Die Ek-

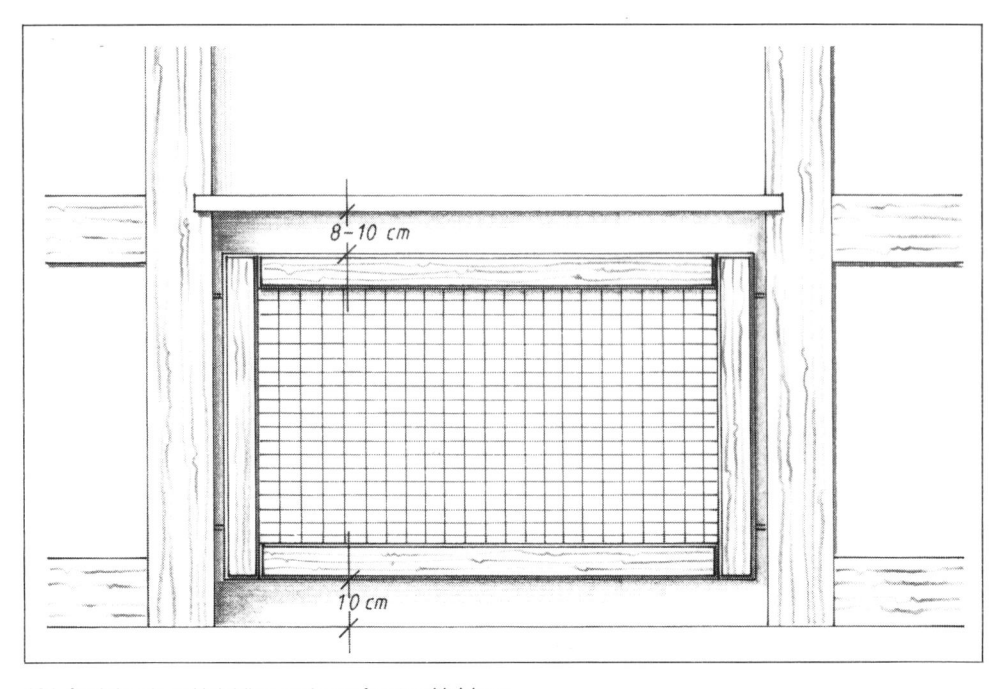

101 Ansicht einer Heizkörperrahmenfrontverkleidung.

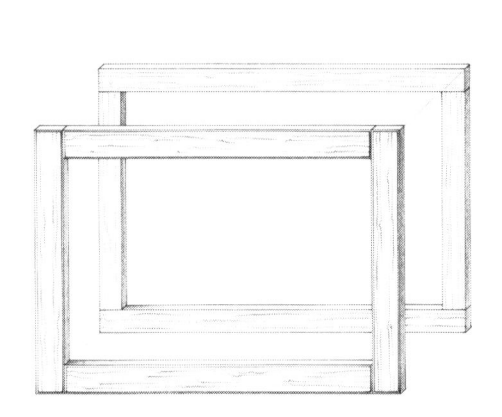

102 Rahmenaufbau für Heizkörperverkleidung.

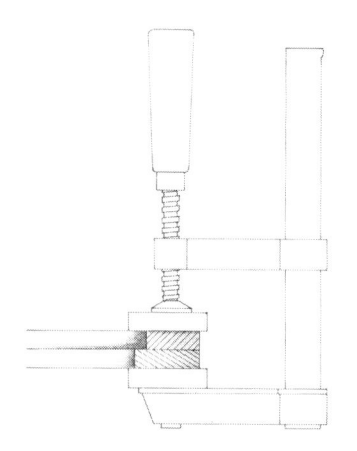

103 Rahmeneckverleimung mit Schraubzwinge.

ken werden mit Schraubzwingen zusammengepreßt. Der hintere schmalere Rahmen bildet gleichzeitig den erforderlichen Falz zum Einlegen des Metallgitters. Mit eingenagelten Leisten wird das Gitter befestigt. Die Heizkörperbeschläge, die bei der Maßeinteilung berücksichtigt werden, müssen bereits vorhanden sein. Die

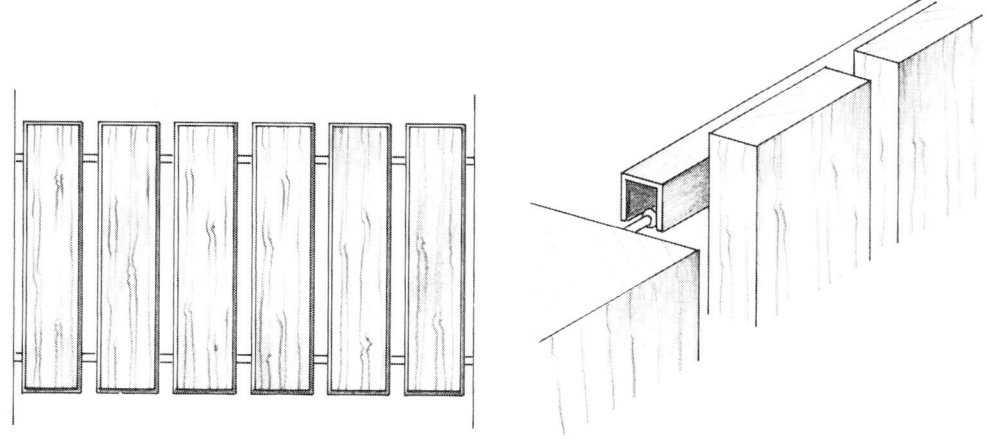

104 Frontverkleidung aus aufrechten Brettern auf U-Schiene geschraubt.

Beschläge sind als Einlaß- oder Aufschraubmodelle erhältlich und einfach zu montieren. Verwenden Sie stets eine komplette Garnitur, da die Teile oben und unten, rechts und links zusammenpassen müssen, und arbeiten Sie nach den der Originalpackung beiliegenden Montagehinweisen.

Wem die Rahmenarbeit zuviel wird, der kann auch aus einfachen aufrechten, auf zwei Alu-U-Schienen montierten Brettern, die Frontverkleidung aufbauen. Die Breite der Nischenöffnung, abzüglich 4 mm für Luftzwischenraum ist gleich U-Schienenlänge. Die U-Schienen stehen seitlich 2 cm über, der Rest ist für die Bretteinteilung. Die einzelnen Bretter sollen etwa 2 bis 4 cm Luftzwischenraum haben. In die Seitenverkleidung wird in Höhe der U-Schiene je eine Schraube derart eingedreht, daß sie etwa 1 cm übersteht. Auf diesen Schraubenüberstand werden die U-Schienen eingehängt.

Alternativ dazu kann die Verbretterung auch waagerecht angeordnet werden. Diese waagerechten Bretter werden mit einer senkrecht hintergeschraubten Leiste zusammengehalten. Bei dieser Konstruktion müssen wieder Heizkörperbeschläge angeschraubt sein.

Bei allen Heizkörpern sollte der Bodenabstand der Frontverkleidungen 10 cm nicht unterschreiten, zwischen Oberkante Verkleidung und Fensterbrett besteht ein 8 bis 10 cm Zwischenraum.

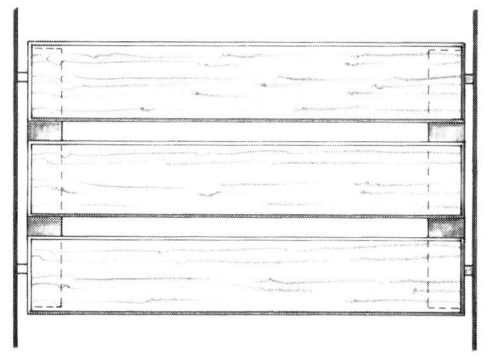

105 Frontverkleidung mit waagerechten Brettern und hintergesetzter, senkrechter Halteleiste.

Raumteiler

Fachwerktrennwände

Als Begrenzung zwischen den Arbeits- oder Wohnbereichen kann eine offene Fachwerkwand den Raum optisch teilen, so daß die gesamte Raumgröße überschaubar bleibt.
Der Aufbau solch einer Wand kann aus Massiv- oder Hohlbalken, die aus Brettern zusammengefügt worden sind, mit

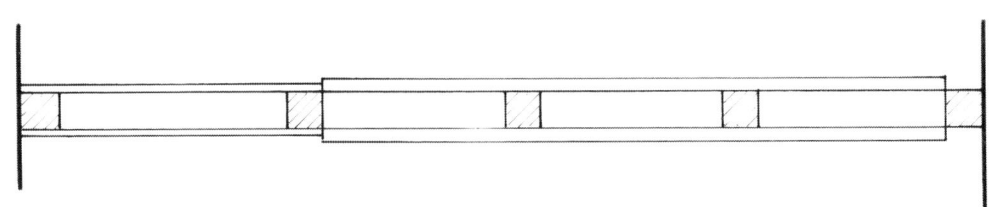

106 Fachwerktrennwand mit Durchgang, Brüstung geschlossen, sonst offen.

Türdurchgang oder als geschlossene Wand gestaltet werden.

Wenn Massivbalken gewählt werden, so müssen diese für den Innenausbau auch trocken sein. Man verwendet keine frisch zugeschnittenen!

Die Verbindungen werden nach Zimmermannsart gezapft. Die Oberflächen der Massivbalken sind entweder gehobelt und geschliffen, geschrubbt oder dem Sandstrahlcharakter entsprechend ausgebürstet.

Bei Verwenden von Hohlbalken haben Sie sich für deren Oberfläche ja bereits entschieden. Bretter sind in gehobelter, geschruppter, sandgestrahlter oder gebürsteter, gebrannter oder noch anderer Ausführung erhältlich.

Der Zusammenbau ist einfach. Teilweise werden die Eckverbinderleisten mitangeboten. Sind keine lieferbar, kann man die Bretter auch über eine Balkeninnenschablone zusammenbauen.

Ein nach den Innenmaßen des Balkens zugeschnittenes Brettstück wird an Decke und Boden aufgeschraubt. Je nach Höhe des Balkens werden drei oder vier solche Brettschablonen für den Zusammenbau benötigt. Die Bretter werden von drei Seiten auf diese Schablone genagelt oder geschraubt. Das vierte Brett wird erst befestigt, wenn der dreiseitige Bal-

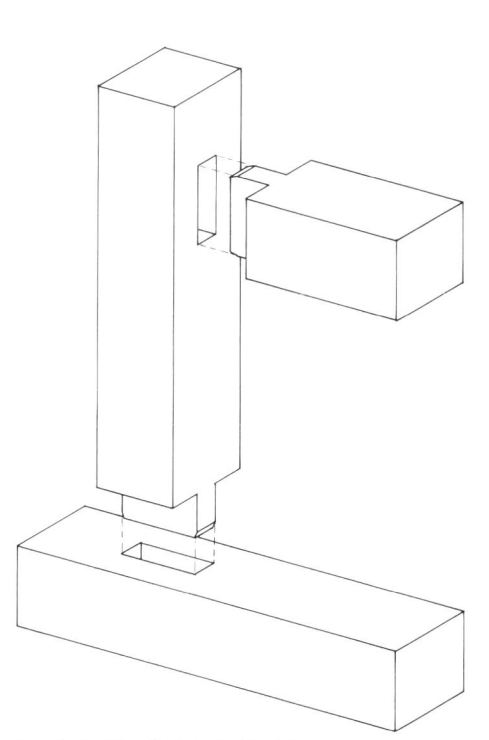

107 Gezapfte Balkenverbindungen.

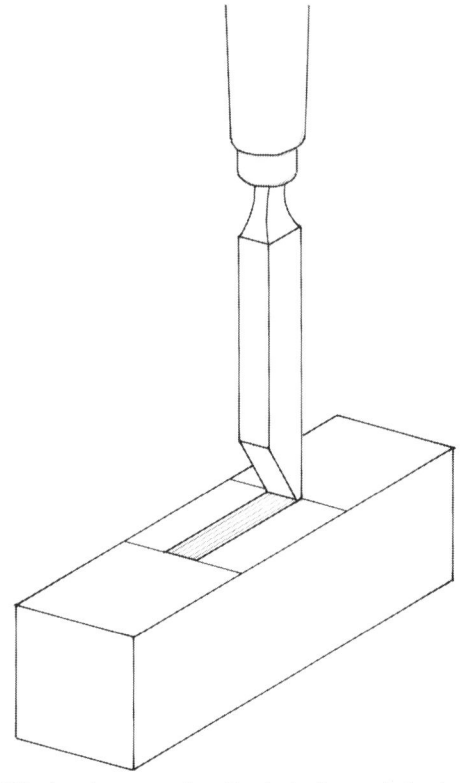

108 Ausstemmen des Zapfenloches mit Lochbeitel.

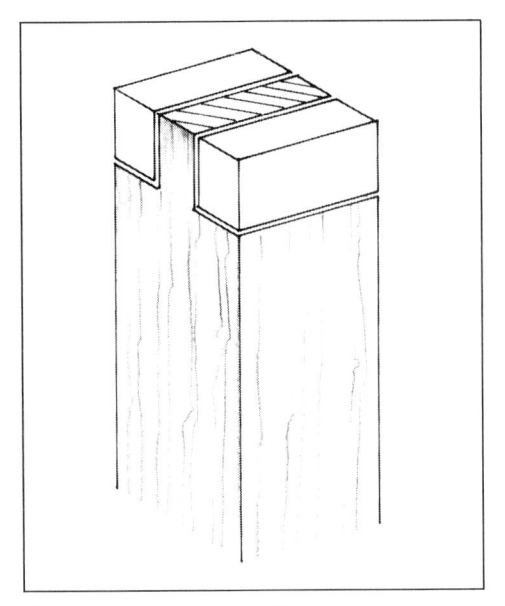

109 Das Anschneiden des Zapfens.

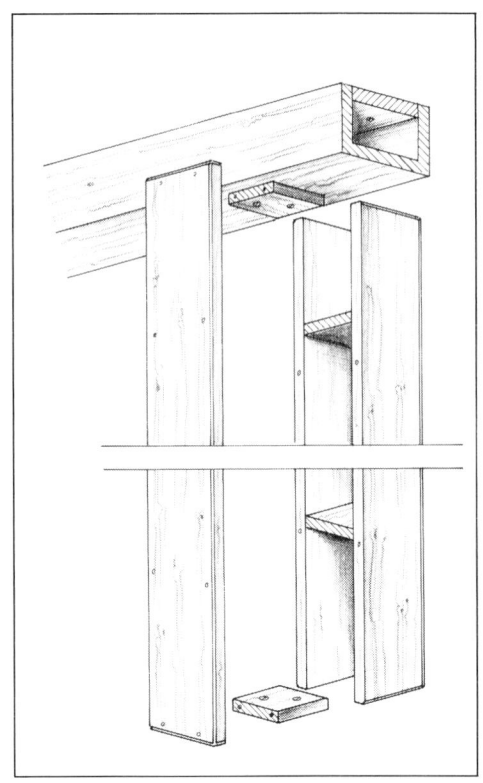

110 Hohlbalkenaufbau mit Balkenschablonen, dreiseitig geschlossen zum Überstecken auf montierte Brettstücke an Decke und Fußboden.

ken über das am Boden und an der Decke befestigte Brett geschoben ist.

Ist im Raum keine Balkendecke, ist es notwendig, erst den Deckenbalken für die Wand an die Decke anzubringen.

Der untere Sockelbalken ist nur dreiseitig geschlossen. Er wird seitlich über die am aufrechten Balken geschraubten Brettstücke und über ein am Boden gedübeltes Montagebrett geschoben und befestigt. Ebenso wird der vierseitig geschlossene Mittelbalken an Brettstücke montiert. Wenn jedoch die unteren Fachwerkfelder geschlossen sein sollen, ob mit Spanplatten zum Tapezieren beziehungsweise Verklinkern oder mit einer Verbretterung, so werden der untere Sockelbalken und der Mittelbalken aufgetrennt, und zwar soweit, daß die Bretter oder Spanplatten eingeschoben werden können.

Ist Ihnen die einfache Platte nicht stark genug, kann die Ausfachung auch als Doppelplatte aufgebaut werden. In diesem Fall brauchen Sie keinen Sockelbalken, sondern Sie schrauben an die Stützbalken je ein Brett, an dem Sie die Spanplatten befestigen. Als Sockelbalken wird dann nur ein Brett von beiden Seiten benötigt. Der Mittelbalken ist nur ein U-Balken und wird von oben darüber-

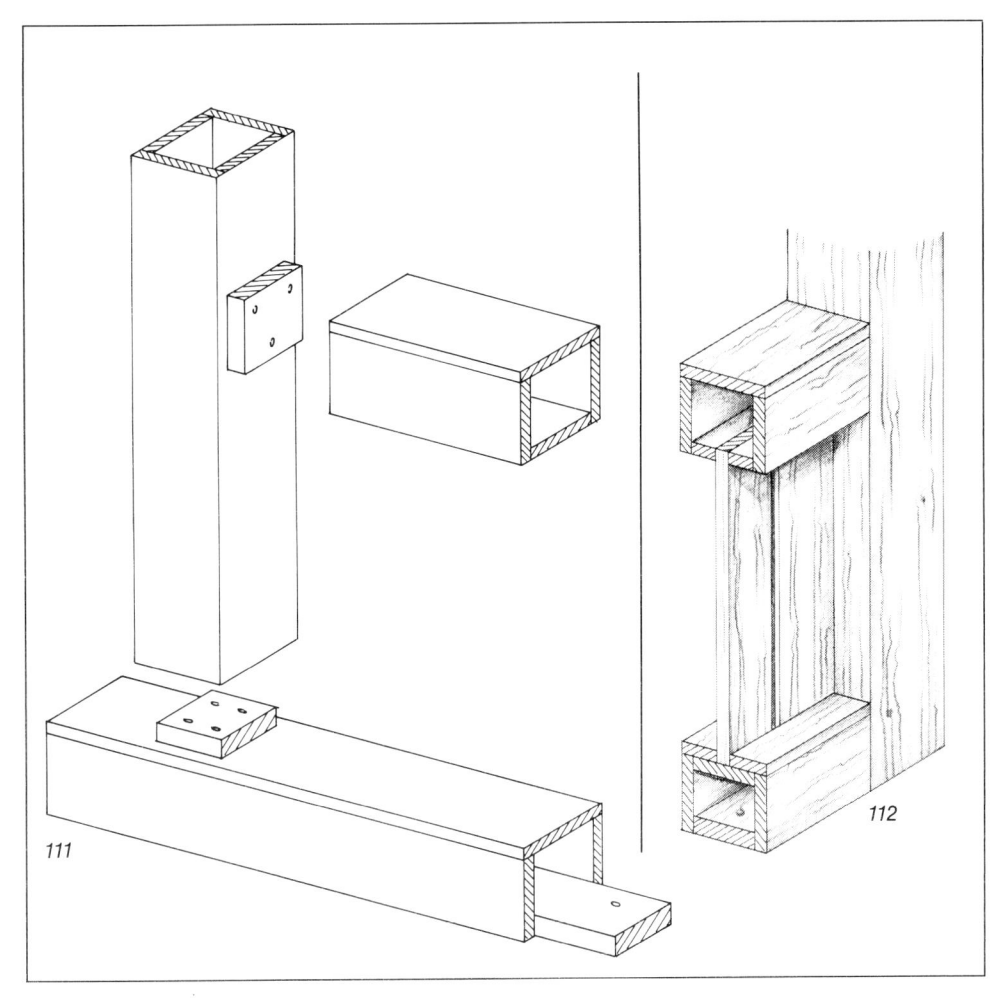

111 Das Montieren der Hohlbalken, Sockel, Stützbalken und Querbalken.

112 Brüstung mit eingeschobener einfacher Verbretterung.

gesteckt. Bei der doppelten Ausfachung können Sie auch einen breiten Abstellboden leicht auflegen. Sie sparen hierbei noch das obere Balkenbrett ein.

Soll dieser Abstellboden über mehrere Fachteilungen hinweglaufen, dann setzen Sie die unteren Stützbalken nur bis zum Abstellboden, das heißt, daß die Spanplatten über mehrere Felder in einer Länge durchgehen und die Stützbalken nur aus Brettern aufgeblendet werden. Der weiterlaufende Stützbalken über dem Abstellboden wird in der üblichen Weise neu aufgebaut.

Eventuelle Bogenteile bei Türdurchgängen oder Stützknaggen müssen jedoch

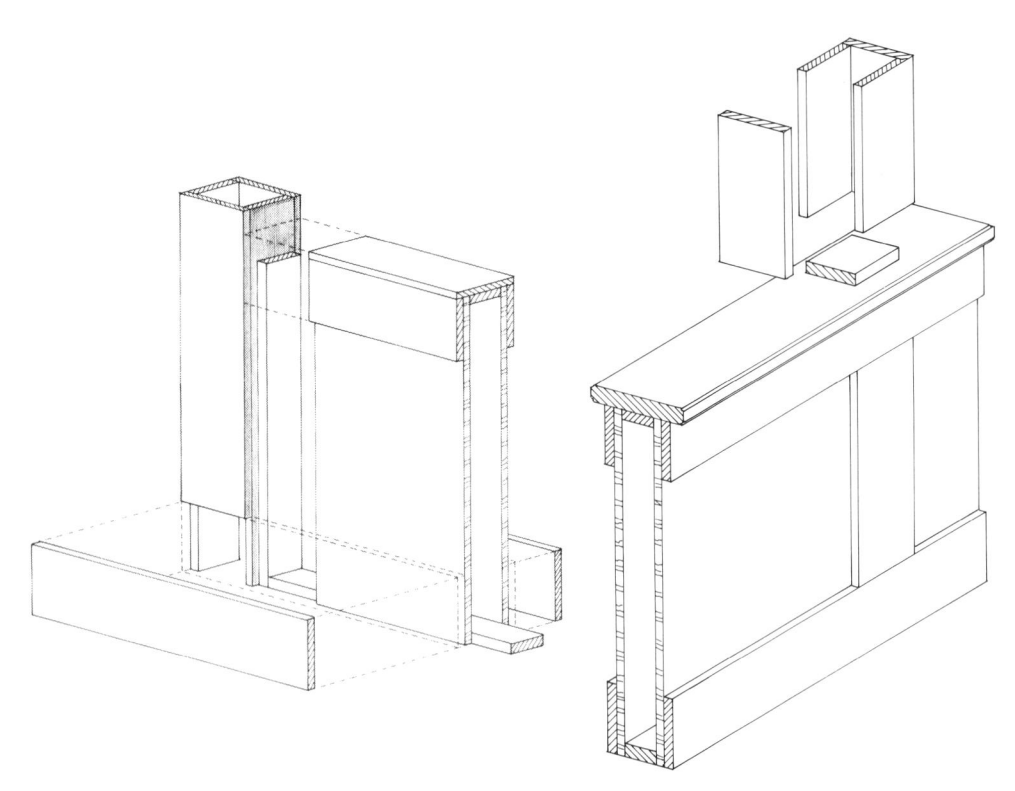

113 Brüstungsaufbau aus Spanplatten mit losen Sockelbrettern und übergesteckten Mittelbalken.

114 Brüstungsaufbau mit Abstellboden und Weiterführung des oberen Stützbalkens.

aus Massivbalken herausgeschnitten werden.
Die mittleren Stützbalken müssen nicht immer bis zur Decke durchgehen, sondern sie können auch durch einen Querbalken abgefangen werden. Hierauf kann man noch einen Abstellboden montieren. Die Balkenstärke richtet sich jeweils nach der Auswahl der verwendeten Materialien. Ideal wäre etwa 12 x 12 cm bis 16 x 16 cm.
Fachwerkzwischenwände als Raumteiler zwischen Küche und Eßecke können derart gestaltet werden, daß eine größere Durchreicheöffnung, mit breiter Arbeits- oder Barplatte versehen, als »Schnellimbiß«, Frühstücksplatz oder Küchenbar genutzt werden kann. Eventuelle, durch das Anstellen eines Küchenschranks entstehende Nischen, oder auch die bewußt gestalteten bieten zweckmäßige Stellflächen für Dekorationen oder Gebrauchsgegenstände. Verstellbare Fachböden machen diese Nischen variabel. Bohren Sie die Bodenträgerlochreihen vor dem Montieren der Balken.
Ein Raumteiler muß nicht immer seinem

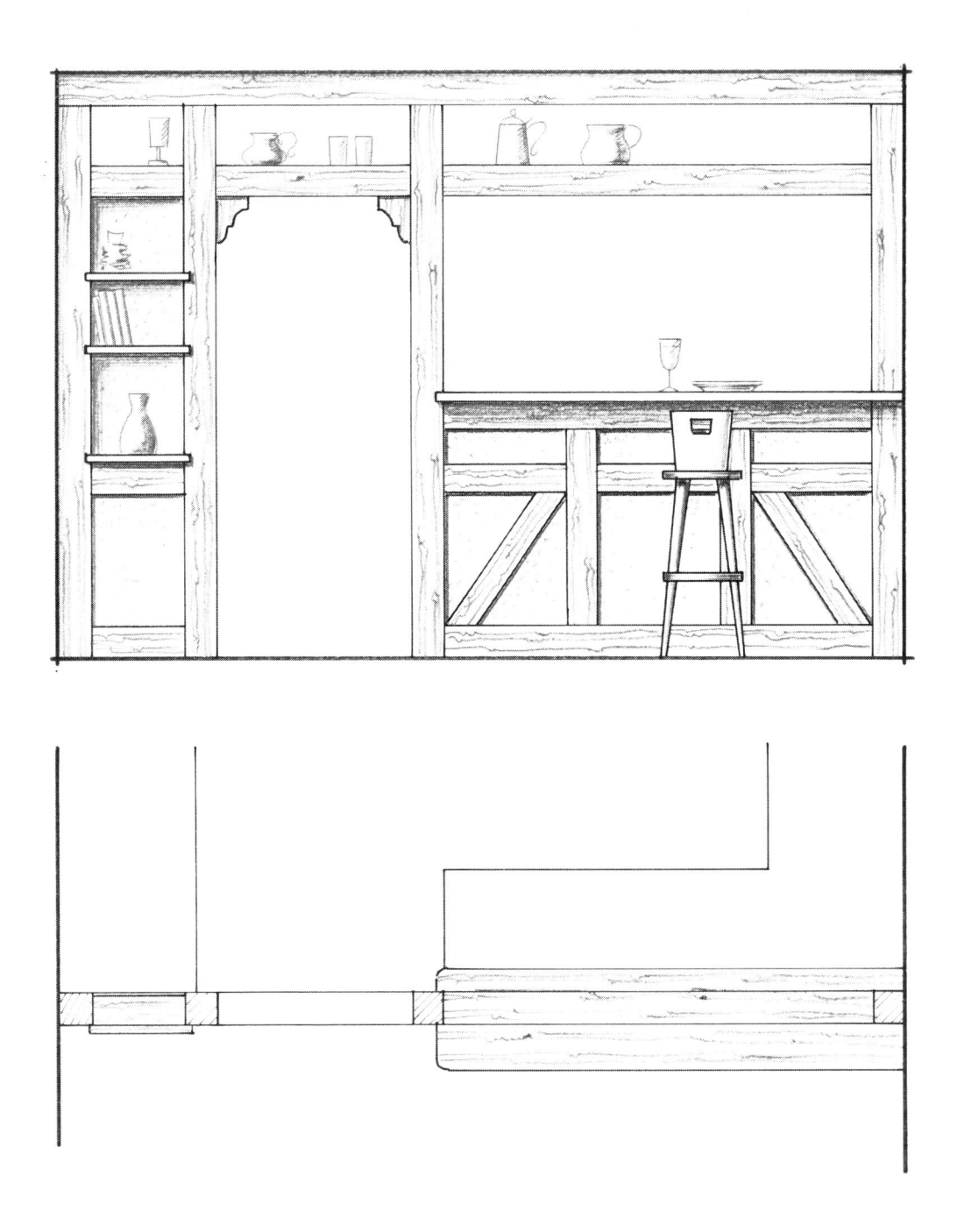

115 Raumteiler zwischen Küche und Eßraum mit Durchreiche als Küchenbar.

116 Abtrennung als Fachwerkaufbau mit schmiedeeisernem Trenngitter, Doppelbalken und Stützstrebe.

117 Gitterwerk, aus Fertigteilen zusammengebaut.

Namen entsprechend als teilend eingesetzt werden. Man kann mit ihm genausogut ein Raumteil abtrennen. Für das Abtrennen vom Eingang zur Sitzgruppe oder von einer Treppe zur Eßecke oder der Garderobe von der Eingangshalle, genügt in den meisten Fällen schon ein Teil einer Trennwand.
Die Gestaltungsmöglichkeiten sind vielfältig. Nehmen wir als Beispiel einen Fachwerkaufbau mit überstehendem und profiliertem Deckenbalken. Das un-

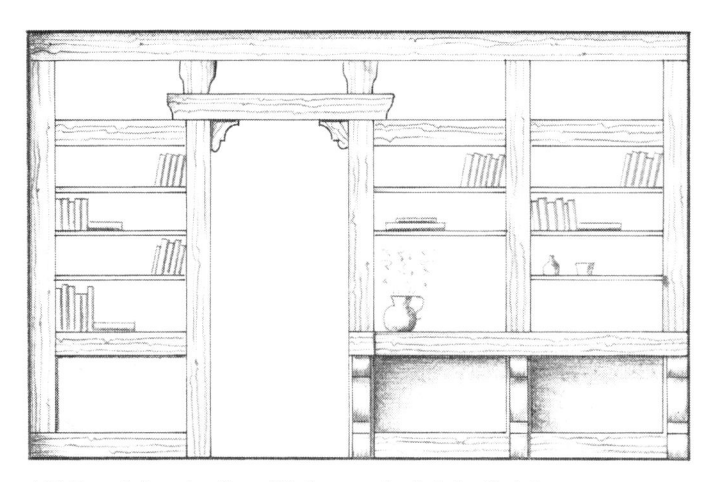

118 Raumteiler als offene Bücherwand mit Schreibplatz.

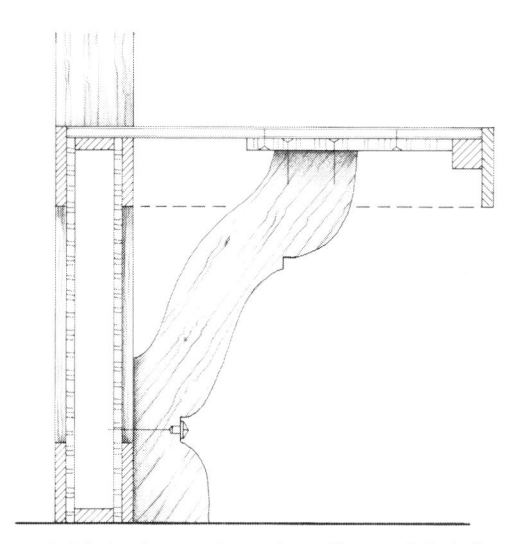

119 Arbeitsplattenaufbau mit profiliertem Stützbalken. Die Plattenkante ist in Balkenstärke eingefaßt.

tere Feld ist verbrettert und im oberen Feld befindet sich ein schmiedeeisernes Gitter. Gitter dieser Art kann man aus im Handel erhältlichen Fertigelementen leicht selbst herstellen. Soll solch eine Abtrennung auch gleichzeitig vor Zugluft schützen, verwendet man statt des Gitters eine Scheibe aus getöntem Glas, Ornament- oder Antikglas, vielleicht auch eine Blei- oder Messingverglasung. Eine Fachwerktrennwand als Bücherwand mit eingebautem Arbeitsplatz wäre doch für Bücherfreunde eine ideale Sache. Die Bücherwand kann offen bleiben, soll aber ein Arbeitsplatz entstehen, muß sie mit einer Rückwand versehen werden. Zur anderen Raumseite hin wird die Wand tapeziert oder verputzt, so daß sie mit Bildern oder Dekorationen geschmückt werden kann. Auch können hier Stützstreben oder aus Brettern geschnittene Konsolen beziehungsweise Knaggen die Wand dekorativ unterbrechen.

Die Arbeitsplatte kann eine furnierte Spanplatte oder eine einfarbig oder in Holzdekor kunststoffbeschichtete Möbelbauplatte sein, die zum Gesamtfarbton der Anlage paßt.

Die Arbeitsplattenkante wird mit einem Anleimer versehen oder man führt den Balken als Brettkante herum. Damit die Platte nicht abkippen kann, schraubt man Balkenkonsolen darunter.

Fachwerktrennwände als Stollenwand mit Schrankeinbauten

Eine Alternative zu den einfachen Zwischenwänden ist die Stollenwand mit eingebauten Schrankteilen. Mit diesen Anlagen, die im Prinzip als Fachwerk aufgebaut sind, erreicht man erstens die Raumabgrenzung oder Teilung und zum anderen wird zusätzlicher Schrankraum gewonnen. Die Fachwerkfelder können als Regal, mit oder ohne Rückwand, als geschlossener Schrank oder als Vitrine ausgebaut werden. Bei all diesen Ausbauten sind die Korpusseiten und -böden durch den Balkenaufbau schon vorhanden.

Der Aufbau solch einer Wand geschieht aus Hohlbalken. Die Ansichtsflächen der Balken sind etwa 12 und 16 cm breite Bretter. Die Tiefe der Balken bestimmen Sie durch den Verwendungszweck und durch den Einsatz von ein oder mehreren Brettern. Die Schrankhöhe wird durch das Einsetzen eines doppelten oder dreifachen Deckenbalkens bestimmt. Dieser kann mit profilierten Balkenköpfen beidseitig aus dem Balken herausragend, zusätzlich aufgelockert

120 Raumteiler als Schrank- und Regalwand mit Vitrine.

werden. Es bieten sich zwei Montagemöglichkeiten an. Entweder werden die Balkenkopfkonsolen als durchgehende Balken, zweiseitig kopfprofiliert, an die Decke gedübelt, oder sie werden als Konsole an den bereits gefertigten Deckenbalken geschraubt. Im ersten Fall schraubt man an die bereits montierten Balkenkopfkonsolen beidseitig die entsprechend großen Balkenschablonen an, steckt den unteren Balken darüber und befestigt diesen. Die offenen Flächen zwischen den Balkenkonsolen sind anschließend mit Brettern auszufachen.

Im zweiten Fall werden an den gesamthohen Balken je Seite die halben Balkenkonsolen von der Innenseite des Balkens angeschraubt und das Ganze dann an zuvor montierten Balkenschablonen oder Montagebrettern befestigt. Die Montage kann man sich erleichtern, indem die Deckenbalken zum Festschrauben mit Leisten abgestützt werden.

Gebogene und profilierte Teile sind, wie zuvor beschrieben, aus Massivholz zu fertigen. Die Oberfläche müssen Sie jedoch dem gewählten Material anpassen. Bei sandgestrahlten Brettern muß das

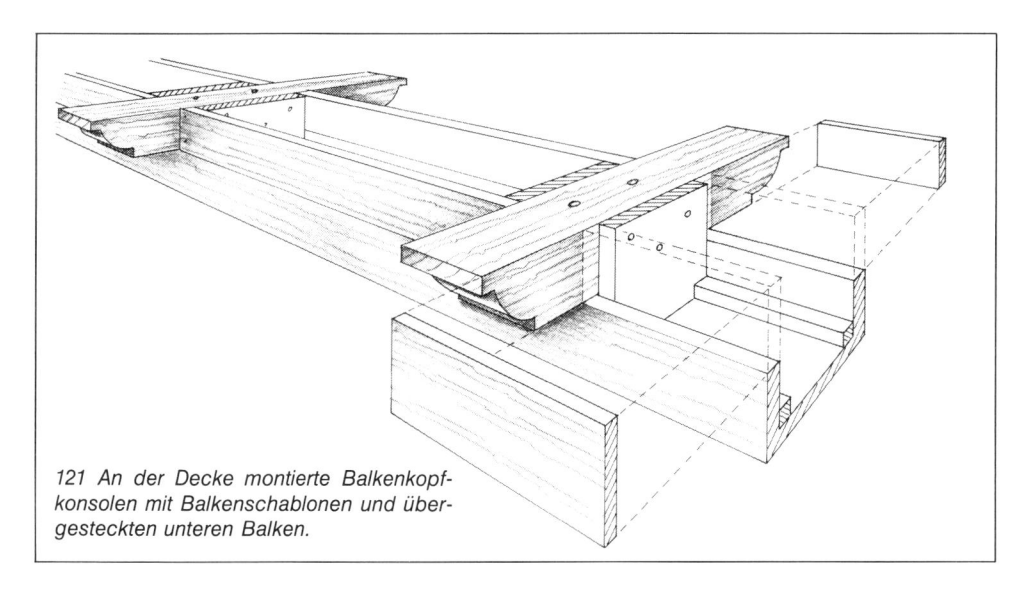

121 An der Decke montierte Balkenkopfkonsolen mit Balkenschablonen und übergesteckten unteren Balken.

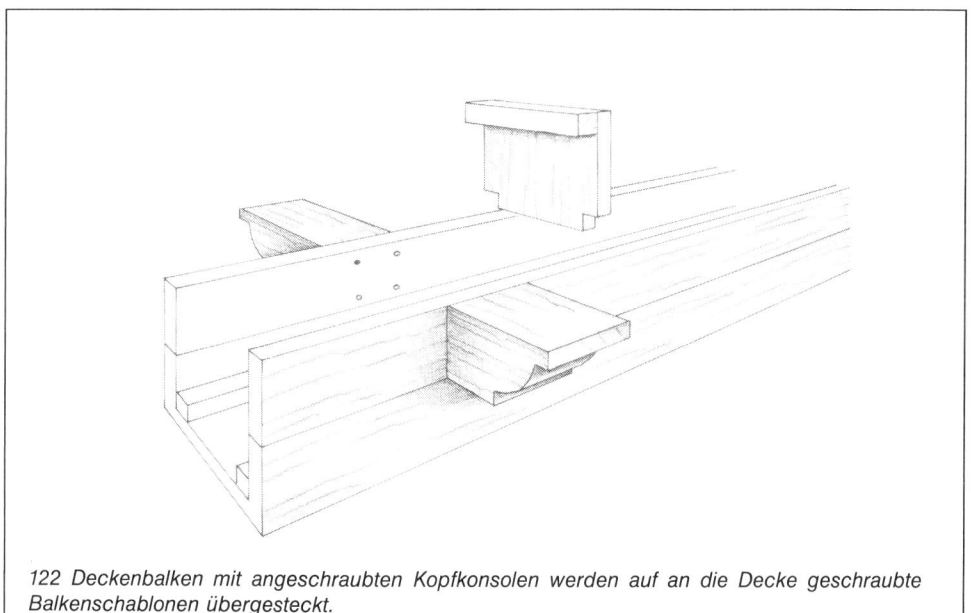

122 Deckenbalken mit angeschraubten Kopfkonsolen werden auf an die Decke geschraubte Balkenschablonen übergesteckt.

Massivholz mit der Bürste entsprechend behandelt werden. Es gibt hierfür Einsätze für Bohrmaschinen.
Schranktüren sind bereits unter Fachwerkaufblendungen beschrieben worden. Man kann jedoch statt der Aufschraubblenden auch Möbelbauplatten als Unterkonstruktionen verwenden und die Verbretterung hierauf aufsetzen oder von hinten durchschrauben. Die einge-

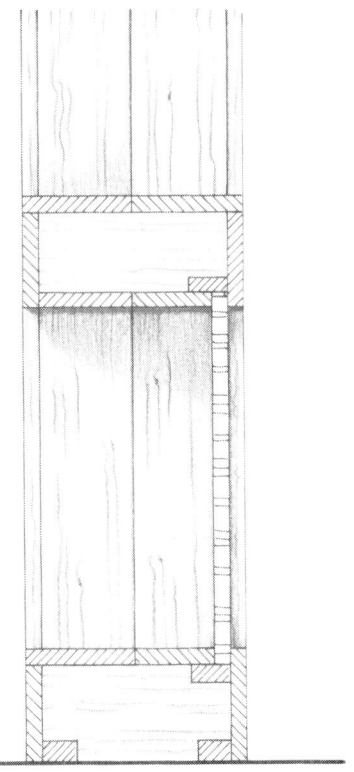

123 Schrankrückwand, in Einstellnut eingeschoben.

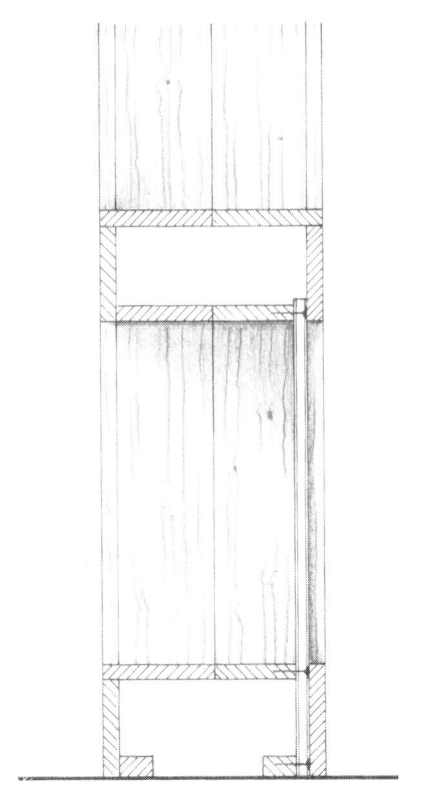

124 Schrankrückwand, an Sockel- und Mittelbalken angeschraubt.

paßten Möbelbauplatten müssen vor der weiteren Verarbeitung mit Kantenum- oder Anleimern versehen sein.
Die Schrankrückwand kann aus Nut- und Federbrettern, Profilbrettern oder im gleichen Aufbau wie die eben beschriebenen Türen erfolgen. Selbstverständlich können auch Spanplatten, beidseitig oder innen tapeziert und außen verklinkert, genommen werden. Beim Einbau der Rückwand ist das dem Schrankinnern zugewendete Balkenbrett um soviel schmaler zu schneiden, als die Rückwand stark ist. Die Gesamtbreite wird durch eine untergeschraubte Leiste, zur Bildung einer Einstellnut, wieder hergestellt. Man kann auch ohne zusätzliche Leiste arbeiten, indem man die Rückwand an das einfassende Balkenbrett festschraubt und das äußere Balkenbrett danach befestigt.
Wenn Sie eine Vitrine einbauen wollen, die von der Rückseite und der Front Einsicht haben soll, so genügt es, wenn eine Seite durch Türen zugänglich ist. Als Vitrinenrückwand wird eine 4 bis 6 mm starke Glasscheibe eingesetzt, und zwar mit einer nutbildenden Zusatzleiste. Be-

achten müssen Sie jedoch, daß die Rückwände grundsätzlich beim Zusammenbau der Trennwand mit eingesetzt werden müssen. Ein späterer Einbau ist nur möglich, wenn das hinter der Rückwand liegende Balkenbrett solange offen bleibt, bis die Rückwände eingesetzt sind.

Glastüren einzusetzen dürften für Heimwerker keine Schwierigkeit sein. Zunächst werden die genauen Millimetermaße der Öffnung festgestellt. Das Maß wird dem Glaser oder Glashändler genannt, so daß er die genauen Größenmaße der Türen ermitteln kann. Die Türen werden mit Glastürbändern und Bohrungen für den Griff oder das Schloß komplett geliefert. Die Kanten sind stets poliert.

Zweckmäßig für Vitrinen sind Glasfachböden. Hier müssen Sie dem Glaslieferanten allerdings die Maße für die fertigen Böden, das heißt lichtes Maß der Fachbodenöffnung abzüglich 4 mm Luft, und den Hinweis »mit polierten Kanten« angeben. Für sichtbare Regalfachböden verwendet man Massivholzbretter mit profilierten Kanten.

Für Schrankfachböden, verdeckt liegend, genügen Möbelbauplatten oder furnierte Spanplatten mit Frontan- oder -umleimer. Vergessen Sie aber vor der Montage nicht die Lochreihen für die Bodenträger in die Balken zu bohren.

Raumteiler bei vorhandenem Mauerwerk

Soll ein kleiner Raum einem größeren angegliedert werden, so bedeutet das

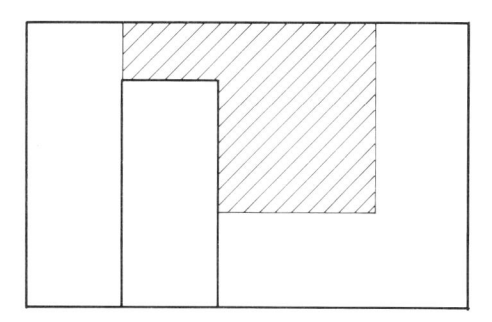

125 Vorhandene gemauerte Zwischenwand, zum Teil abgebrochen.

noch lange nicht, daß die dazwischenliegende Wand insgesamt entfernt werden muß. Lassen Sie einen Teil der Wand ganz und einen anderen als Brüstung stehen, und machen Sie daraus ein Fachwerksmauerwerk. An diesen Wänden verfahren Sie wie bei der Fachwerkaufblendung und bei den freistehenden Teilen wie bei der Raumtrennung mit Hohlbalken. Sie sparen Material, Zeit und Arbeit und haben zudem weniger Schutt abzufahren. Außerdem sind die Fachwerkfüllungen in den nicht abgerissenen Mauerteilen vorhanden und brauchen nicht mehr neu aufgezogen zu werden.

Sind Sie außerdem noch Hobbygärtner oder Blumenfreund, so beziehen Sie in die Planung doch gleich die Blumen und Pflanzen mit ein. Ob Sie eine Wand bis zur Brüstung abbrechen oder eine ganz neue Raumtrennung einbauen, schaffen Sie jeweils gleich Platz für die Blumenwannen. Breite und Länge der Behälter richten sich nach der Konstruktion des Aufbaus.

Ist die Wand dick genug, um den Blumenkasten in der Breite aufnehmen zu

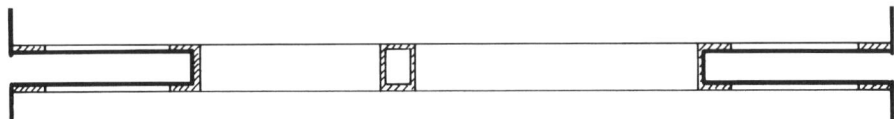

126 Fachwerktrennwand auf vorhandene, zum Teil abgebrochene Zwischenwand aufgebaut.

127 Raumteiler als Blumenwand.

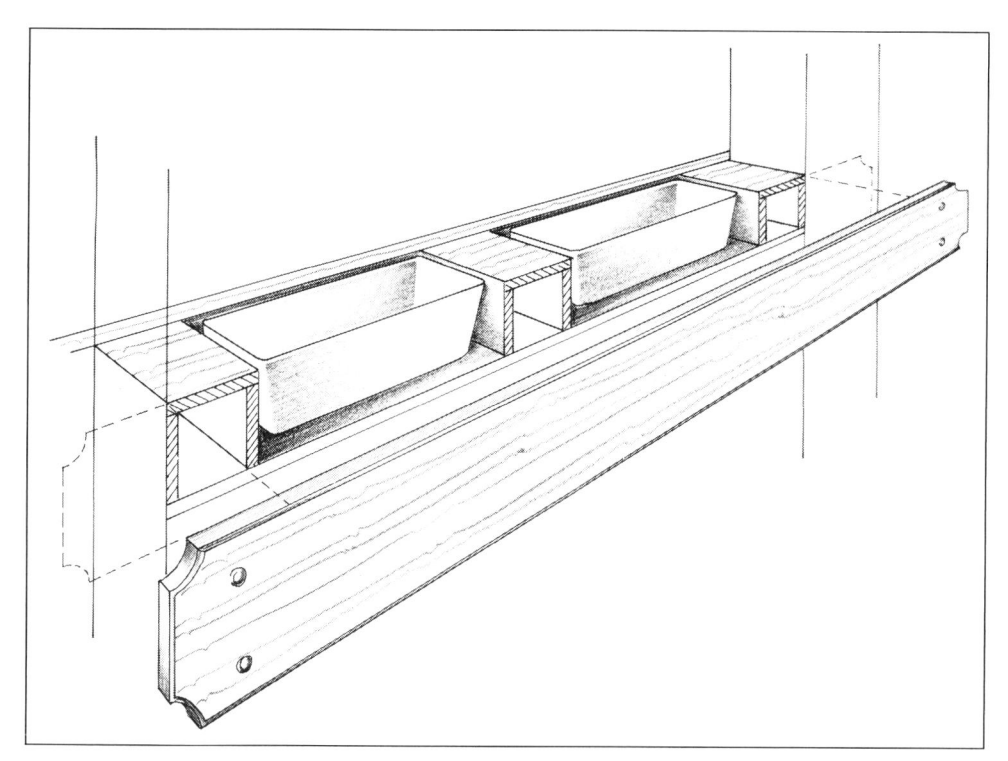

128 Brüstungselement mit Blumenwannen, Zwischenpodeste als Paßstücke und aufgesetzte Seiteneinfassung.

können, so entfällt das obere Abdeckbrett bei der Balkenkonstruktion.
Entspricht die Stärke der Wand oder des Balkens genau der Breite des Blumenkastens, so setzen Sie die Seiteneinfassung als Zierbrett auf die Balken auf. Die Endkanten der Bretter sollten profiliert sein, ebenso die Längskanten. Das Ganze könnte man noch mit Schnitzwerk versehen und die Schraubstellen mit Zierknöpfen abdecken, so daß sich eine interessante Lösung ergibt.
Bevor Sie an den Abbruch einer bestehenden Zwischenwand herangehen, sollte das Gesamtkonzept der Einrich-

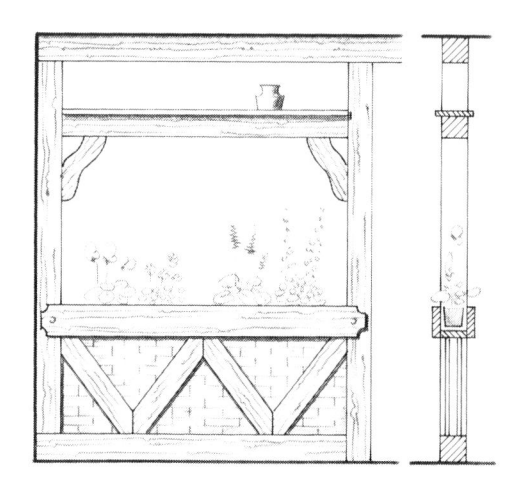

129 Teil einer Trennwand mit Blumenbrüstung.

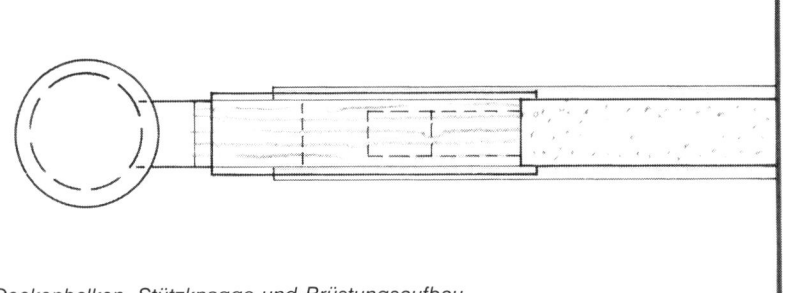

130 Restwand mit Deckenbalken, Stützknagge und Brüstungsaufbau.

tung gut überlegt sein. Aus einem stehengelassenen Stück Wand läßt sich mitunter eine schöne und zweckmäßige Einrichtungsidee erarbeiten.
So kann beispielsweise ein Stück Restwand mit nur einem Deckenabschlußbalken und eine Brüstung, die mit einer Natursteinplatte abgedeckt ist, eine Lösung sein, die den Raum nicht teilt, sondern eher einen bestimmten Bereich begrenzt.
Der Deckenbalken kann durch einen zu-

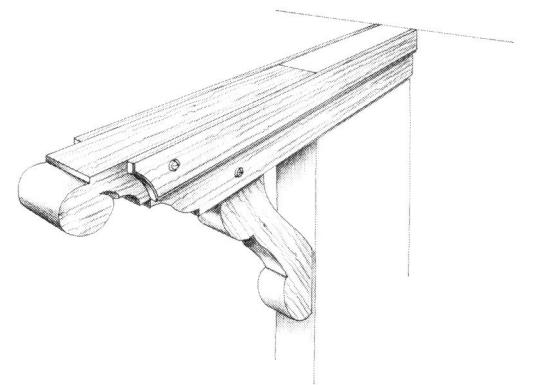

131 Doppelter Deckenbalken in der Konstruktion.

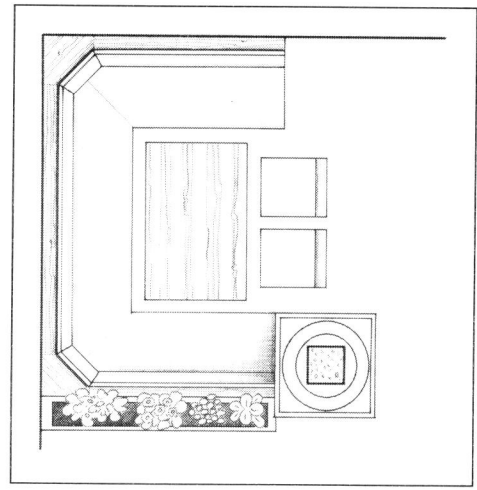

132 Ummauerte Stützsäule und Ausbau zu einer Sitzecke.

sätzlich untergesetzten Balken oder eine Knagge noch betont werden. Ein Stück gemauerte und verputzte Säule mit Abdeckplatte oder ein mit Klinkern gemauerter und hell verfugter Sockel kann Akzente setzen. Die Wandflächen können mit einem Kellenwurf verputzt sein, wobei die jeweils strukturierte Fläche nach leichtem Anziehen mit einer Deckenbürste naß überstrichen wird. Dadurch verlieren die beim Anwerfen entstandenen scharfen Putzkanten ihre Gefährlichkeit und die Putzfläche wirkt insgesamt weicher.

Raumteiler, konstruktiv

Vorhandene Säulen oder Stahlstützen, die statischen Erfordernissen gerecht sein müssen, oder Schornsteine, die das Haus durchziehen, können beim Umbau nur bedingt, und das mit großem Kostenaufwand, entfernt werden. Stehen solche bautechnischen Konstruktionen Ihrer Planung entgegen, dann versuchen Sie, diese in die Gesamtkonzeption mit einzuplanen.

Eine Stahl- oder Betonsäule läßt sich mit Holz umkleiden und so als Stützbalken in Verbindung mit einem Deckenbalken und Ansetzen von Knaggen oder Konsolen in die Gestaltung einbeziehen. Genausogut kann die technisch notwendige Konstruktion als eckige oder runde Säule ummauert werden. In Verbindung mit einer gemauerten und verputzten oder verklinkerten Brüstung ergibt das einen gut geeigneten Platz zum Einbau einer gemütlichen Sitzecke oder eines Arbeitsplatzes. Von dieser Stütze eventuell ausgehende Unterzüge oder Deckenträger werden als Balken verkleidet, wogegen die Decke im Sitzbereich nochmals abgehängt oder verbrettert wird.

Ein Schornstein, der ja meist schon beachtliche Dimensionen aufweist, wird mit grobem Putz behandelt und dekoriert, so

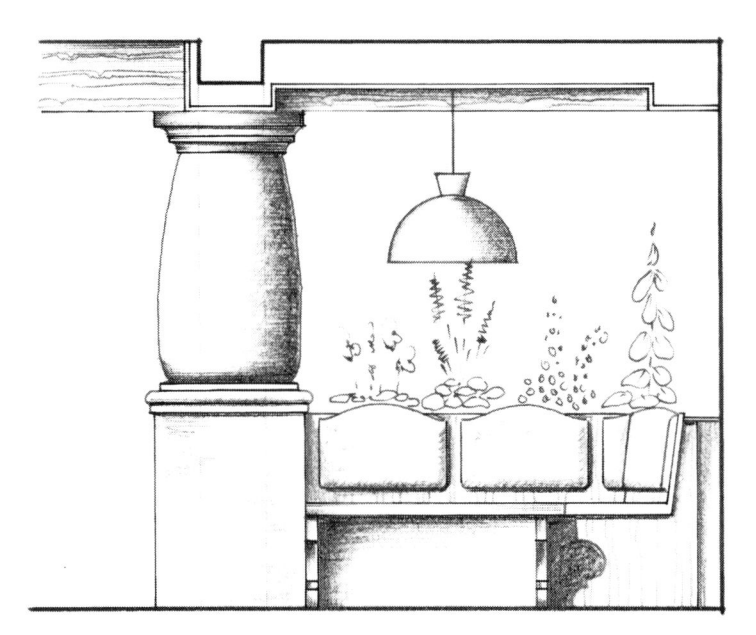

133 Ansicht der ummauerten Stützsäule mit Bankeinbau.

134 Ein vorhandener Schornstein als dekorativer Mittelpunkt.

daß er als zentrale Stützsäule für eine Balkendecke zum Mittelpunkt eines Raumes werden kann.

Er kann aber auch als Anfangsstütze für eine Trennwand oder erste Grundstütze einer Nische herangezogen werden. Mauern Sie die gleiche Dimension entsprechend der Größe Ihrer gewünschten Nische nochmals auf. Die Brüstungen können als Mauerwerk oder als Fachwerk eingezogen werden. Für die offene Fläche über der Brüstung bieten sich viele Möglichkeiten an. Von Blumeneinsätzen über schmiedeeiserne Gitter, Glasfenster, Fachwerkeinbauten mit oder ohne Fachböden bis hin zu gerafften Vorhängen.

Wenn jetzt die Balkendecke noch entsprechend gestaltet wird, mit einem schweren breiten Balken direkt auf den gemauerten Säulen liegend und einer abgehängten oder Rundbogendecke im Nischenbereich, dürfte auch solche Lösung Gefallen finden.

Mehr als nur eine optische Raumteilung kann auch ein in den Raum gestellter Kachelofen sein. Durch sein Äußeres und den rauh geputzten Sockel und in Verbindung mit der aufgesetzten Haube reiht er sich in die rustikale Gestaltung bestens ein. Wie auf dem Bild zu sehen, ragte ein vorhandener Schornstein genau zwischen zwei Türen aus der Wand heraus. Einmal war hier der Wunsch nach einem Kachelofen vorhanden und zum anderen sollte der Eingangsbereich vom Eßzimmer, schon der auftretenden Zugluft wegen, abgetrennt sein. So wur-

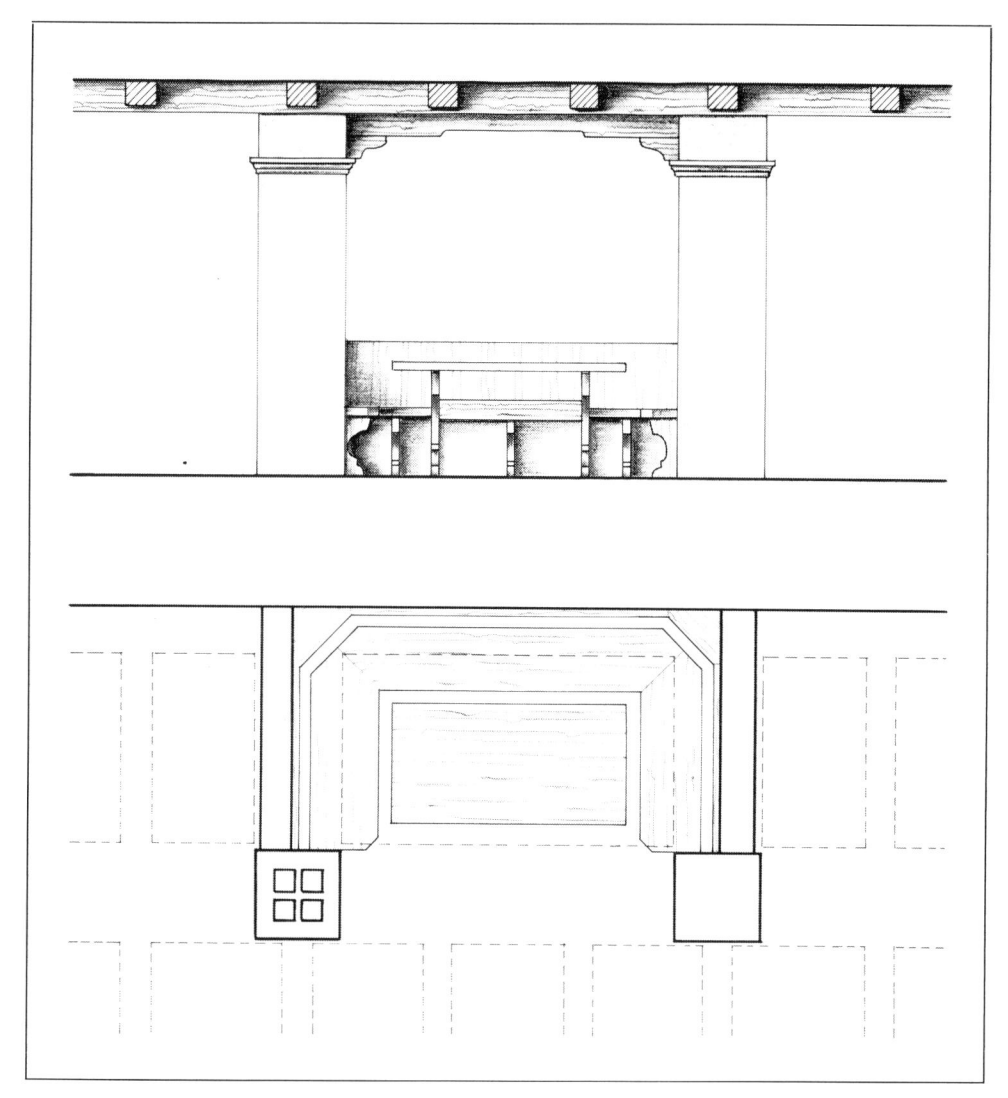

135 Ein Schornstein als Grundlage zu einer Sitznische unter einer Balkendecke.

de der Kachelofen mit der Schmalseite an den Kamin und in der Tiefe in den Raum gestellt. Damit liegt gleichzeitig die Feuerungsöffnung im Eingangsbereich und ist bequem zugänglich, und die Zugerscheinungen sind doch weitgehendst abgestellt.
Ebenso kann eine Fachwerkabgrenzung für eine Sitzgruppe entstehen, die unter einer indirekt beleuchteten Balkendecke

136 Nischenseitenansicht mit gerafften Vorhängen.

138 Gemütliche Fachwerkabgrenzung zu einer Sitzecke.

137 Kachelofen als Raumtrennung.

mit abgehängtem Deckenteil und überstehenden Balkenköpfen im Durchgangsbereich zum Nebenzimmer aufgebaut ist.

Das untere Fachwerkfeld ist rückseitig verbrettert. Die Sitzbank wurde von der Vorderseite dagegengestellt, und das obere offene Feld mit einem schmiedeeisernen Gitter geschmückt.

Das ist doch allemal ein Anreiz zum Nachvollziehen. Hier wird neben der optischen Trennung auch noch die Laufzone von der Ruhezone getrennt. Die obere offene Feldgestaltung erhält das Raumganze. Gleichzeitig wurde mit dem abgehängten Deckenteil ein tiefliegender Stahlträger-Unterzug verdeckt.

Sitzbänke

Gestaltung und Konstruktion

Für die Fertigung von Sitzbänken gibt es gestalterisch viele Möglichkeiten, konstruktiv dagegen nur wenige. Man muß für den rustikalen Innenausbau keine teuren Sitzbänke kaufen, die im Maß für die gedachte Ecke oder Nische letztendlich doch nicht passen. Einfacher ist es für Heimwerker, die Möbel selbst herzustellen. Gerade weil die rustikale Gestaltung und Fertigung bisher in Ihren Händen gelegen hat, sollte es an den passenden Sitzbänken doch auch nicht fehlen.

Von der Konstruktion her gibt es keine Schwierigkeiten, da bei Sitzbänken keine besonderen Holzverbindungen erforderlich sind. Es wird mehr oder weniger verdeckt geschraubt, teilweise unter Verwendung von etwas Leim. Der Rest wird gepolstert, so daß bei der fertigen Bank von Schrauben nichts zu sehen ist. Scheuen Sie also keine Mühe, sich auch mal mit den Bänken zu befassen.

Die Gestaltung ist Geschmackssache. Meine Zeichnungen sollen Sie anregen, so daß Sie sich für eine Formgebung entscheiden können. Die Konstruktion selbst hat nichts zu verbergen.

Bei der Raumaufteilung müssen Sie beachten, daß die Anordnung von Tischen

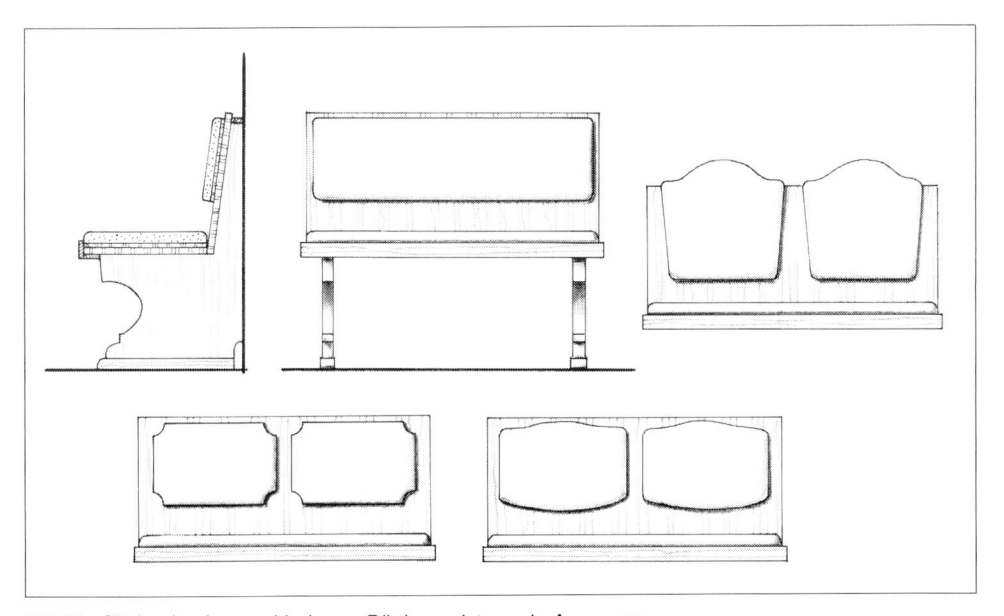

139 Die Sitzbank mit verschiedenen Rückenpolstern als Anregung.

140 Maßaufbau einer Sitzbank.

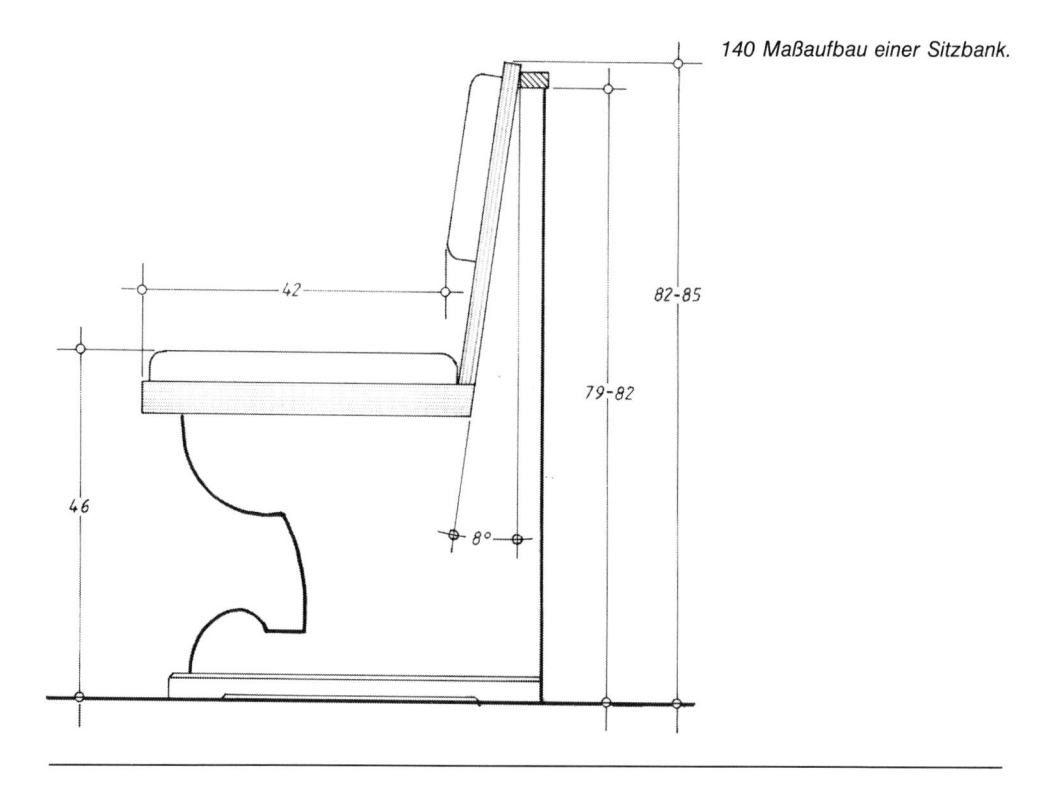

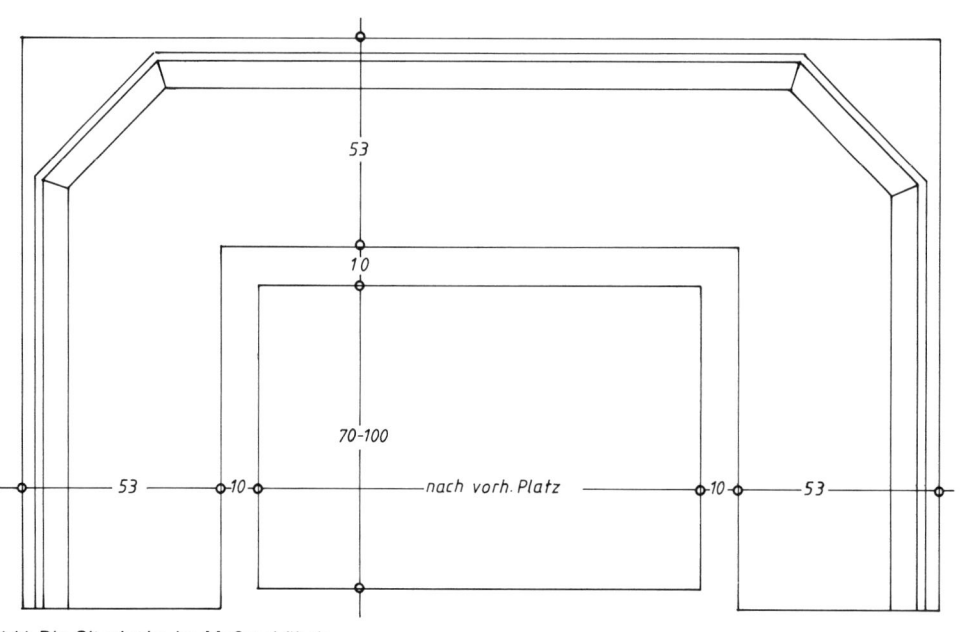

141 Die Sitznische im Maßverhältnis.

und Bänken in einem bestimmten Verhältnis zueinander steht und dies bei Ihren Maßvorstellungen berücksichtigt werden muß.

Wurde bei den bisherigen Decken-, Wand- und Trennwandbeschreibungen auf genaue Maßangaben verzichtet, weil stets das gewählte und verwendete Material maßentscheidend war, so müssen bei Sitzmöbeln die Maßverhältnisse genau passen.

Gehen Sie bei der Planung immer von der Überlegung aus, wieviel Personen sollen Platz finden. Bei etwas Ellenbogenfreiheit benötigt man pro Person zwischen 60 bis 70 cm in der Breite. Daraus errechnet sich die Tischgröße. Bei Eßtischen sollten 75 cm als Mindestbreite, besser 80 cm, gewählt werden. Aus der errechneten Tischgröße ergibt sich die Bankgröße. Zwischen Tisch und Bank sollte je 10 cm Beinfreiheit bleiben.

Für den Selbstbau sind gepolsterte Bänke einfacher zu bauen als furnierte oder naturholzgefertigte, Fußstützwangen leichter in der Herstellung als gestemmte Fußgestelle. Hier soll sich auf die einfache Herstellung beschränkt werden. Wer sich mit der Tischlerei näher befassen

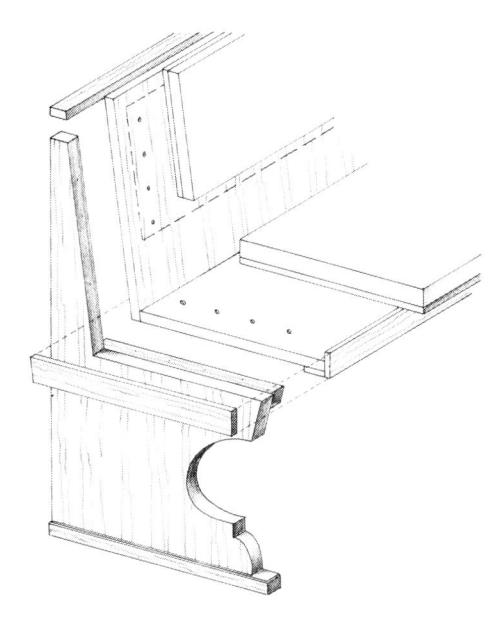

142 Die Sitzbank im Aufbau mit Sitz- und Rückenpolstern.

möchte, findet in dem Buch »Tischlern leicht gemacht« weitere Hinweise.

Eine Bank benötigt etwa alle 80 bis 90 cm eine Fußstützwange, die aus verleimten, etwa 4 bis 5 cm dicken Bohlen in der gewählten Form mit der Handschweif- oder elektrischen Stichsäge herausge-

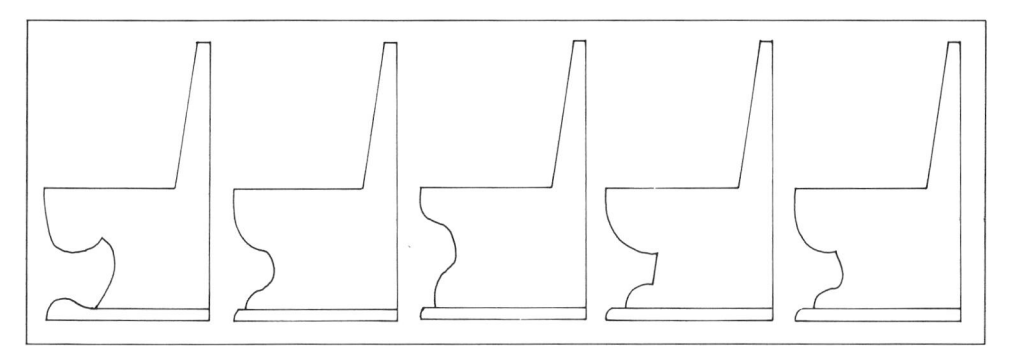

143 Verschiedene Formen für Bankwangen.

87

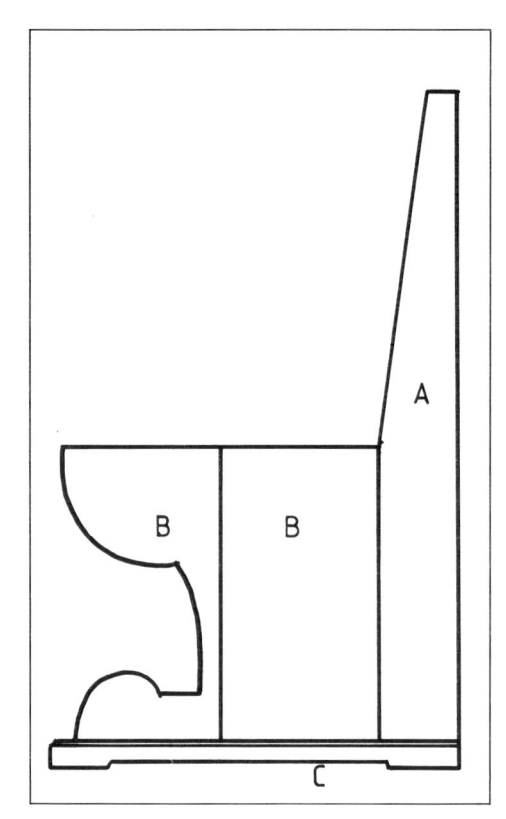

144 Die Bankwange im Aufbau: A Rückenlehnenholm, B Sitzwangenverbreiterung angeleimt, C Sockel- oder Bodenleiste.

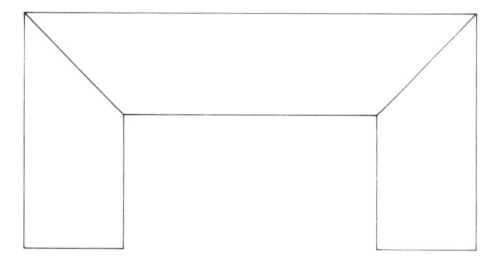

145 Sitzflächenzuschnitt auf Gehrung.

schnitten wird. Aus Materialersparnis schneidet man den aufrechten Wangenteil zur Befestigung der Rückenlehne maßgetreu aus und leimt dann die Sitzwange daran fest. Ist die Wange fertig ausgeschnitten, wird sie entsprechend der bestehenden Oberfläche von Wand und Decke oberflächenbehandelt, das kann geschruppt, gebürstet oder geschliffen sein, danach wird gebeizt und lackiert.

Die Sitzflächen sind aus rohen Spanplatten den festgestellten Maßen entsprechend zuzuschneiden. Sollen lose Sitzkissen aufgelegt werden, muß furnierte, möglichst 22 mm starke Spanplatte verwendet werden. In den Bankecken werden die Platten auf Gehrung geschnitten und mit einer untergelegten Leiste verleimt und geschraubt. Die vordere Sitzkante wird bei der gepolsterten Ausführung mit einem Umleimer, etwa 10 x 40 mm, versehen, der zur Sitzfläche ungefähr 15 mm übersteht. In den Überstand werden später die Sitzplatten eingelegt. Bei furnierter Sitzfläche wird der Umleimer oben bündig angeleimt und stark abgerundet. Zu beachten ist jedoch, daß die hintere Kante der Sitzfläche gemäß der Schräge der Rückenlehne angehobelt oder angeschnitten wird. Die Rückenlehne wird in allen Fällen aus furnierten Spanplatten gefertigt, es sei denn, Sie polstern die Rückenlehne insgesamt flächig. Die obere Kante wird mit einem Furnierstreifen oder einem Anleimer aus Massivholz versehen. Damit sind die wesentlichen Arbeiten getan, und die Montage kann beginnen.

An die Innenseiten der Wangen schrauben Sie unter Verwendung von Leim eine etwa 25 x 25 mm Leiste. Anschließend stellen Sie die Rückenlehne auf die

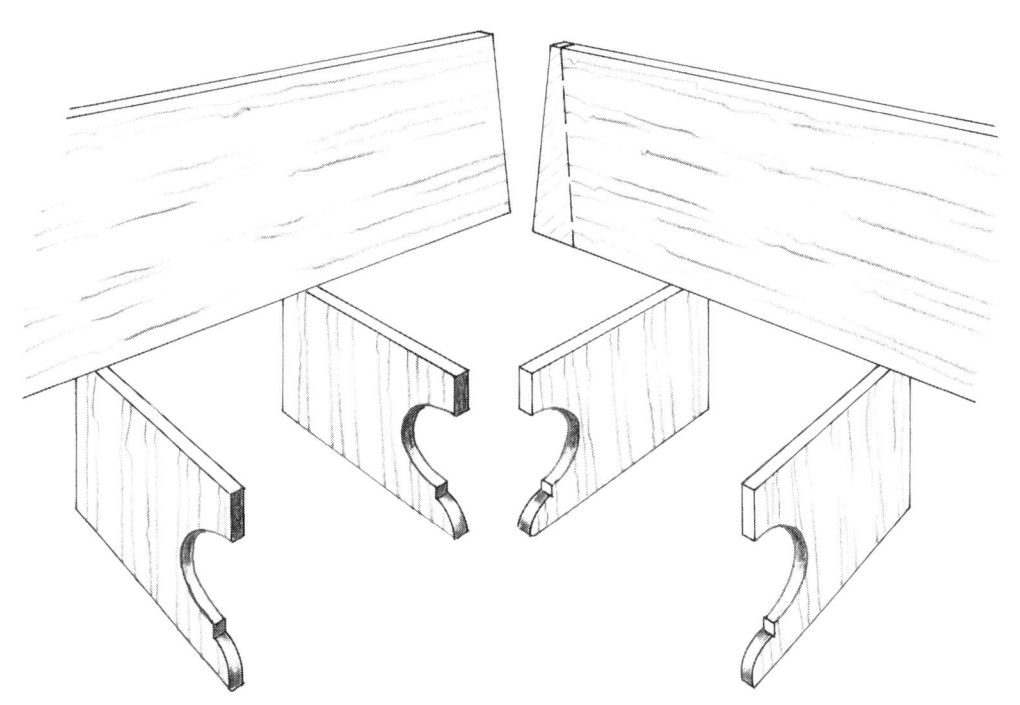

146 Rückenlehnen im Eckanschluß schräg anschneiden.

Wange und schrauben sie fest. Bei der gepolsterten Ausführung geschieht das direkt von vorn auf die Holme der Wangen. Dabei müssen Sie den Eckanschluß der zweiten Rückenlehne an die erste Rückenlehne schräg anschneiden.
Bei der furnierten Ausführung ist die Rückenplatte von hinten durch den Holm der Wange zu schrauben. Beachten Sie, daß bei zu kurzen Schrauben das Schraubenloch nötigenfalls zu versenken ist. Dann legen Sie die Sitzplatte auf die Wangen und verschrauben unter Leimzugabe beide Teile, bei der gepolsterten Ausführung jedoch von oben auf die angeschraubte Leiste, während das bei furnierten Platten von unten geschieht.

Die fast fertige Bank erhält als Abschluß zur Wand noch eine Leiste in Breite der oberen Wange hinter der Rückenlehne. Diese Leiste kann bei der gepolsterten Ausführung von vorn durch die Rückenlehne geschraubt werden; bei der furnierten Ausführung wird sie entweder von oben sichtbar mit versenkten Linsenkopfschrauben oder schräg von hinten durch die Wange angebracht.
Sollen bei der furnierten Bank noch lose Rückenkissen aufgehängt werden, dann setzen Sie auf der Abschlußleiste gleich noch die Aufhängedübel für die Kissen mit ein. Paßt die Bank beim probeweise Einbauen in die vorhandene Nische, dann setzen Sie sich erst einmal, - und machen Pause!

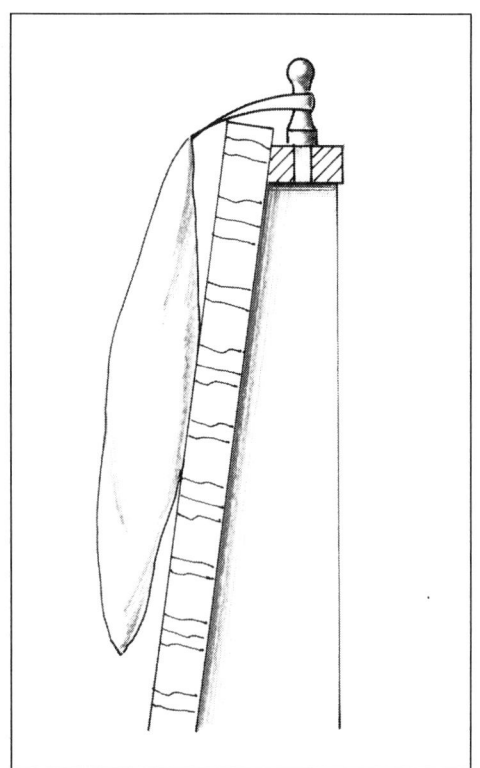

147 Lose Rückenkissen werden mit Aufhängelaschen an Dübel aufgehängt.

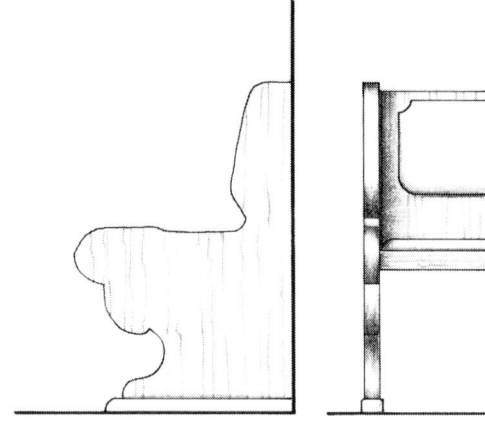

148 Profilierte Außenwange.

Eine einteilige halbe Abschlußwange kann dann verwendet werden, wenn die Fußstützwange mit Sitz- und Rückenplatte außen bündig untergesetzt ist. Sie wird von der Innenseite der Fußstützwange und an der Rückenlehne durch eine hintergeleimte Leiste, ebenfalls von innen, angeschraubt.

Eine andere Möglichkeit ist der zweiteili-

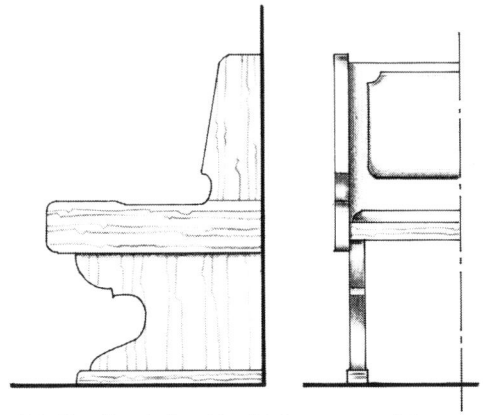

Jetzt folgt noch der Endabschluß bei den Bänken. Auch hier gibt es verschiedene Möglichkeiten. Die einfachste ist, den Umleimer an der Sitzplatte bis hinter die Rückenlehne weiterzuführen. Dazu muß die Rückenlehne seitlich eine Furnierkante oder einen Umleimer bekommen. Wer das wuchtig Rustikale liebt, der nimmt statt der eingangs beschriebenen Wange gleich eine profilierte Außenwange. Für die Befestigung werden an Sitz- und Rückenflächen von unten beziehungsweise von hinten Leisten geleimt und angeschraubt und hieran die Außenwange befestigt.

149 Einteilige halbe Abschlußwange, verleimt.

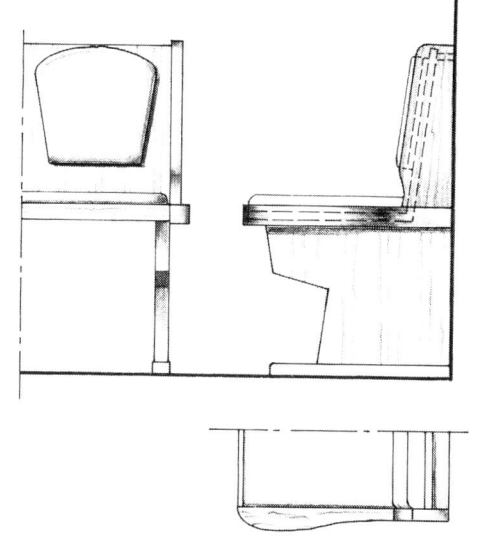

150 Zweiteiliger Abschluß aus Sitz- und Rückenleiste.

ge Abschluß, bestehend aus einer profilierten Sitzabschlußleiste, die an die Sitzkante unter Verwendung von Leim angedübelt wird, und einem profilierten Kantenabschluß für die Rückenlehnen. Letzterer wird mit einer an die Rückenlehne geleimten und geschraubten Leiste von innen angeschraubt.

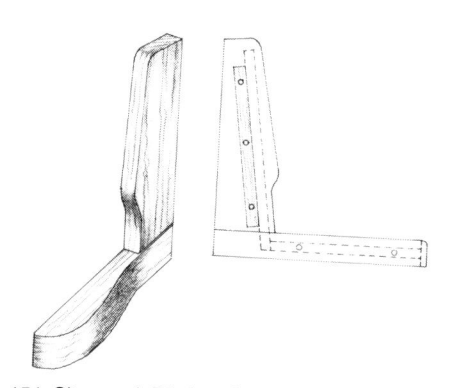

Polsterarbeiten

Sind für die Bank Sitz- und Rückenpolster vorgesehen, so schneiden Sie für die Sitzpolster die Aufschraubplatten aus rohen, 14 mm starken Spanplatten zu. Diese Platten werden in der Sitztiefe um 4 mm schmaler, als zwischen Rückenplatte und Umleimer Platz ist. Die Sitzpolsterplatten können in der Länge mehrmals unterteilt sein, eventuell nach der Rückenpolsterung. Ein oder zwei Rückenpolster gleich einer Sitzfläche, jedoch nicht länger als 115 cm bei einer Stoffbreite von 130 cm. Andernfalls müssen die Polsterstoffe genäht werden, und das ist auf einer üblichen Haushaltsnähmaschine selten zu schaffen.

Sie können die Sitzplatten in der Bankecke auf Gehrung schneiden, oder Sie legen in die Ecke eine quadratische Platte ein und lassen die anderen winklig anstoßen. Achten Sie bei jeder Stoßfuge aber auf Abstand für den Polsterstoff.

Für die Rückenpolster wählen Sie eine

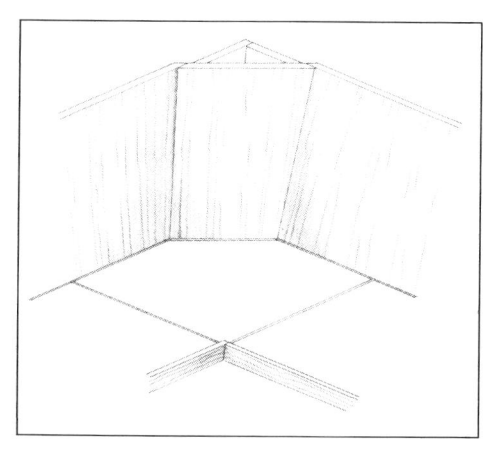

151 Sitz- und Rückenabschluß als Einzelteil mit Anschraubleiste für Rückenlehne.

152 Polsterplatten, winklig aufgelegt.

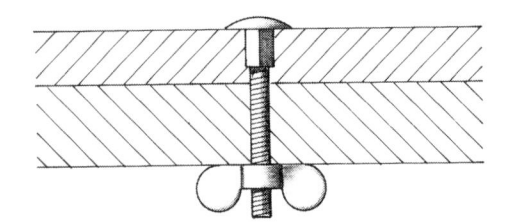

153 Schloßschraubenverbindung der Polsterplatten mit Sitz- und Rückenplatten.

Ihnen gefallende Form aus. Teilen Sie die Form auf der Rückenplatte ein, berücksichtigen Sie zwischen den Polsterplatten etwa 5 cm Abstand, und fertigen Sie sich eine Schablone an. Der Zuschnitt erfolgt aus dem gleichen Material wie dem der Sitzplatten.

Alle Polsterplatten werden mit Schloßschrauben auf Sitz- und Rückenflächen festgeschraubt. Dazu bringen Sie die Polsterplatten paßgenau mit Nägeln oder Schraubzwingen auf den Rücken- beziehungsweise Sitzflächen an. Dann bohren Sie die Schraublöcher durch beide Platten, aber nur so groß, daß der Gewindestift einzuführen ist. Der Vierkantschaft der Maschinenschraube wird anschließend in die Polsterplatte fest eingeschlagen. Er muß zum späteren Polstern fest sitzen. Vergessen Sie aber nicht, die Bank- und Polsterplatten zu numerieren, damit Sie nach dem Polstern die Bohrlöcher wiederfinden.

Sind die Polsterplatten fertig eingepaßt und die Maschinenschrauben eingeschlagen, können Sie mit dem Polstern beginnen. Für die Sitzfläche benötigen Sie Schaumstoff in Sitzqualität, eine etwas fester und enger geschäumte, etwa 40 mm starke Ware. Für die Rückenpolster, etwa 20 bis 25 mm stark, in Rückenqualität weicher und leichter geschäumt. Die Schaumstoffmatten sind, den Polsterplatten entsprechend, ringsum etwa 5 mm größer, mit der Schere oder einem scharfen Messer zuzuschneiden. Mit Spezial-Schaumstoffkleber werden die Schaumstoffmatten auf die Polsterplatten geklebt. Legen Sie hierzu Leisten unter die Platten, damit sich beim Festdrücken der Schaumstoffmatte die Maschinenschrauben nicht herauslösen können.

Es ist zweckmäßig über diesem Schaumstoff eine Unterspanngaze zu spannen. Dadurch wird eine bessere Gleitfähigkeit des Polsterstoffes erreicht. Wenn dieser unterseitig sehr rauh ist, besteht die Gefahr, daß der Stoff auf dem Schaumpolster haften bleibt, und es entstehen Falten. Ein alter Gardinenstores aus Kunstfaser tut hier auch seine Dienste.

Sind diese Vorarbeiten abgeschlossen, kann der Polsterstoff zugeschnitten werden. Achten Sie dabei auf einen eventuellen Rapport, einen Musterversatz. Legen Sie den Stoff auf das Polster, und drehen Sie das Ganze auf den Kopf.

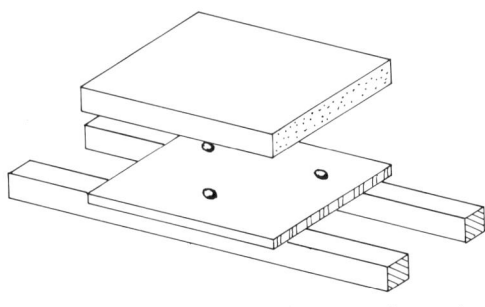

154 Leistenunterlage beim Aufkleben des Schaumstoffes.

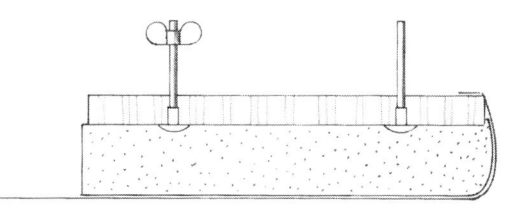

155 Polsterplatte zum Anheften des Bezugsstoffes umdrehen.

Jetzt wird die Stoffkante unter leichtem gleichmäßigem Anziehen mit der Heftpistole oder dem Heftapparat in regelmäßigen Abständen angeheftet. Beachten Sie dabei, daß sich die überstehende Schaumstoffkante über die Polsterplattenkante umlegt.
Nach dem Polstern werden die Platten mit den bereits eingeschlagenen Schrauben, entsprechend der Numerierung, in die Bohrlöcher der Sitz- und Rückenplatten eingesetzt und von hinten mit Flügelmuttern festgeschraubt. Dies ist beim späteren Abnehmen zum Nachpolstern von Vorteil.

Wer lieber etwas komfortabler sitzen und eine gepolsterte Kante in den Kniekehlen haben möchte, kann dies leicht durch Abändern der Maße erreichen.
Die Sitzfläche der Bank wird 3 cm schmaler und die Polsterplatte um 3 cm breiter zugeschnitten. Unter die Polsterplatte wurde eine 3 x 3-cm-Leiste geleimt und geschraubt. Die Schaumstoffplatte wird statt 40 mm jetzt 45 bis 50 mm stark, und sie müßte in der Breite etwa 5 bis 6 cm Zugabe haben, also breiter sein. Dann kleben Sie die Kante der Schaumstoffmatte an die Kante der verstärkten Polsterplatte. Danach wird die Schaumstoffmatte übergeklappt und auf die Polsterplatte geklebt. Sollte der Schaumstoff die Hinterkante zu weit überragen, schneiden Sie den Rest weg. Eine genaue Breitenangabe ist ohne Kenntnis der gewählten Materialien nicht möglich. Da bei dieser Polsterart ohne Näharbeit immer Falten auf dem Ende der Kantenrundung entstehen, ist es ratsam, die

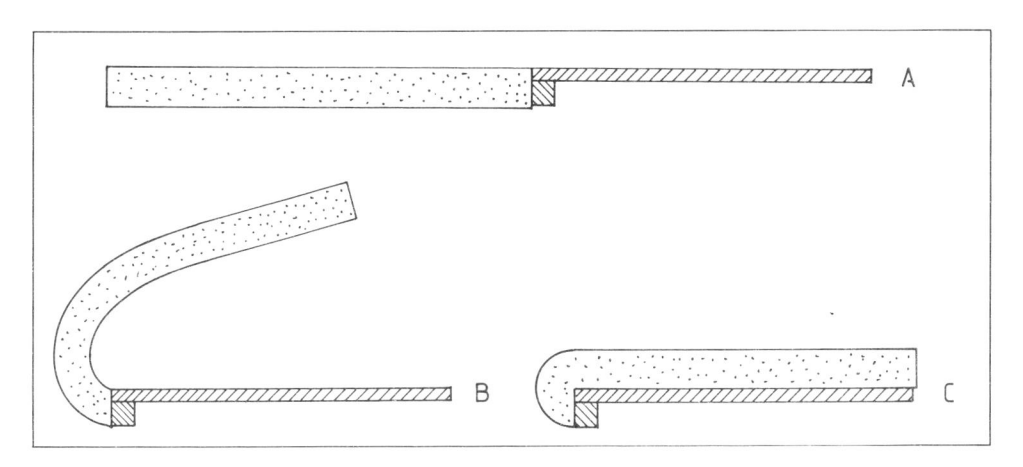

156 Kantengepolsterter Sitz: A Schaumstoff an Frontkante ankleben, B Schaumstoff überklappen und festkleben, C fertige Sitzplatte.

157 Abgeschrägte Bankecke.

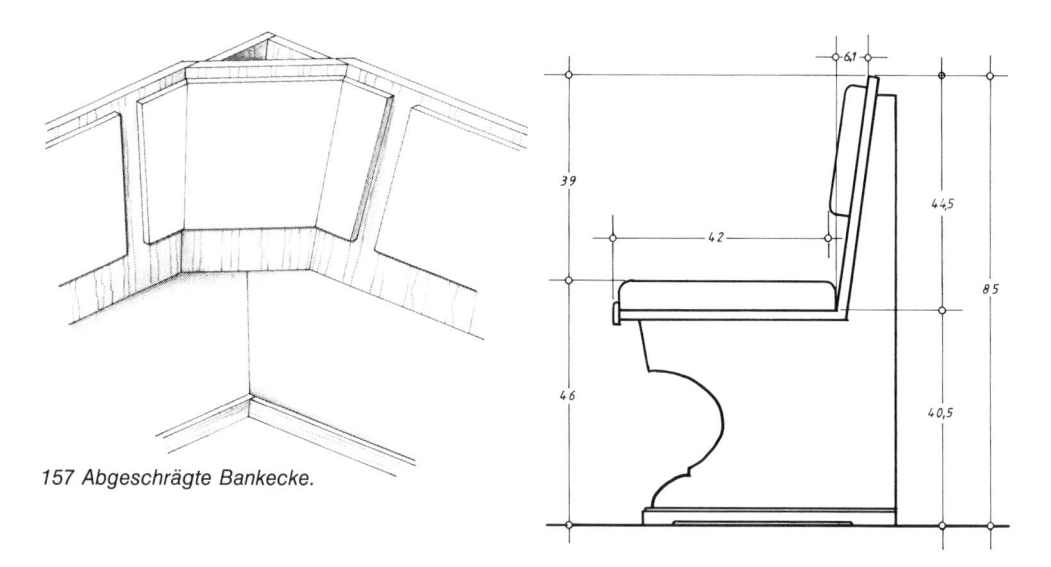

158 Maßverhältnis für abgeschrägte Bankecke.

gesamte Länge, von Gehrungsecke zu Gehrungsecke, auf einmal durchzupolstern. Hierzu nimmt man den Stoff in ganzer Länge und schneidet von der Breite die spätere Rückenpolsterung ab. Gestreifte Stoffe sind hierzu nur bedingt geeignet. Zweckmäßig ist, bei dieser Bankpolsterung die Bankendung mit Außenwangen, wie in den Bildern 148 und 149 gezeigt, abzuschließen.

Eine Bank mit abgeschrägter Ecke macht die Gesamtanlage vollständiger und die Ecke sitzfähiger. Die Eckeausbildung kann bei der vorbeschriebenen Bank als Zusatzplatte eingesetzt oder mit von hinten aufgeschraubter Platte erreicht werden. Bei einer Bankhöhe von 85 cm und einer Rohsitzhöhe von 40,5 cm beträgt die Schräge der Rückenlehne mit 8° Schrägstellung, 61 mm. Die einzusetzende Eckplatte mit einer oberen Kantenlänge von 45 cm hat, bei einer Rückenlehnenhöhe von 44,5 cm, dann eine untere Kantenlänge von 38 cm. Die Seitenkanten müssen 45° schräg geschnitten oder angehobelt werden. Die Unterkante zum Sitz um 8°. Bei einer gepolsterten Bank wird die Eckplatte von vorn auf die Rückenlehnen geschraubt, bei der furnierten Ausführung von der Rückseite der Rückenlehnen aus.

Eine andere Variante läßt die Eckplatte von hinten aufschrauben. Dazu wird die Ecke der Rückenlehnen und der Sitzbank abgesägt. Man muß bei der gleichen Bankgesamthöhe und Sitzhöhe je 28,2 cm an der unteren und 31,7 cm an der oberen Kante herausmessen, verbindet diese Punkte mit einer Bleistiftmarkierung und schneidet die ganze Ecke mit der Handsäge ab.

Dann wird von der Rückseite eine Platte aufgepaßt und mit Leimangabe aufgeschraubt. Bei dieser Eckausbildung muß für die Auflage der Eckabdeckplatte wieder eine Unterkonstruktion aus Leisten angebracht werden.

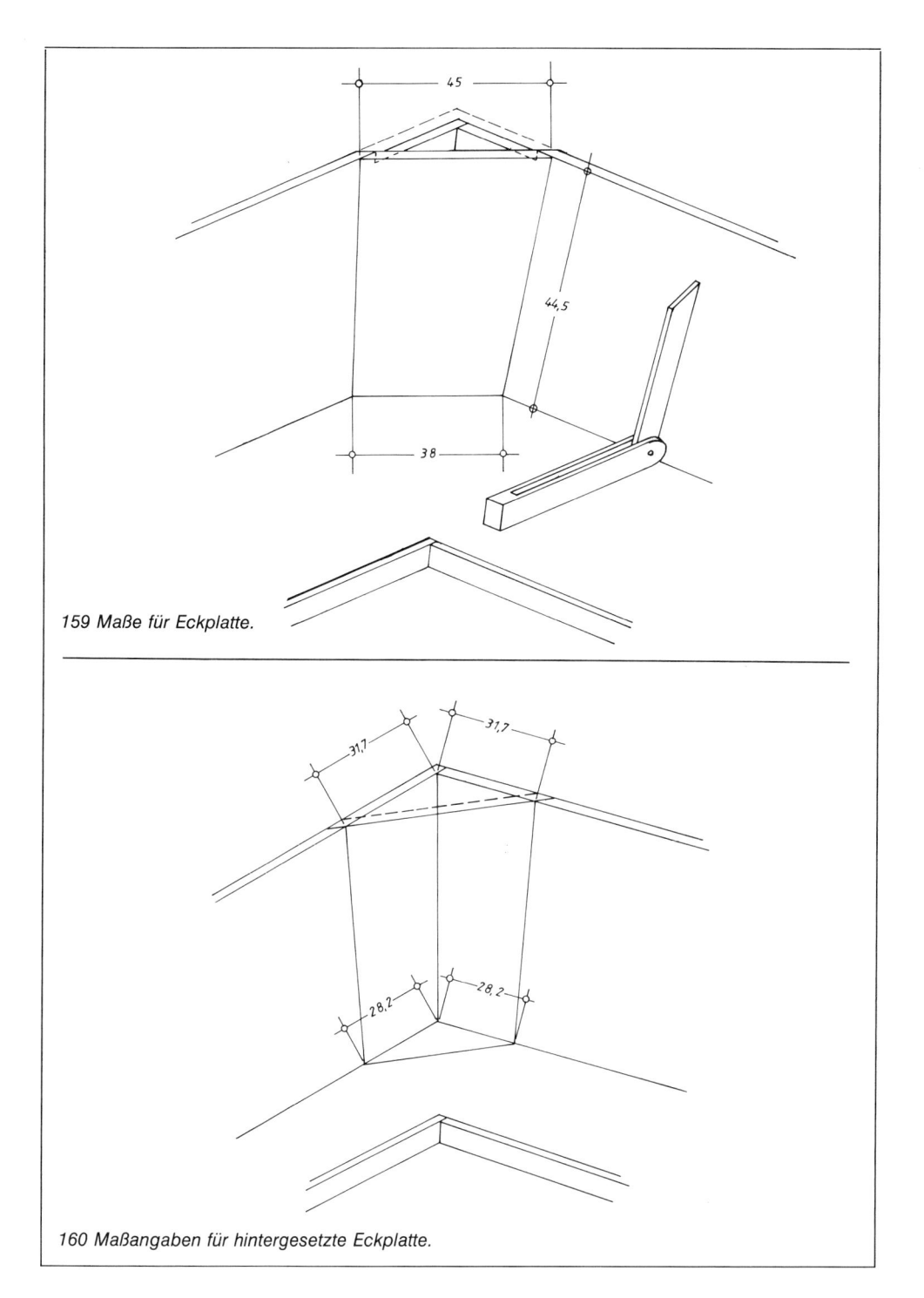

159 Maße für Eckplatte.

160 Maßangaben für hintergesetzte Eckplatte.

Bei der zuerst beschriebenen Eckausbildung werden die Rückenlehnen hinter der Eckplatte bis an die Oberkante der Wangenholme ausgeklinkt. Auf diese Ausklinkung wird die Eckabdeckplatte aufgeleimt oder mit untergeschraubten Leisten festgemacht.

Wenn jetzt die Wandecke über der Bank leer und ausdruckslos erscheint, versuchen Sie mit einer Fachwerk- oder Brettaufdoppelung etwas Pfiff zu erzielen. Dazu kann noch ein Bordbrett montiert werden, und Ihre Pokale oder Bierkrüge haben einen festen Platz.

Eine gepolsterte Eckbank mit einer Kachelofenheizung in Verbindung gebracht, darüber eine abgehängte Balkendecke mit verbretterten Feldern und eine Wandverkleidung, geschmackvoll dekoriert, kann doch einen gemütlichen und geselligen Aufenthalt garantieren.

161 Eckausbau über einer Sitzecke.

162 Eckbank vor einer Kachelofenheizung.

Rundbank

Eine gemütliche Bankanlage um den runden Tisch ist die Rundbank. Da aber die direkte Rundbank für den Heimwerker nicht die ideale Fertigungslösung ist, möchte ich hier eine aus Achtelkreisteilen zusammengesetzte Bank vorschlagen und beschreiben.

Bei einer direkten Rundbank müssen die Rückenlehnen nach Schablonen aus biegsamem Material geschnitten und als Mehrschichtenplatte über eine Form gebogen und verleimt werden. Auch die Polsterung ist nicht so ganz einfach auszuführen.

Bleiben wir also bei der zusammengesetzten Rundbank. Zeichnen Sie die

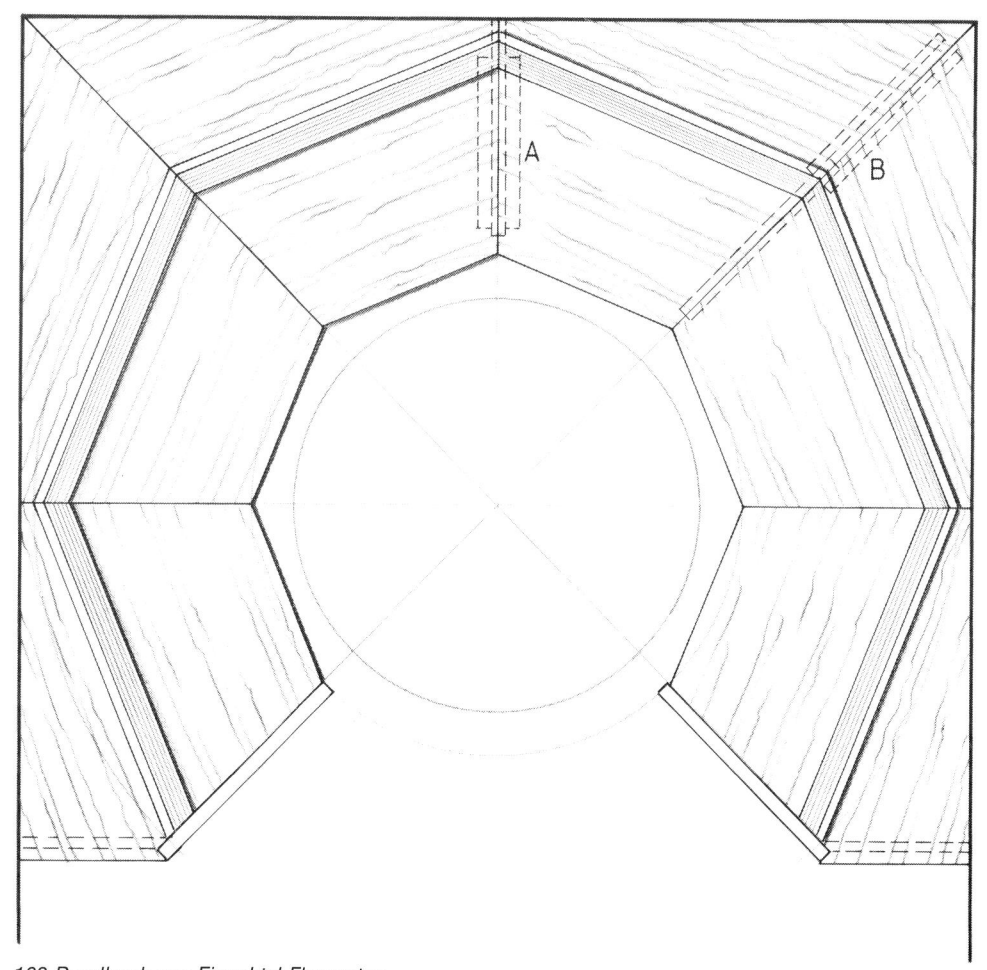

163 Rundbank aus Einachtel-Elementen.

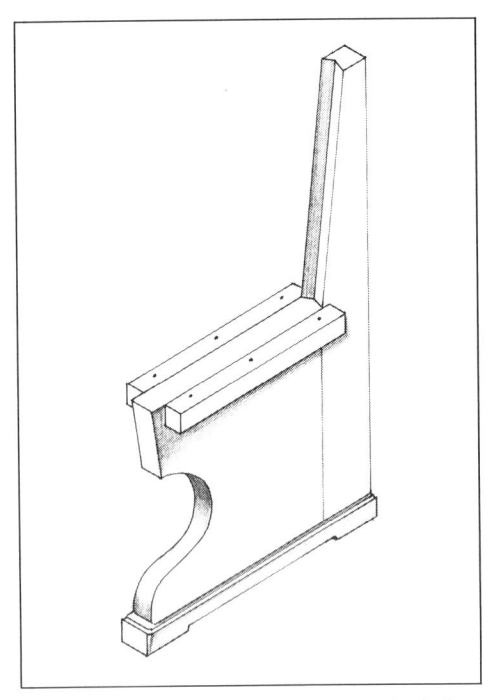

Bank zunächst auf einer Platte maßstabsgerecht auf. Die erwähnten Maßverhältnisse halten Sie auch hier ein. Mitte Tisch ist der Einsetzpunkt für den Zirkelschlag. Hierzu können Sie wahlweise eine Leiste oder eine Schnur als Zirkel nehmen.

Wählen Sie den Tisch nicht zu klein, 100 cm Durchmesser sollte das Mindestmaß sein. Nach dem Aufreißen wird der Kreis in acht gleiche Teile aufgeteilt. Aus den Ecken heraus anfangen, sodann im Winkel von 90°. Die sich ergebenden Kreisteilstücke können als Halbrundbank aus vier Teilen oder als fünf- oder sechsteilige Bank zusammengesetzt werden. Wenn der Aufriß paßt, gibt es keine Schwierigkeiten.

Die Bankwangen werden in gleicher Form wie die der geraden Bänke hergerichtet. Lediglich der hintere Lehnenholm

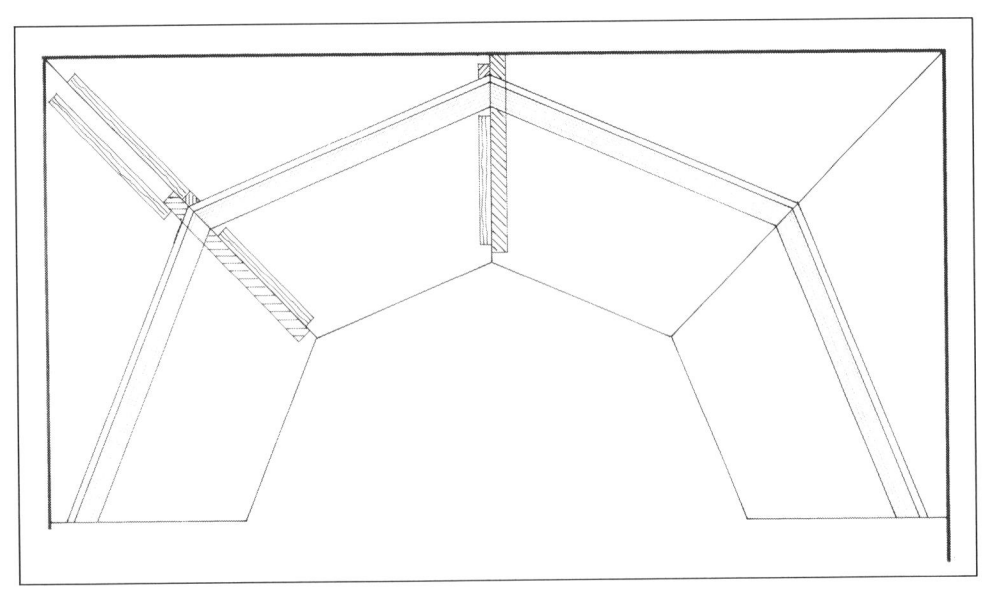

164 Bankwange mit Einkerbung im Rückenholm.

165 Bankwange, einseitig, unter der Sitzfläche angeordnet.

wird vor dem Verleimen, entsprechend dem Aufrißmaß, mit einer 135°-Kerbe versehen. Die Kerbe kann mit der Tischkreissäge oder dem Simshobel eingearbeitet werden. Für die Sitzauflage wird rechts und links an der Wange je eine Leiste unter Leimzugabe aufgeschraubt. Alternativ dazu kann man die Wange auch einseitig unter die Sitzfläche untersetzen. Der Lehnenholm wird mit 22,5° abgeschrägt. Die Wange wird mit der Sitzflächenaußenkante bündig gesetzt und erhält nur einseitig eine Sitzauflegeleiste. An den Lehnenholm wird ebenfalls eine Anschraubleiste für die Rückenlehne angeleimt, diese ist mit einer Frontschräge von 22,5° versehen.

Der Zusammenbau geschieht genauso wie bei der geraden Bank. Nur für die Abdeckplatten, die ebenfalls aus dem Aufriß herausgemessen und zugeschnitten werden, muß man bei den tiefen Ekken an den Wangenholmen zusätzlich Abstützwinkel anleimen. Hierauf wird dann die Abdeckplatte geleimt oder geschraubt.

Alternativ zu diesen Abdeckplattenauflagen können an der Wand und an der Bankrückenlehne Leisten montiert und die Abdeckplatten hierauf aufgelegt werden. Bei den Stoßfugen ist es ratsam, mit untergeleimten Leisten an einer Plattenkante einem eventuellen Stoßfugenversatz zu begegnen.

Der seitliche Endabschluß der Bank kann in allen schon erwähnten Ausführungen erfolgen. Zusätzlich muß jedoch eine Wangenverbreiterung, von Bankwange bis zur Wand, angebracht werden. Die Polsterarbeiten sind in gleicher Weise, wie bei den geraden Bänken beschrieben, auszuführen. Sie müssen jedoch bei der Rückenpolsterung darauf achten, sofern in der Längenfläche durchgepolstert wird, daß die Stoßkanten der Polster die notwendige Schräge erhalten.

Haben Sie Einzelpolster in Ihrer gewählten Form aufgesetzt und die Stöße der Rückenlehnen sind nicht ganz sauber und dicht geworden, so können diese mit einer profilierten Leiste nachträglich abgedeckt werden.

Grundsätzlich sei noch zu allen Bänken erwähnt, daß eingebaute Heizkörper nach oben in die Abdeckung unbedingt

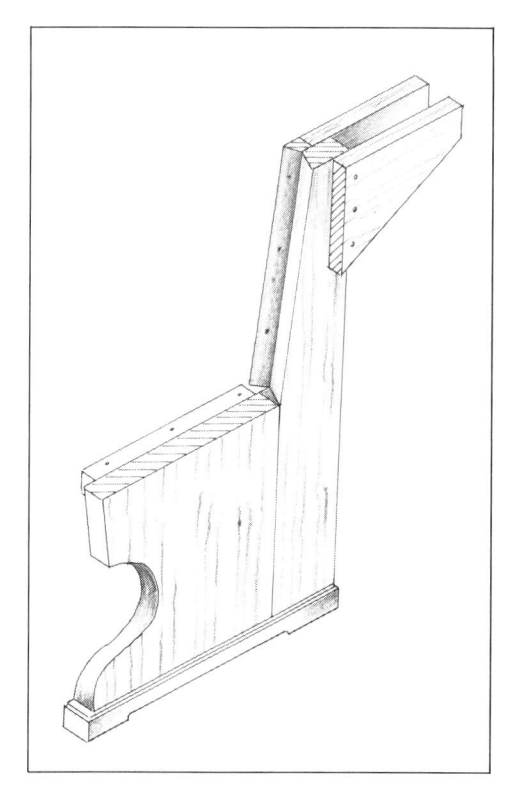

166 Bankwange für einseitige Anordnung mit zusätzlichen Abdeckplattenauflagen.

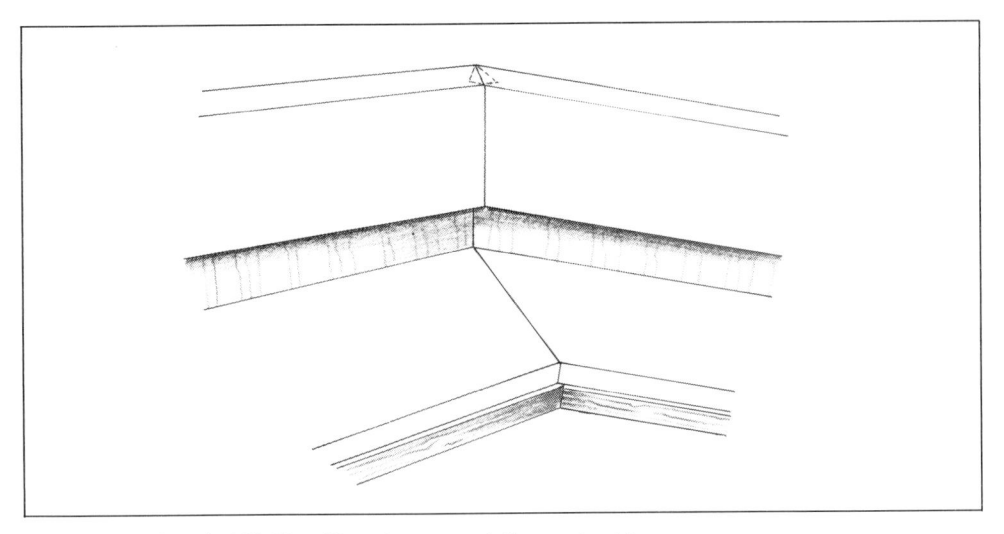

167 Rückenpolster bei flächiger Verpolsterung schräg anschneiden.

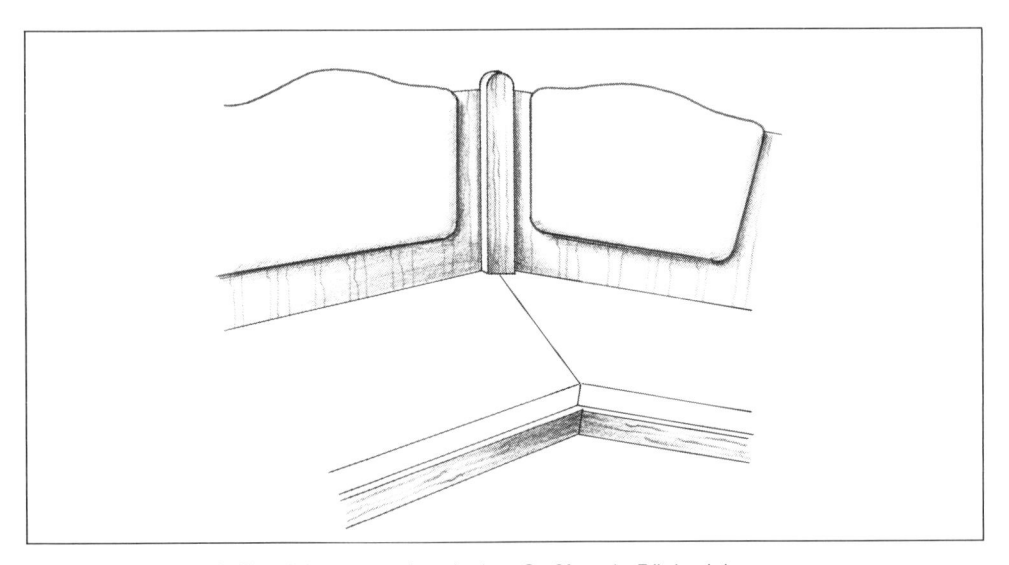

168 Rückenpolster als Einzelplatten mit abgedeckter Stoßfuge in Rückenlehne.

einen Luftaustritt haben müssen. Andernfalls könnte ein Wärmestau entstehen, der sich auf die Bankanlage ungünstig auswirkt; desgleichen fallen die Thermostatventile an den Heizkörpern für die Raumheizung völlig aus. Machen Sie die Abdeckbretter im Heizungsbereich so breit, daß ein Heizungsabdeckgitter eingearbeitet werden kann. Das Gitter muß rechtzeitig vorliegen, damit die Größe und Konstruktion berücksichtigt werden können.

Tische

Vorschläge und Konstruktionen

Sind die Sitzbänke nun schon in Ihrem Fertigungsprogramm aufgenommen, fehlt jetzt nur noch der Tisch. Dieser kann als Fertigmöbel bezogen werden, vorausgesetzt, Sie bekommen die entsprechende Größe.
Zur Wangenbank gehört ein Wangen- oder Säulentisch. Tische mit vier Beinen, in jeder Ecke eines, sind für Eckbänke nicht das Richtige. Keiner kann der Tischbeine wegen in die Bank einsteigen.

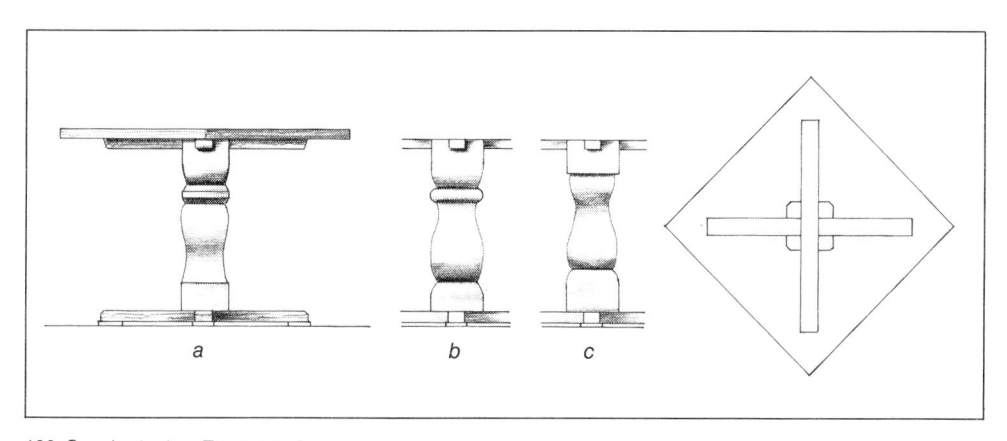

169 Quadratischer Tisch mit Säulenfußgestell, Form a, b und c.

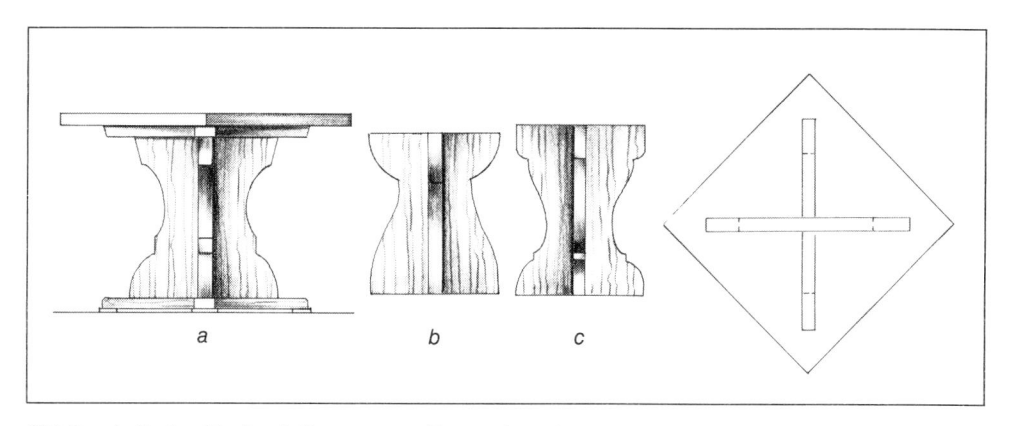

170 Quadratischer Tisch mit Kreuzwange, Form a, b und c.

Bei kleinen runden oder viereckigen Tischen ist ein Säulenfußgestell am idealsten. Ebenso könnte hier auch eine Kreuzwange die richtige Lösung sein.
Eine Säule wird aus vier 4 bis 5 cm starken Brettern zusammengeleimt. Soll diese stark profiliert werden, ist es aus statischen Gründen zweckmäßig, die Innenecken mit zusätzlichen Eckleisten auszuleimen. Die Höhe der Säule, etwa 68 bis 70 cm, richtet sich nach der Plattenstärke. Zur Plattenbefestigung wird oben in die Säule ein Leistenkreuz eingelassen und verleimt. Man schneidet die Leistenbreite mit der Feinsäge oder dem Fuchsschwanz in die Säule ein und stemmt den Einschnitt mit dem Stemmeisen aus. Das Leistenkreuz wird im Kreuzungsbereich abgeplattet.
Das Fußkreuz wird in gleicher Weise her-

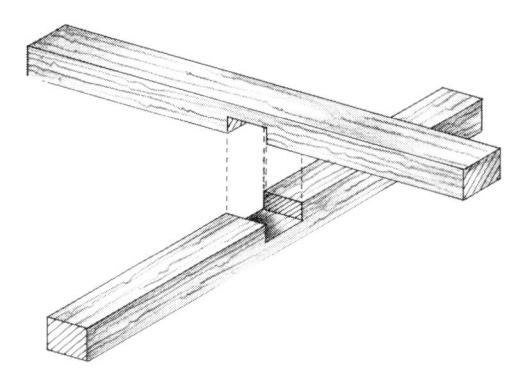

172 Leistenkreuz abplatten und verleimen.

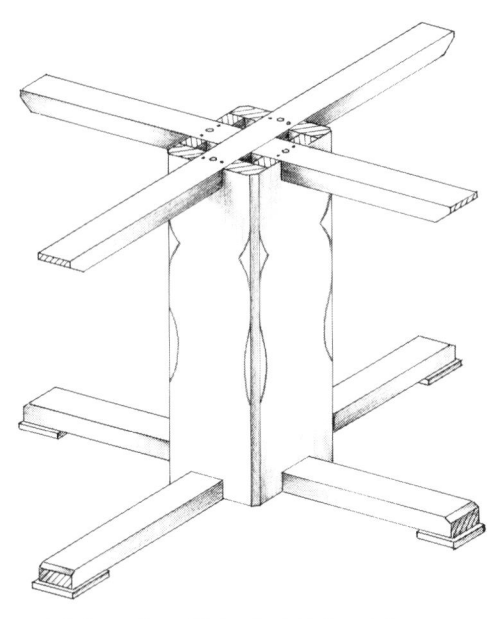

gestellt, erhält aber noch zusätzlich untergeleimte Fußklötzchen. Das Fußkreuz muß nicht unbedingt in die Säule eingelassen, sondern kann direkt untergeschraubt werden. Da hierbei aber in Hirnholz geschraubt wird, ist es zweckmäßig, das Kreuz zusätzlich mit geleimten Holzdübeln abzusichern. Die Stärke der Säule richtet sich nach der Größe der Tischplatte. Die Profilierung der Säule ist den handwerklichen Fähigkeiten und dem Geschmack des jeweiligen Heimwerkers unterworfen.

171 Aufbau eines Säulentisch-Fußgestells.

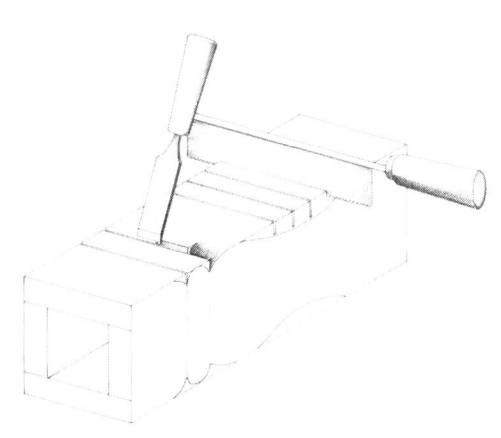

173 Bearbeitung des Säulenteils mit Fuchsschwanz und Stemmeisen.

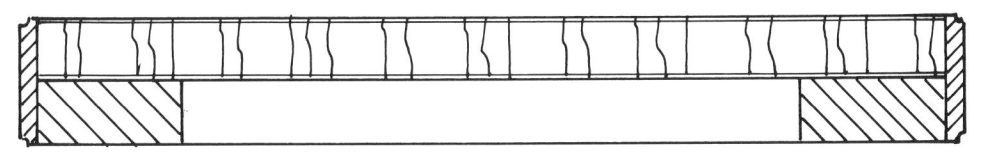

174 Plattenrandverstärkung mit Massivholzumleimer.

Zeichnen Sie die gewählte Form auf die verleimte Säule, Profiltiefe ist etwa halbe Brettstärke, und schneiden Sie mit der Säge die tiefsten Profileinschnitte ein. Die Profilform wird dann mit dem Stemmeisen herausgearbeitet. Dazu können Sie den Simshobel zu Hilfe nehmen, jedoch nur bis zu einem bestimmten Einsatzwinkel. Nach dem groben Bearbeiten werden die Kanten kräftig gebrochen, und sodann wird die ganze Arbeit mit Schleifpapier sauber ausgeschliffen; zunächst mit Körnung 40 bis 60, dann mit Körnung 80 und zum Feinschliff wird Körnung 100 verwendet.

Die Tischplatten fertigt man aus 40 mm starken furnierten Spanplatten, deren Kanten mit Kantenumleimer aus Massivholz einzufassen sind. Wer kein 40 mm starkes Material bekommt, kann auch 19 bis 22 mm dicke Spanplatten verwenden. Die Tischplatte müßte dann aber zusätzlich eine Randverstärkung aus untergeleimten Leisten erhalten. Sie können auch kunststoffbeschichtete Möbelbauplatten verwenden. Wichtig ist, daß ein Massivholzumleimer die Platte einfaßt.

Wird eine geschruppte Tischplatte gewünscht, müßte sie mit 3 mm starkem Furnier beschichtet sein. Man läßt die Platte am besten vom Tischler arbeiten. Das Schruppen und Kantenumleimen macht man selbst.

Es muß nun aber nicht unbedingt ein Säulentischgestell sein, ein Wangenkreuz sieht auch gut aus, das Sie folgendermaßen herstellen: Zunächst schneiden Sie Wangen aus einer 40 bis 50 mm

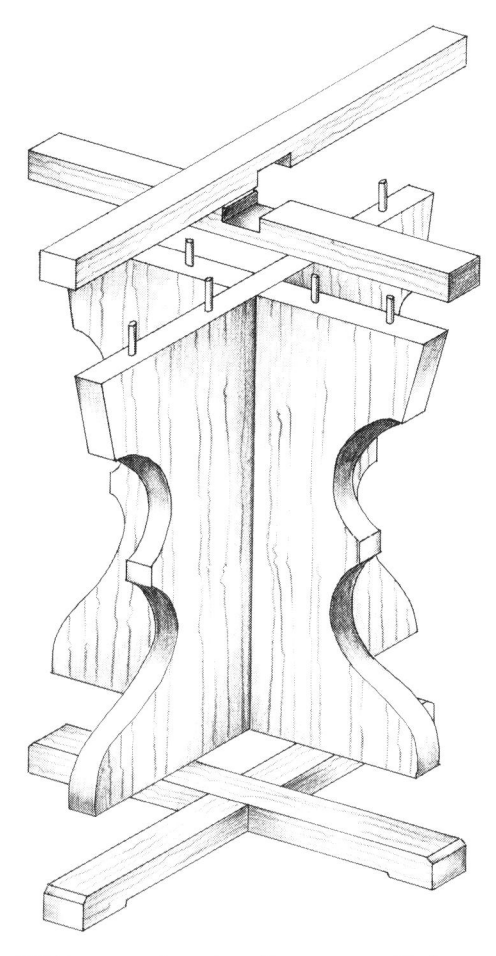

175 Zusammenbau eines Kreuzwangen-Tischgestells.

176 Rechteckiger Tisch mit zwei Wangen und Verbindungszarge.

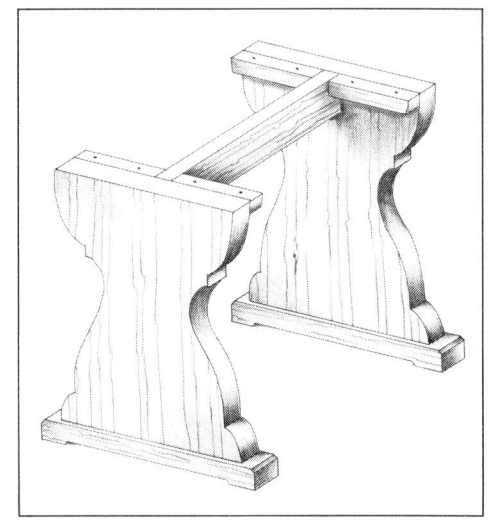

177 Das fertig zusammengeleimte Wangentischgestell.

starken, verleimten Massivholzplatte in der gewünschten Form aus. Eine Wange wird in der Mitte geteilt und um soviel herausgeschnitten, wie die andere Wange stark ist. Dann dübeln Sie die Wangen als Kreuz zusammen. Oben wird ein Leistenkreuz zur Befestigung der Tischplatte mit Leimzugabe aufgedübelt und unten das Fußkreuz montiert.

Ein rechteckiger Tisch wird mit zwei Wangen und einer Verbindungszarge aufgebaut. Auf die Wangenunterkante wird eine Fußleiste aufgedübelt. Die obere Befestigungsleiste für die Platte wird als Beileimer an die Wange geleimt und geschraubt. Die Form der Wangen entspricht der der Kreuzwangen.

Zu beachten ist, daß die Fußleisten oder Fußkreuze nur etwa 8 bis 10 cm kleiner sein dürfen als die Tischplatte breit ist. Das Kippmoment des Tisches ist zu berücksichtigen.

Der Abstand der Wangen zueinander richtet sich nach der Tischplattengröße. Gehen Sie davon aus, daß die Wange von der Schmalseite des Tisches etwa 20 bis 25 cm zurückgesetzt wird. Dies ist wegen der Beinfreiheit des am Tischende Sitzenden erforderlich. Das heißt, bei einer Tischlänge von 120 cm, abzüglich 2 x 20 cm = 40 cm, beträgt der Wangenabstand von Außenkante zu Außenkante 80 cm. Davon rechnen Sie zweimal die Wangenstärke ab, so daß sich die Länge für die obere Verbindungszarge ergibt. Die Breite dürfte mit etwa 15 cm oder mehr ausreichen, um eventuelle Verschubkraft aufzunehmen. Diese Verbindungszarge wird zwischen die Wangen gedübelt.

Bei langen Tischen ist es ratsam, durch eine zusätzliche Querzarge eine größere Stabilität in das Tischgestell zu bringen. Die Zarge sollte im unteren Bereich aber nicht zu tief eingesetzt werden, weil sie sonst als Fußstütze »mißbraucht« wird. Sie wird wie die obere Verbindungszarge zwischen die Wangen gedübelt.

Wer Freude am Besonderen hat, setzt die untere Querzarge mit Keilverschluß ein. Dazu wird die Zarge an beiden Enden um etwa je 12 cm länger gelassen und abgesetzt. In die abgesetzten Teil-

178 Wangentisch mit Querzarge und Keilverschluß.

stücke wird ein Langloch gebohrt oder gestemmt und hier nach dem Zusammenbau der Keil eingesetzt. In die Tischwangen werden im Sitzbereich der Querzarge je ein Loch in der Größe des abgesetzten Zapfens gestemmt, und der Keil kann eingeschlagen werden.

Selbstverständlich können die Tischwangen bei größeren Tischanlagen auch schräggestellt sein. Reißen Sie die Zargen mit der Schmiege an, und beachten Sie, daß die Wangen oben und unten entsprechend der gewählten Schräge

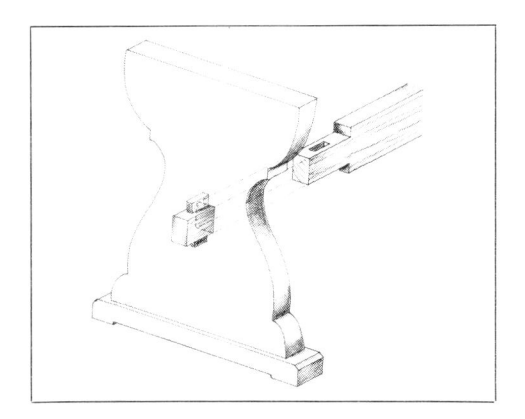

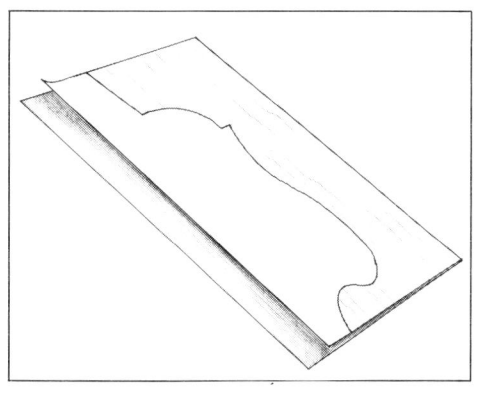

180 Wangenform auf einem in der Mitte gefalteten Blatt Packpapier aufgezeichnet.

ebenfalls abgeschrägt werden müssen, einschließlich der Halteleisten für die Tischplatte und der Löcher für die Querzarge und Keilverschluß.

Tischplatten sollten grundsätzlich mit alkohol- und säurefestem Lack überzogen werden. Die Tischwangen müssen nicht unbedingt aus Massivholz bestehen, geeignet sind auch 40 bis 60 mm starke furnierte Spanplatten. Sind diese Stärken nicht zu haben, verleimt man zwei Spanplatten aufeinander (zweimal 22 mm ergibt ebenfalls 44 mm Stärke).

Die Form der Wangen wird auf einem in der Mitte gefalteten Blatt Packpapier aufgezeichnet und mit der Schere ausgeschnitten. Anschließend klappen Sie das Blatt auf, so daß die Wangenform vor Ihnen liegt. Gefällt Ihnen das noch nicht, kann durch Nachzeichnen und mehrmaliges Ausschneiden die endgültige Form gefunden werden.

Die fertige Schablone legt man auf die Wangenplatte, befestigt sie an ein paar Stellen mit Klebestreifen und zieht mit dem Bleistift die Form nach. Wer kein

179 Querzarge mit abgesetztem Zapfen und Keilloch, die durch eingestemmtes Loch in der Wange durchgesteckt und verkeilt wird.

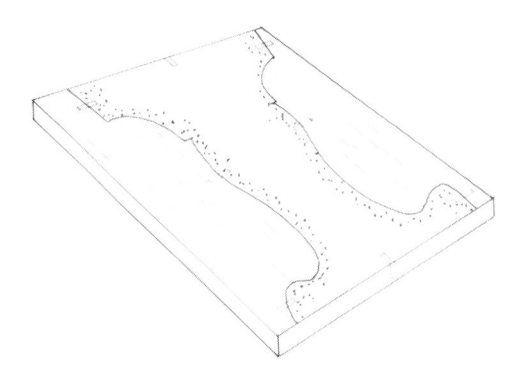

181 Ausgeschnittene Schablone auf Wangenbrett aufgeklebt und mit Graphitpulver eingestaubt.

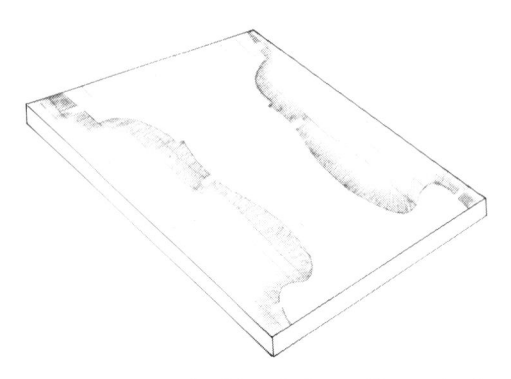

182 Zum Ausschneiden fertiges Wangenbrett nach dem Verreiben des Graphitpulvers.

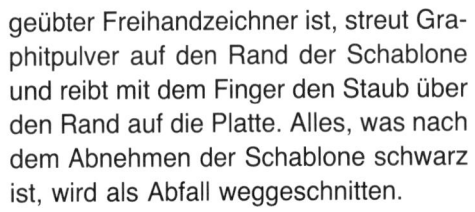

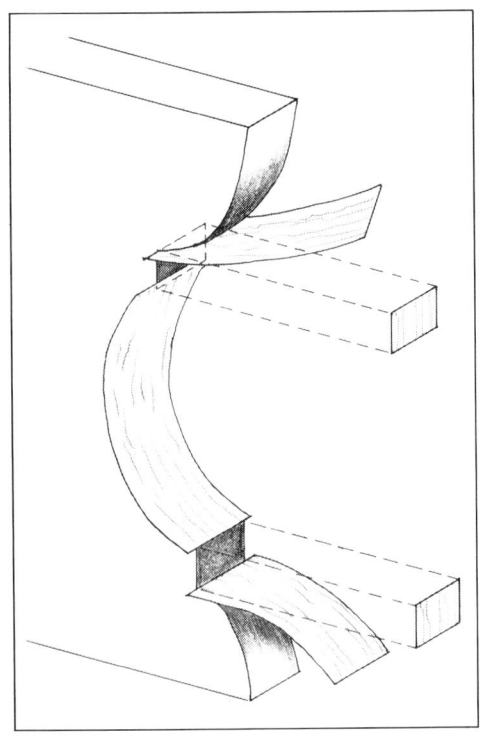

183 Furnierkanten, aus den scharfen Ecken heraus aufkleben.

geübter Freihandzeichner ist, streut Graphitpulver auf den Rand der Schablone und reibt mit dem Finger den Staub über den Rand auf die Platte. Alles, was nach dem Abnehmen der Schablone schwarz ist, wird als Abfall weggeschnitten.
Jetzt kann die Wange ausgeschnitten werden. Das geschieht möglichst mit einer feinen Säge, damit das Furnier nicht ausreißt. Sollte das doch einmal vorkommen, so leimen Sie diese Stellen sofort wieder an.
Die Schnittflächen werden anschließend mit der Holzfeile sauber und winkelrecht nachgearbeitet. Schnittbuckel und Unebenheiten müssen ganz herausgefeilt sein. Beim Feilen aber beachten, daß die Schnittflächen nicht rund gefeilt werden oder die Außenkante eine Abfasung bekommt.
Auf die sauber nachgearbeiteten Schnittflächen dann einen etwa 1 cm breiten Furnierstreifen, aus dem gleichen Holz wie die Oberfläche, mit Kontaktkleber aufkleben. Sind in der Wangenprofilierung scharfe Ecken, so beginnt man mit dem Aufkleben von hier nach außen. Die scharfen Ecken werden anschließend einzeln furniert.

Oberflächenbehandlung

Für den Innenausbau sollte auch geeignetes, rustikalen Effekt zeigendes Material verwendet werden. Die von den Herstellern angebotenen Fertig- und Halbfertigteile sind zum Verarbeiten bereits vorbereitet.

Ihre Oberflächen sind wahlweise zu haben: sandgestrahlt und gebürstet, sandgestrahlt, gebürstet und geflammt, geschruppt, sandgestrahlt und gebürstet, geschruppt, sandgestrahlt, gebürstet und geflammt, behackt oder behauen, geschruppt.

Das Material wird von den meisten Herstellern roh geliefert. Einige bieten die Hölzer auch mit fertig gebeizter Oberfläche an.

Mitverarbeitete Massivbalkenteile oder Bohlen, die nicht als Fertigteile zu bekommen waren und bearbeitet werden mußten, werden in der Oberfläche den Fertigteilen noch angeglichen.

Bei sandgestrahlten Oberflächen bearbeitet man die Balken mit einem in der Bohrmaschine eingespannten Bürsteneinsatz stets in Längsrichtung der Holzfaser, und zwar solange, bis die gleiche Struktur entstanden ist. Genauso wird auch bei sichtbaren Anschnittkanten und Kopfprofilierungen verfahren. Nach dem Bürsten schleift man die Oberfläche mit einem feinen Schleifpapier leicht nach, bis die aufstehenden Holzfasern verschwunden sind.

Bei geschruppter Oberfläche muß der zuvor glatt gehobelte Balken mit dem Schrupphobel, auch in Längsrichtung, nachbearbeitet werden. Probehobeln auf einem Brettstück ist anzuraten. Kopfprofilierungen können nicht gehobelt, sie müssen vielmehr, um der Struktur etwas nachzuhelfen, ausgebürstet werden.

Bei gebrannten oder geflammten Oberflächen wird erst ausgebürstet und dann mit einer offenen Lötflamme die Oberfläche angebrannt. Dabei ist die Flamme

185 Geschruppt.

184 Sandgestrahlt oder strukturiert.

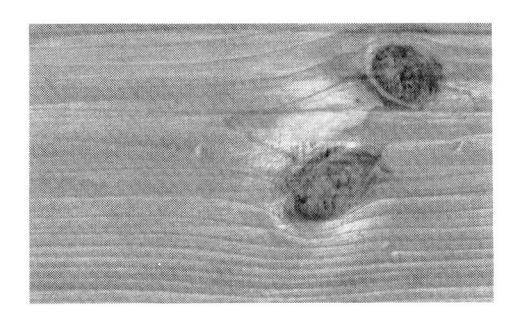

Typ A

Geflammt. Sandgestrahlte, gebürstete und endbehandelte Oberfläche, mit ausgeprägt rustikalem Charakter.

186 Sandgestrahlt und geflammt.

nicht frontal, sondern von schräg seitlich, entlang der Holzfaser zu führen.
Zweckmäßig ist es auch hier, Versuche auf Abfallbrettstückchen zu machen und eine bereits fertig geflammte Oberfläche als Mustervorlage danebenzuhalten. Bei diesem Arbeitsvorgang sind alle leicht brennbaren und leicht entzündlichen Gegenstände fernzuhalten. Am besten arbeitet man im Freien oder in einem überdachten Raum.
Behackte oder behauene Oberflächen, sie entsprechen etwa dem Charakter eines mit dem Beil zugehauenen Balkens, sind auf Maschinen bearbeitet. Diese Maschineneinschläge befinden sich stets in gleichmäßigen Abständen. Hier gehört schon ein wenig Fingerspitzengefühl dazu, um mit Handwerkzeug die gleiche Struktur nachzumachen. Man kann sich behelfen, indem man mit einem Löffeleisen oder Zugmesser diese Einschlagstellen in etwa herausschnitzt. Dabei wird das Zugmesser schräg zur Holzfaser eingesetzt und unter kräftigem Druck und Zug ein Holzbatzen herausgeschnitzt. Anschließend wird die Fläche ausgebürstet. Auch hier sind Versuche auf Abfallbrettstücken unerläßlich.

187 Behackt oder behauen.

Die Farbgebung kann von Ihnen durch Beizen oder Imprägnieren selbst bestimmt werden. Im Fachhandel sind entsprechende Farbmusterkarten der Hersteller einzusehen. Lassen Sie sich gut beraten, und verlangen Sie die Verarbeitungsrichtlinien. Jeder Hersteller hat für seine Produkte bestimmte Gebrauchsanweisungen, die beachtet werden müssen.
Imprägnierungen und ein Teil der Beizen werden als verarbeitungsfertige Flüssigkeit geliefert. Es gibt auch Beizen, die als Pulver oder Kristalle erhältlich sind und zum Verarbeiten erst angesetzt werden

müssen. In allen Fällen wird die pigmentierte Flüssigkeit mit dem Pinsel aufgetragen. Nach kurzer Einwirkzeit kann mittels Verteilerpinsel oder Schwamm die überschüssige Flüssigkeit verteilt beziehungsweise abgenommen werden.

Beim Beizen mit Vor- und Nachbeize kann nach dem zweiten Beizvorgang ein ganz anderer Farbton entstehen. Die eigentlich gewünschte Farbe tritt erst nach acht bis vierundzwanzig Stunden ein.

Es sollte für jeden Beizton zuvor eine Probebeizung erfolgen. Eine Aufhellung oder Kräftigung des jeweiligen Beiztones ist möglich.

Weisen Sie beim Kauf der Beize darauf hin, daß Sie sie für einen rustikalen Anstrich benötigen, und geben Sie die Holzart, die Holzoberfläche und die zu beizenden Quadratmeter an. Aufgerauhte Oberflächen brauchen mehr Beize und werden in der Färbung etwas dunkler als sie auf glatten Beizmusterkarten wirken. Beizen mit Wachszusatz ergeben nach der Endbehandlung einen leichten Seidenglanz und ersparen eine eventuell gewünschte Nachlackierung.

Während bei Decken- und Fachwerkaufbauten sowie Fachwerkverkleidungen keine Endlackierung erforderlich ist, sollte man jedoch bei Möbeln, Bänken und Tischen darauf nicht verzichten.

Verwenden Sie keinesfalls hochglänzende Lacke. Matt- oder seidenmatte Lacke sind für den rustikalen Ausbau am besten geeignet. Damit Ihre Arbeit zügig vorangeht, und falls Sie für die Lackierarbeiten keinen staubfreien Raum zur Verfügung haben, nehmen Sie schnelltrocknende Lacke, die Sie einschließlich der Grundierung nach den Verarbeitungshinweisen des jeweiligen Herstellers verwenden.

Der Lackauftrag kann nach völliger Austrocknung der Beize oder Imprägnierung mit dem Pinsel oder der Farbspritzpistole geschehen. Eine auf feuchtem Untergrund aufgetragene Lackschicht wird grau. Das heißt, er bekommt helle, weißschimmernde Stellen, weil die Feuchtigkeit durch den luftdichten Lackauftrag nicht mehr entweichen kann.

Die Lackierarbeit beginnt mit dem gründlichen Entstauben der Materialien. Anschließend wird die Grundierung aufgetragen. Ist diese durchgetrocknet, wird die Fläche mit feinem Schleifpapier, Körnung 120 bis 140, über einen Schleifklotz gelegt und leicht überschliffen. Dabei werden feinste Holzfasern, die sich durch den Grundauftrag aufgerichtet haben und hart geworden sind, entfernt. Die Fläche muß vor dem Lackauftrag vollkommen glatt sein. Der Schleifstaub wird sorgfältig entfernt, und der Lack kann mit dem Pinsel in gleichmäßig langen Zügen oder mit der Spritzpistole aufgetragen werden. Dieses jedoch nicht zu satt, so daß sich keine Lacknester bilden, die einfallen können.

Bei rustikalen Hölzern dürften in der Regel eine Grundierung und eine Lackierung ausreichend sein. Die Oberflächenstruktur bringt sowieso keine geschlossene glatte Oberfläche. Anders ist es bei glatten Flächen, zum Beispiel bei furnierten Spanplatten für den Möbelbau. Hier ist auf eine zweite Lackierung nicht zu verzichten.

Bei der Oberflächenbehandlung sollte die allgemeine Holzschnitzerei und das Kerbschnitzen nicht unerwähnt bleiben.

Wem derartige Arbeiten liegen und wer Spaß daran hat, wird auch bei der Bearbeitung bestimmter, hier gezeigter Bauteile einen Anwendungsbereich gefunden haben. Die Oberflächen können durch Einkerben von Blumen- oder Rankenmotiven oder geometrischen Formen aufgelockert und Balkenkanten mit Schnitzereien versehen werden. Und wie wäre es, wenn Deckenkassetten oder Wandfüllungen mit geschnitzten Motiven Ihren ganz persönlichen Geschmack widerspiegeln? Vielleicht finden Sie in »Holzschnitzen leicht gemacht« (Reihe »Fachwissen für Heimwerker«) noch einige weitere Anregungen.

Die Oberfläche von Balken, Füllungen, Kassetten, Türen und Möbeln bietet sich übrigens auch für die Holzbemalung bestens an. Mit Ranken, Motiven und Formen können die Liebhaber der Malerei hier ihre handwerklichen Fertigkeiten unter Beweis stellen. Flächen für die Bemalung sind im rustikalen Innenausbau reichlich vorhanden, so beispielsweise Balken-Kassettendecken, oder die vielen Wandbalken beim Fachwerk. Bei fertigen Einrichtungen werden die Malereien zumeist nicht angeboten, weil sie sehr teuer sind. Aber gerade das sollte ein Grund mehr sein, sich damit zu befassen. Wer sich über dieses Gebiet näher informieren möchte, findet Hinweise und Arbeitstechniken in »Holzbemalen leicht gemacht« (Reihe »Fachwissen für Heimwerker«).

Werkzeug

Welches Werkzeug wird benötigt, um die gezeigten Arbeiten ausführen zu können? Diese Frage wird sich manch einer beim Durchsehen dieses Buches gestellt haben. Viele Leser werden bereits mehr Werkzeug als das hier gezeigte besitzen. Mit wenig Werkzeug, dafür aber mehr

188 1 Gestell-Handabsatzsäge, 2 Gestell-Handschweifsäge, 3 elektrische Handkreissäge mit Anschlag, 4 Fuchsschwanz ohne Rücken, 5 Feinsäge gekröpft.

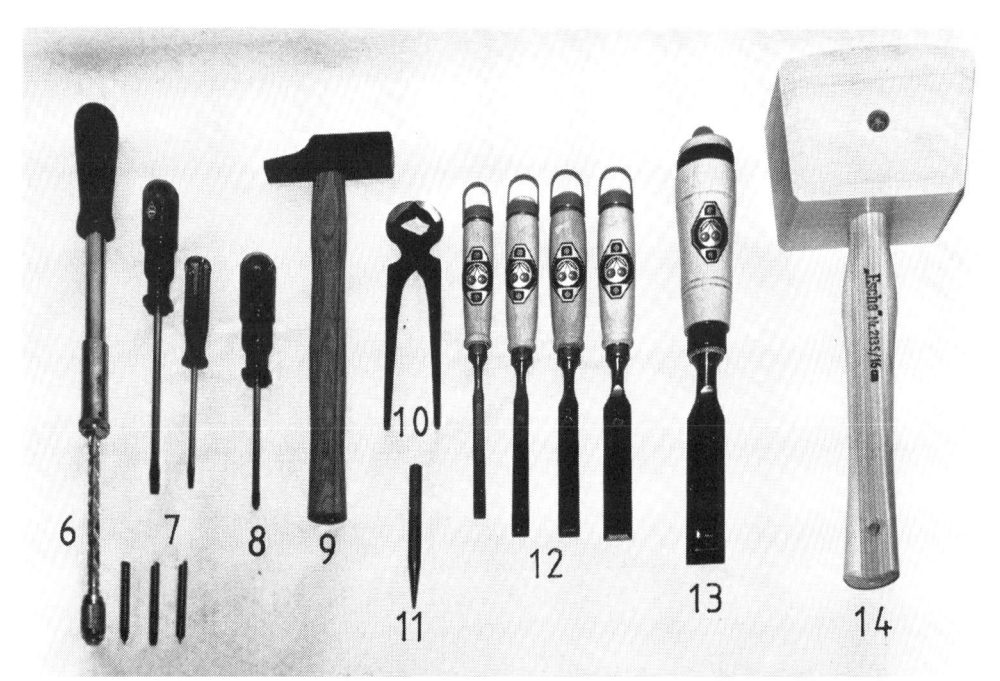

189 6 Drillschraubendreher mit verschiedenen Schraubereinsätzen, 7 verschiedene Schraubendreher für Schlitzschrauben, 8 verschiedene Kreuzschlitzschraubendreher, 9 Schreinerhammer, 10 Zange, 11 Versenkstift, 12 verschiedene Stemmeisen oder Stechbeitel, 13 Zimmermannsstechbeitel, 14 Holzhammer.

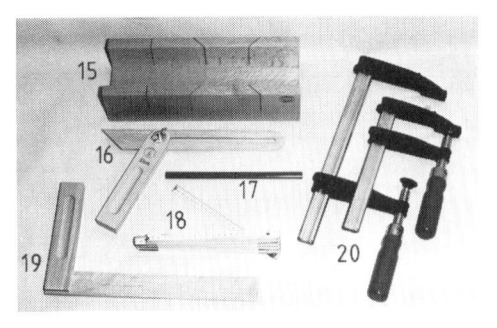

190 15 Schneidlade, 16 Schmiege, 17 Zimmermannsbleistift, 18 Maßstab, 19 Winkel, 20 verschiedene Momentschraubzwingen.

191 21 Elektrische Handbohrmaschine mit Anschlag.

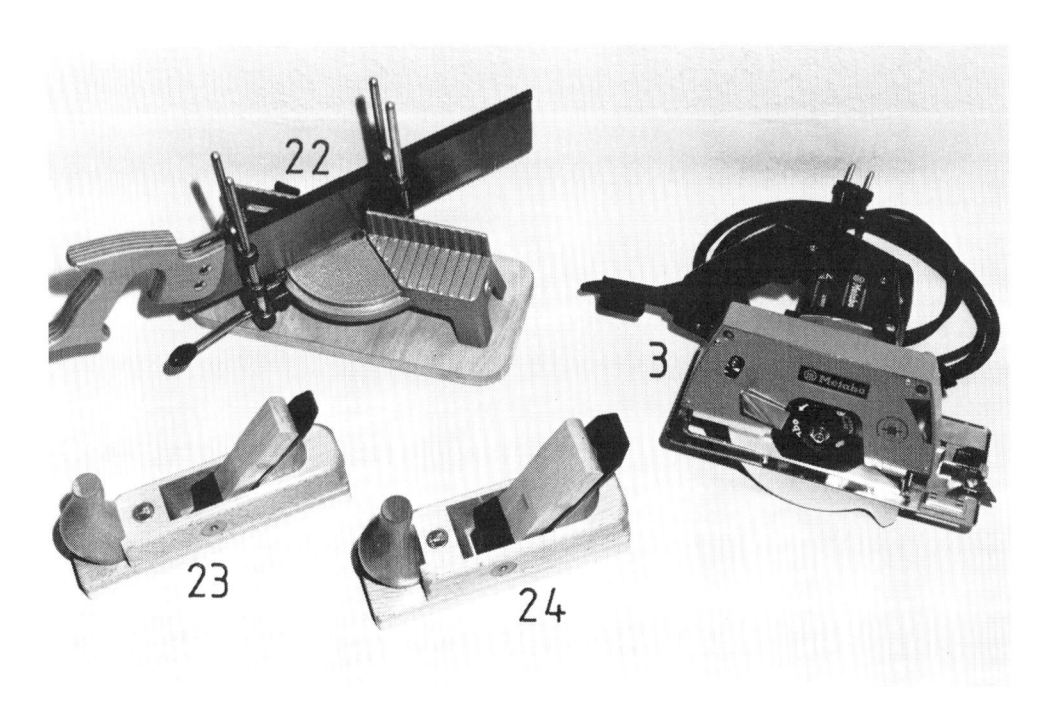

192 22 Gehrungssäge (wahlweise), 23 Schrupphobel, 24 Schlichthobel.

Geduld wird vieles besser gelingen. Wer noch mehr Werkzeug wie in den Bildern 188 bis 195 gezeigt besitzt, zum Beispiel eine Tischkreissäge, einen Heftapparat zum Polstern und einen Simshobel für Tischsäulen, ist bestens ausgerüstet und kann mit der Arbeit sofort beginnen.

193 25 Elektrische Stichsäge.

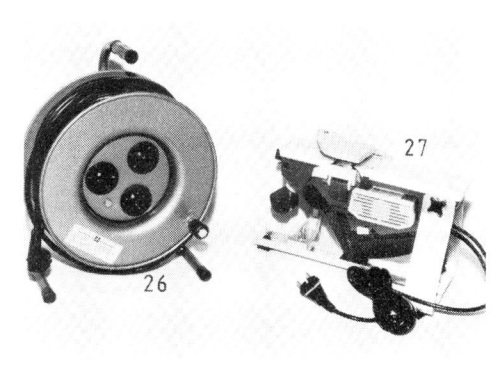

194 26 Kabeltrommel mit Kabel, 27 elektrischer Handhobel (wahlweise) eventuell mit Umrüstgestell als Tischhobler.

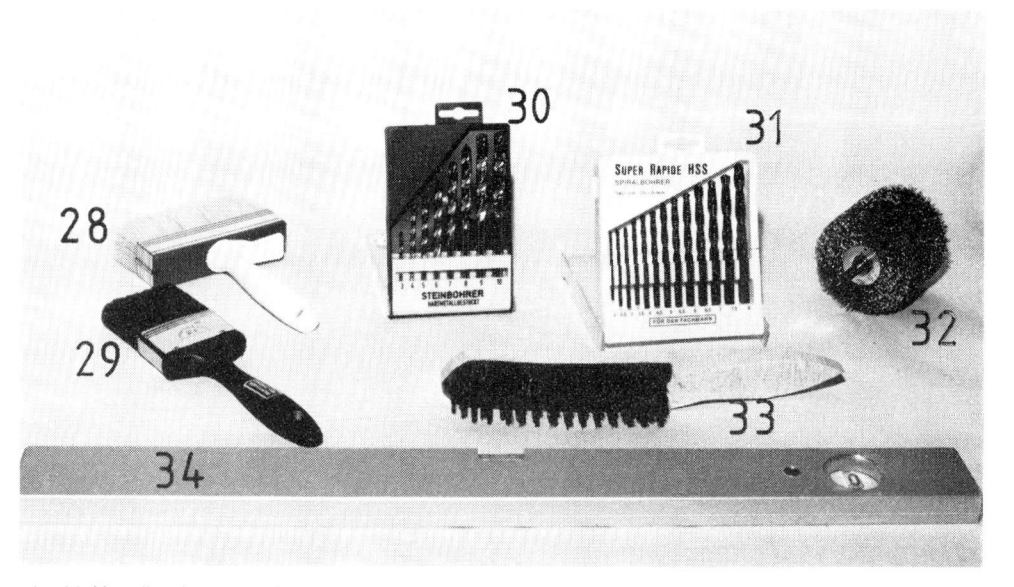

195 28 Verteilerpinsel, 29 Beizpinsel, 30 1 Satz Stein- oder Widiabohrer, 31 1 Satz Spiralbohrer, 32 Bürsteneinsatz für Bohrmaschine, 33 Stahlbürste, 34 Wasserwaage.

Fußböden

Die Wahl der Fußböden und Fußbodenbeläge für den rustikalen Ausbau dürfte keine Probleme mit sich bringen. Trotzdem soll darauf noch kurz eingegangen werden.

Für einen Neubau ist der Einbau einer Fußbodenheizung ratsam des gesünderen Wohnens und der Energieersparnis wegen. Wer sich zur Fußbodenheizung entschließt, sollte der Wärmespeicherung wegen auch einen Fliesenbelag wählen. Auch in Räumen mit vorhandener Zentral- oder Kachelofenheizung ist ein Fliesenbelag gut geeignet. Er sollte großformatig mit rustikaler Oberfläche sein, bei Fugenbreite zwischen 8 und 10 mm. Für kleine Räume verwendet man keine sehr großen Formate und keinesfalls dunkle Farben. Die Farben der Fliesen sollten auf die Gesamtgestaltung abgestimmt sein. Das Buch »Keramische Fliesen selbst verlegt« (Reihe »Fachwissen für Heimwerker«) vermittelt viele wertvolle Tips.

Außer den keramischen Bodenfliesen können Klinkerplatten den gleichen Effekt erzielen. Die Auswahl ist groß und die Verlegung vielseitig, zum Beispiel gerade durchgehende Fugen oder versetzt verlegt, im Format gemischt verlegt oder im Fischgrätmuster.

Ist in dem einzurichtenden Raum ein Holzfußboden, auf eingezogene Balken aufgebaut, so kann durch einen neu verlegten Dielenfußboden, der entsprechend gebeizt wird, ein vollkommen rustikaler Charakter erreicht werden.

Wenn der Unterboden es zuläßt und die Ausführungen Ihren Vorstellungen entsprechen, paßt ein Parkettfußboden, rustikal gebeizt, ebenso gut zu dem Einrichtungsstil. Nur sollte man nicht gerade Stäbchen- oder Mosaikparkett aussuchen. Langriemen, versetzt verlegt oder als Flechtmuster, wäre hier weitaus geeigneter. Als Holzart ist Eiche oder Buche zu wählen und die Farbe sollte, gebeizt und matt versiegelt, dem Gesamtraum entsprechen.

Teppichausiegeware kann grundsätzlich verwendet werden. Jedoch spielt die Musterung und Farbgebung eine entscheidende Rolle. Nur keine Wohn- oder Schlafzimmerqualität aussuchen. Es sollte in der Musterung von geometrischen Formen ausgegangen werden, deren Vielfalt im einzelnen nicht zu beschreiben ist. Am besten eignet sich natürlich ein Handwebteppich, da dessen Struktur und Webart von sich aus schon rustikal ist. Man kann ihn ganzflächig oder als Einzelstück verlegen.

Kunststoffböden aller Art sind für den rustikalen Ausbau nicht zu empfehlen. Ebenso entfallen Nadelfilzbeläge.

Eine strenge Einrichtungsfolge im rustikalen Innenausbau gibt es nicht. Weder die Möbel oder andere Einrichtungsgegenstände müssen rustikal sein ebenso die Teppiche.

Vorhänge und Dekorationen

Vorhänge sind mehr oder weniger Dekoration. Außerdem sollten sie in manchen Fällen auch eine Funktion erfüllen. In enger Nachbarschaft oder zur Straße hin sollte mit dem Vorhang auch eine Sichtbegrenzung geschaffen werden. Die jeweilige Funktion der Vorhangdekoration ist auch entscheidend für die Gewebequalität. Ein rustikaler Gardinenstoff, ob Stores oder Dekoschals, ist in der Struktur allgemein grob und dicht. Je mehr die Einsicht begrenzt werden soll, um so weniger Tageslicht kommt ins Zimmer. Wählen Sie eine leichtere Qualität, und lassen Sie die Nachbarn doch an Ihrem neu eingerichteten Wohnbereich teilhaben, wohlweislich etwas geheimnisvoll verdeckt.

Nehmen Sie einen Voile-Store mit einzelnen groben Schußfäden und aufgesetzten Rüschen am oberen und unteren Rand.

Die Vorhangschiene ist bereits in die Balkendecke eingebaut; wahlweise kann aber auch eine doppelläufige schmiedeeiserne oder hölzerne Vorhangstange dekorativ aufgemacht werden.

Alternativ dazu bieten sich die sogenannten Landhausgardinen und Vorhangstangen an, die in reicher Auswahl zu haben sind.

Die Farbe der Übergardinen sollte als Kontrast zur Gesamteinrichtung stehen. Tischdecken und Lampenschirme können, müssen aber nicht, aus dem gleichen Material bestehen. Damit wäre die Farbharmonie noch vollkommener.

Entscheidend für die Wahl der Vorhangstoffe sind die Größe des Raumes, der Lichteinfall und nicht zuletzt die Verwendung des Raumes. Ein Wohnzimmer wird eine ganz andere Atmosphäre ausstrahlen als ein nur zum Mahlzeiten einnehmender, sonst jedoch eher schmuckloser Raum.

Neben den Vorhängen bestimmt die sonstige Dekoration die Atmosphäre des Raumes. Lampen sollten möglichst aus Keramik, Kupfer, Schmiedeeisen, Stoff, Leder oder Pergament gefertigt sein. Kunststoff ist grundsätzlich abzulehnen. Bilder sollten, sofern sie für die Fachwerkfelder vorgesehen sind, mit dunklen Leisten eingefaßt sein.

Als sonstige Dekoration bietet sich alles an, was nostalgisch und demnach als alt angesehen wird. Nicht nur Zinn-, Messing- oder Porzellankrüge, sondern auch Gebrauchsgegenstände aus der Küche oder Großvaters Werkzeug sind geeignet. Gegenstände, die Sammlerwert haben, sind natürlich besonders begehrt. Gebrauchsgeschirr, auch altes, gehört in den Schrank oder die Vitrine. Vielleicht finden Sie noch eine alte Milchkanne oder ein Butterfaß, die sich als Bodenvase nutzen lassen. Mit Trockenblumen oder einem Erntestrauß, einer Backschanze oder einem Brotkorb lassen sich viele dekorative Blickpunkte, die an die Vergangenheit erinnern, gestalten.

Die Eßdiele

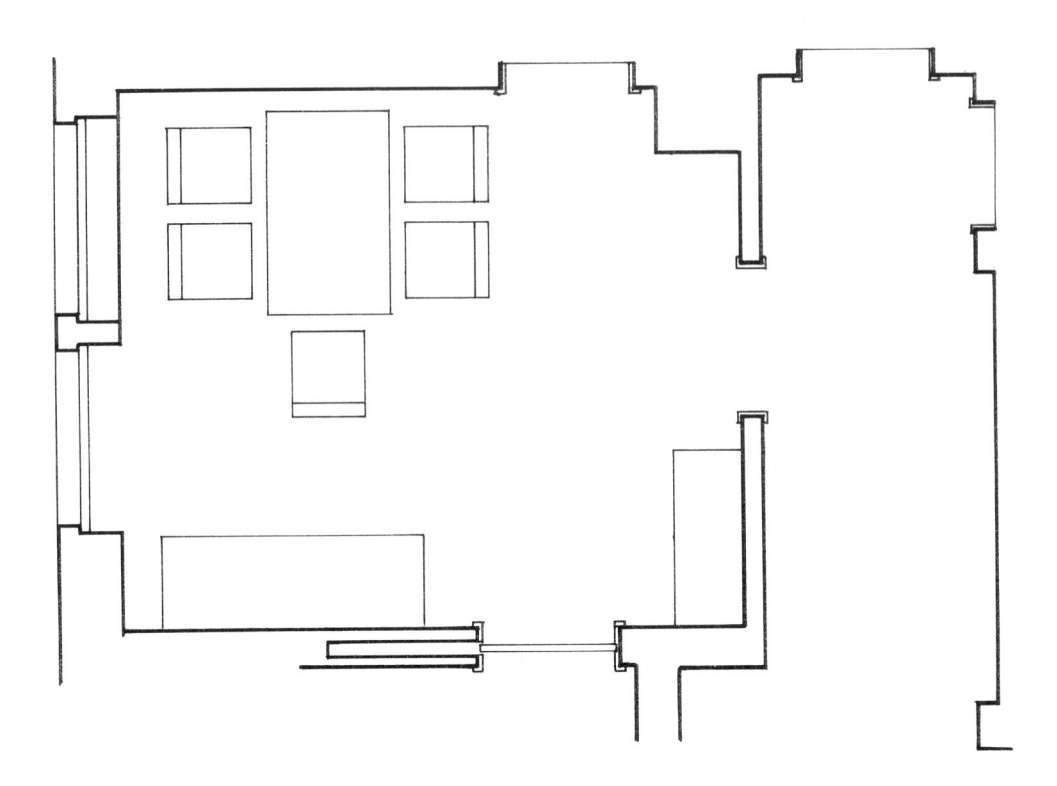

196 Die bauliche Situation vor dem Umbau.

Baulicherseits vorhanden sind ein dunkler, schmaler Flur und ein 12 m² Raum. Für den geplanten Kachelofen ist dieser Raum einfach zu klein, so daß die Trennwand zwischen Flur und Eßzimmer herausgenommen und der Schornstein freigelegt werden muß. Nur so bietet sich ein günstiger Standplatz für den Ofen an, und die Feuerungsöffnung kann sich trotzdem noch außerhalb der Eßecke befinden. Zum Kachelofen paßt eine an Decke und Wand befindliche Holzverkleidung am besten.

Aufgrund der Enge des Raumes wollte man die Decke nicht zu weit herunterziehen, und die Wände sollten den Raum optisch nicht noch kleiner wirken lassen, als er schon ist.

Grundlage zur Planung bildete das ausgewählte Material und dessen Konstruktionsmerkmale.

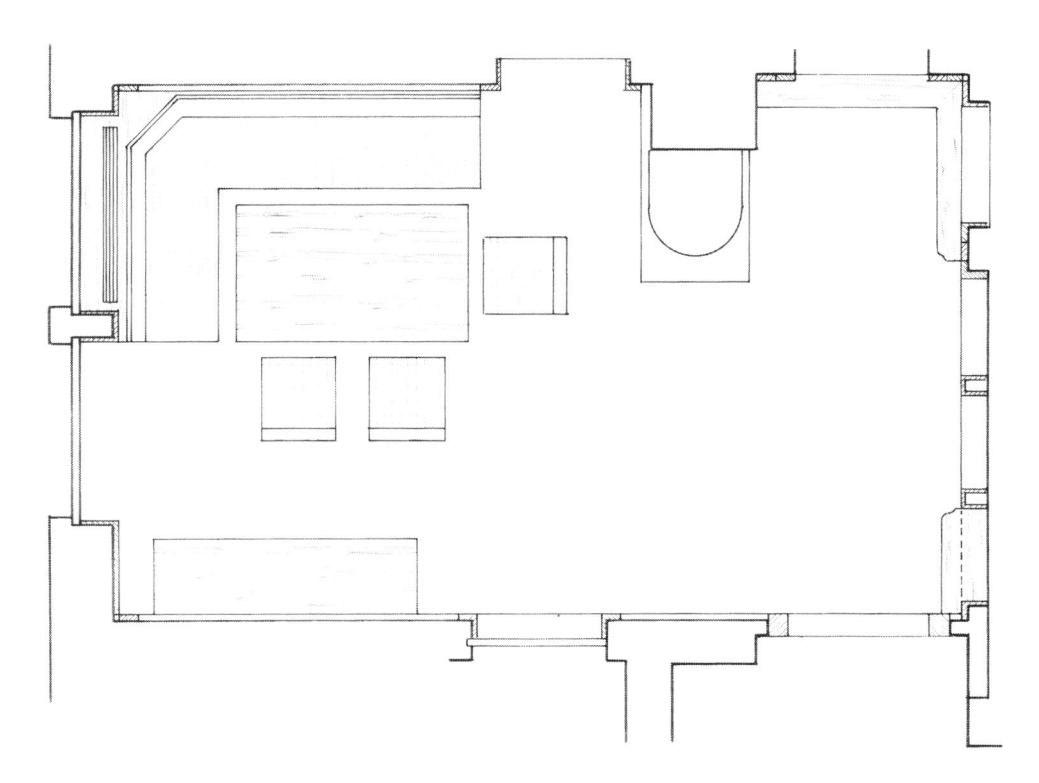

197 Der Raum nach der Planung.

Die vorhandene gemauerte Trennwand wurde herausgerissen. Frontal auf die Kaminwand gesetzt findet der Kachelofen seinen Platz, und zwar so, daß er räumlich noch als Abgrenzung zwischen Eßplatz und Eingangsbereich funktioniert, die Einsicht zum Bad verdeckt und von der Eingangstür einfallende Zugluft abschirmt. Die Feuerungsöffnung wird der Flurseite zugeordnet, um durch das Handhaben verursachten Staub vom Eßplatz fernzuhalten.

Der sich nach hinten durch eine Nische erweiternde Flur wird mit der Wand flächenbündig als Fachwerk ausgebildet. Dadurch entsteht im Nischenbereich die gewünschte Abstellfläche.

Der außerhalb des Raumes liegende Flurteil wird über einen Türdurchgang mit Segmentbogen zugänglich. Desgleichen wird die anschließende Schiebetür zum Wohnraum mit einem Segmentbogen in die Wandverkleidung miteinbezogen.

Auch die Außenwand mit Balkontür und Fenster sollte mit Holz verkleidet werden. In die Fensterecke wird eine Eckbank gestellt, deren Abdeckung als Fensterbrett vorgezogen wird. Da darunter der vorhandene Heizkörper installiert ist, wird in die Abdeckplatte ein schmiedeeisernes, der Länge des Heizkörpers entsprechendes, etwa 15 cm breites Gitter eingearbeitet.

200 Wandansicht der Fensterwand.

Die Längswand im Bereich des Kachelofens mit vorhandener Schiebetür zur Küche und vorhandener Eingangstür hat als Blickfang den Kachelofen und die Eckbank, deshalb wurde auf eine weitere Wandverkleidung verzichtet, um die Wandfläche für spätere Dekorationen freizuhalten.

198 Blick zum Kachelofen und zur Eingangstür.

199 Wandansicht mit Durchgang und Schiebetür zum Wohnraum.

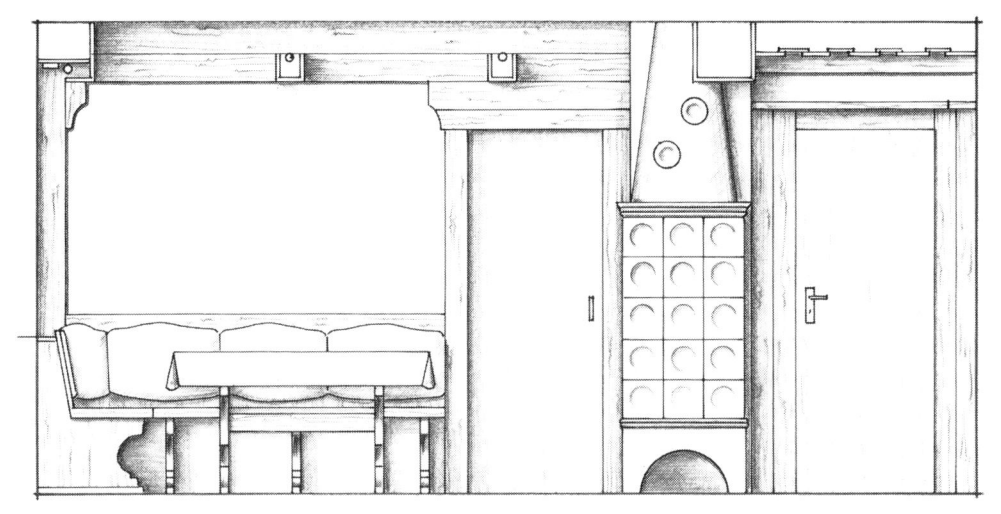

201 Wandansicht mit Kachelofen, Küchen- und Eingangstür.

Über der Eingangs- und Badezimmertür ist ein abgewinkeltes schmales Abstellbord für Dekorationen angebracht. Das Fachwerk mit Nischenauskleidung, das im unteren Brüstungsfeld mit Verblendklinkern ausgefacht und im oberen Bereich mit Fachböden und einer Telefonablage ausgestattet ist, wird vom oberen Querbalken indirekt beleuchtet, und zwar nach unten hin offen und nach oben mit einer Glasplatte abgedeckt.
Die verbleibende Nische außerhalb dieses Fachwerkaufbaues ist ausgemauert. Hieran schließt der Durchgang zum Nebenflur.
Die Deckenverkleidung ist, da sich die vorhandene Decke im einwandfreien Zustand befand, im Eßplatzbereich als indirekt beleuchtete Balkendecke mit Vorhangkanal und indirekt beleuchteten Querbalken ausgeführt. Im ehemaligen Flur wird die Decke abgehängt, mit Querbalken versehen und mit Stulpschalung geschlossen. Die hier eingesetzten Querbalken sind entsprechend den aufgehenden Fachwerkbalken eingeteilt worden.
Als Material wurde wegen des gewünschten rustikalen Charakters eine sandgestrahlte Oberflächenstruktur, die mit Reaktionsbeize behandelt, aber nicht

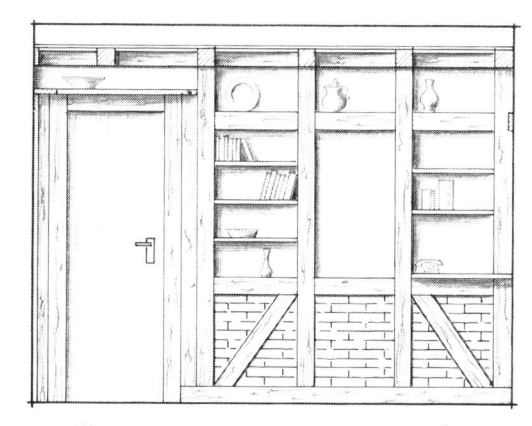

202 Wandansicht mit Badezimmertür und Fachwerkverkleidung.

203 Die Fachwerkwand in fertiger Ausführung mit indirekter Beleuchtung.

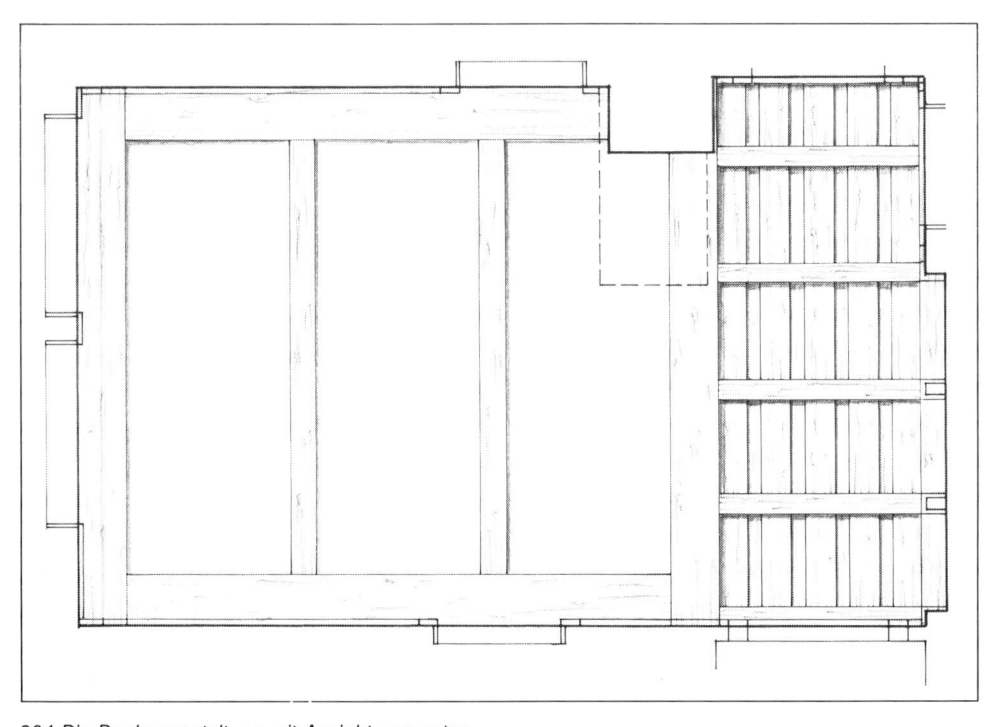

204 Die Deckengestaltung mit Ansicht von unten.

205 Detailfolge-Schema.

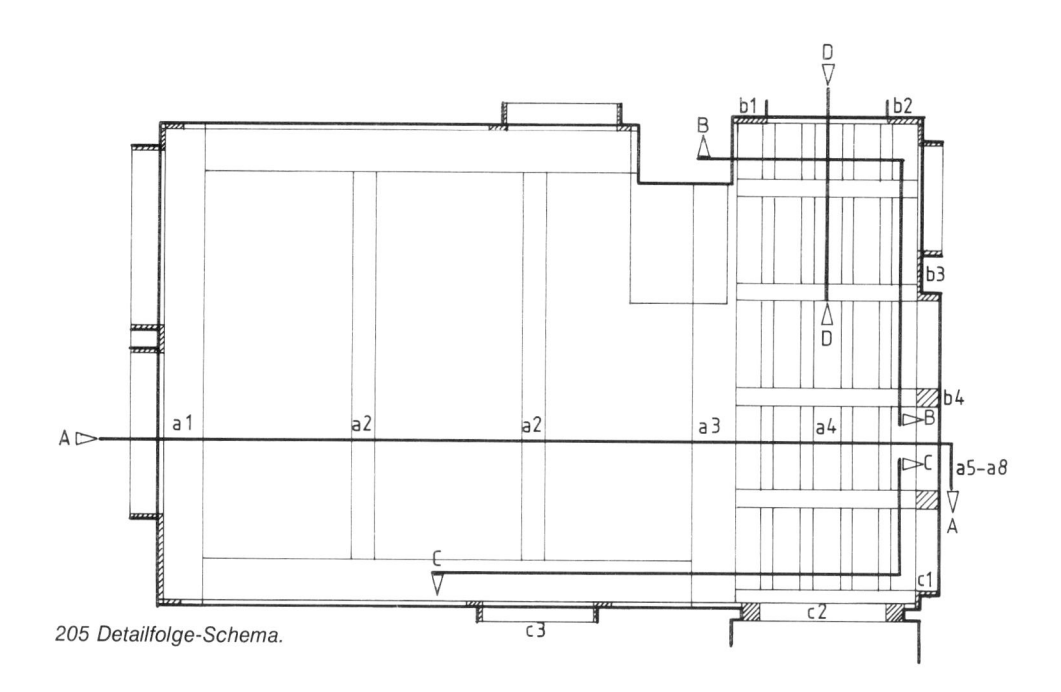

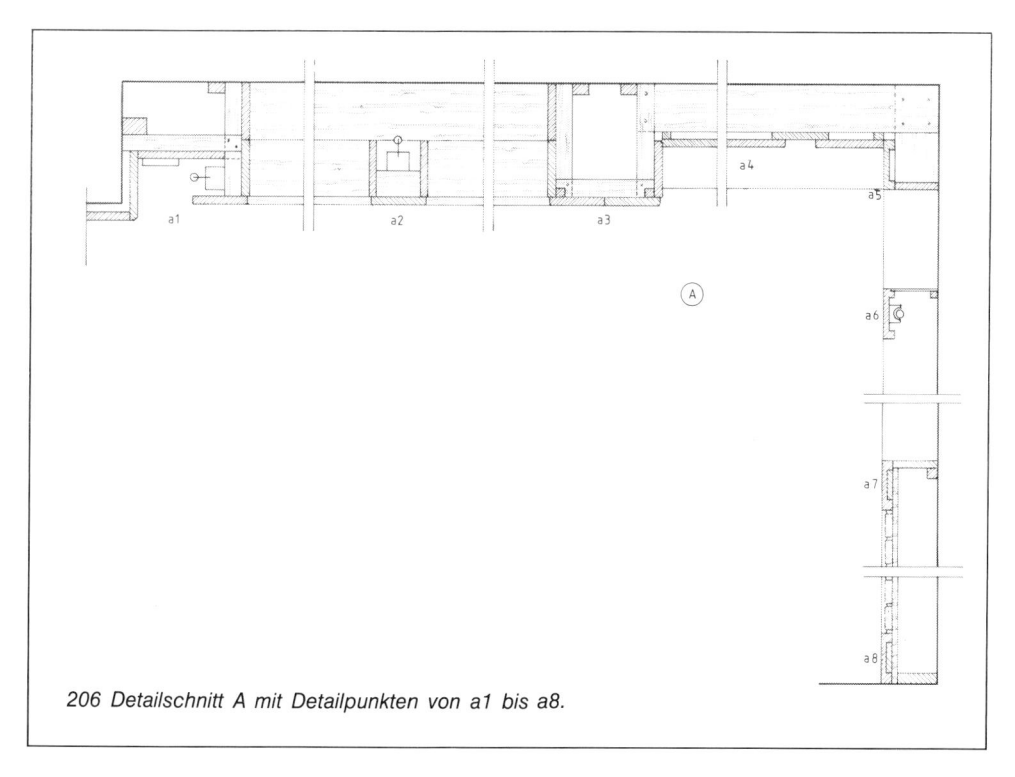

206 Detailschnitt A mit Detailpunkten von a1 bis a8.

121

lackiert wurde, ausgewählt. Verwendet wurden handelsübliche, vorgefertigte Bretter, System Rotan, und Vollholzbalkenschalen, System Mafi. Lediglich die Segmentbogenbalkenteile für die Durchgänge zum Nebenflur und zum Wohnzimmer wurden beim Handwerksmeister bestellt und nach genauer Maßangabe angefertigt.

Die Konstruktion ist aus dem gewählten Material und der Kombination des Materials von zwei Herstellern entwickelt worden.

Die Detailzeichnungen zeigen die Konstruktion und die Technik. Die Folge der Detailpunkte können Sie dem Detailschema entnehmen.

Der Deckenaufbau A beginnt mit dem Wandbalken a1, 30 mal 32 cm, im Fensterbereich mit eingearbeitetem Vorhangkanal, Vorhangschiene und Verblendung der indirekten Beleuchtung. Die Unterkonstruktion für den Balken ist aus Dachlatten gefertigt und wird an Leisten, die an Decke und Wand gedübelt sind, festgeschraubt. Der Anschluß der Fenstersturzverkleidung aus Rotan-Brettern mit Leistenunterkonstruktion ist angedeutet. Der Balken ist aus Rotan-Brettern zusammengesetzt. Die Innenverkleidung im Vorhangleistenbereich wurde der Lichtreflektion wegen, aus kunststoffbeschichteten, weißen Spanplatten eingepaßt.

Die zwei umlaufenden Wandbalken sind wie der Vorhangbalken aus Rotan-Brettern hergestellt, jedoch nur als Winkelkonstruktion und unten geschlossen bis zur Wand, ohne Lichtkanal.

Die Beleuchtungsbalken a2, 17 mal 15 mal 17 cm, bestehen ebenfalls aus Rotan-Brettern. Sie sind nur durch Brettstücke an den äußeren Wandbalken befestigt. Die zum Zusammenbau erforderlichen Balkenschablonen sind nur etwa 6 cm hoch. Hierauf liegen die lose eingelegten Leuchtstofflampen auf. Beachten Sie bitte, daß bei Leuchtstofflampen, die in Holz eingebaut werden, nur abgedeckte Ausführungen zu verwenden sind.

Der Trennungsbalken a3, 32 mal 31 mal 17 cm, zwischen Beleuchtungsdecke und abgehängter Decke besteht aus Rotan-Brettern und wird mit Dachlattenunterkonstruktion an der Decke befestigt. Gleichzeitig sind die Montagebretter für die abgehängte Decke a4 an dieser Unterkonstruktion mit angeschraubt. Die Stulpschalung ist wiederum aus dem Rotan-Programm. Der Deckenwandbalken a5 von der abgehängten Decke ist gleichzeitig der obere Abschlußbalken des Fachwerkaufbaues. Frontseitig ist hier eine Mafi-Vollholzbalkenschale und unterseitig ein Rotan-Brett verwendet worden. Beides wird über eine Balkenschablone, an der gleichzeitig das Montagebrett der abgehängten Decke mitbefestigt wird, an Decke und Wand montiert.

Für den Querbalken a6 im Fachwerkaufbau ist eine Mafi-Vollholzbalkenschale eingesetzt, die nach unten offen und oben mit einem Falz und eingelegter Glasplatte abgeschlossen ist. Die Ausleuchtung kann mit kleinen Leuchtstoff- oder Linestralampen geschehen.

Das Brüstungselement a7 bis a8 hat eine Unterkonstruktion aus Spanplatten. Hierauf frontseitig sind Mafi-Vollholzbalken geschraubt, die nach oben mit einem Rotan-Brett abgedeckt wurden. Die ent-

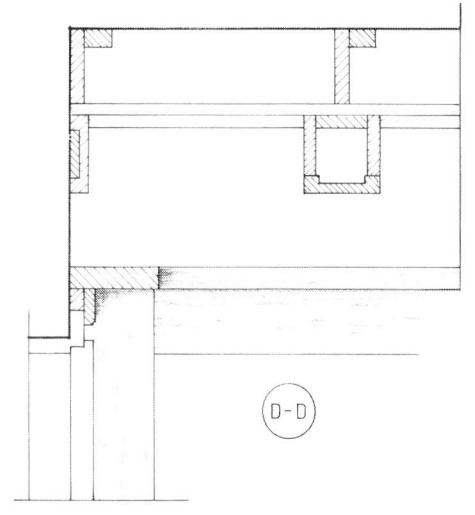

207 Detailschnitt D - D durch abgehängte Decke.

standenen Brüstungsflächen sind mit Verblendklinkern ausgefacht. Sie werden mit Fliesenkleber befestigt und mit Zementmörtel verfugt.
Im Schnitt D - D durch die abgehängte Decke erkennen Sie die Unterkonstruktion aus Brettern mit oben angeleimter und genagelter Dachlatte für die Deckenmontage. Die oberen Bretter der Stulpschalung werden über die ganze Länge, mit entsprechendem Abstand zueinander, an diese Unterkonstrukton geschraubt. Dann sind die Wand- und Querbalken untergesetzt und anschließend die Stulpbretter von Rotan zwischen die Balken eingepaßt und befestigt. Das Abstellbord liegt auf der Wandverkleidung auf und wird von oben festgeschraubt.
Den Anschluß zur Eingangstür b1 bilden Rotan-Bretter, die auf die Stärke der Falzverkleidung hinterlattet wurden.
Der Anschluß zur Badezimmertür b2 und

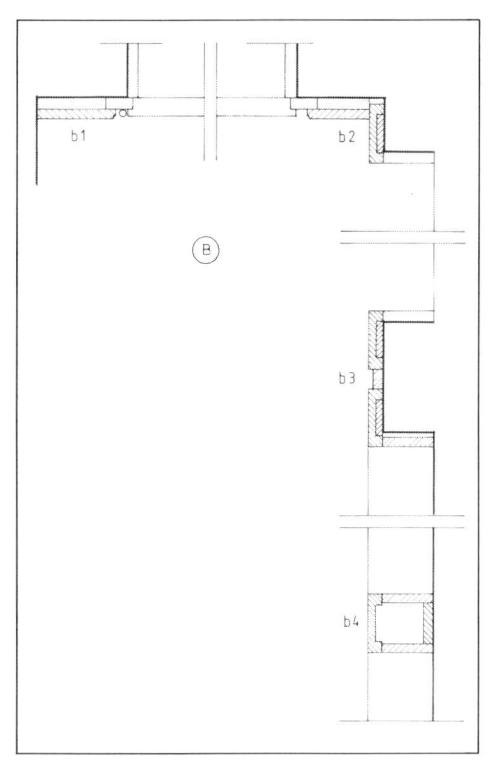

208 Detailschnitt B mit Detailpunkten von b1 bis b4.

b3 zum Fachwerk ist aus Mafi-Vollholzbalkenschalen hergestellt und das Türfutter mit Rotan-Brettern verkleidet.
Die Nischenanschlüsse im Fachwerkaufbau b3 und c1 sowie die aufrechten Fachwerkbalken b4 sind in der gleichen Weise gefertigt.
Die Türpfosten c2 für den Durchgang zum Nebenflur, gleichzeitig als Auflage für den Segmentbogenbalken, sind aus Massivholz und in den Fußboden eingestellt und ausgemauert. Der Segmentbogen dient gleichzeitig als Türsturz.
Der Anschluß zur Wohnraumschiebetür c3 ist identisch mit der Einfassung zur

123

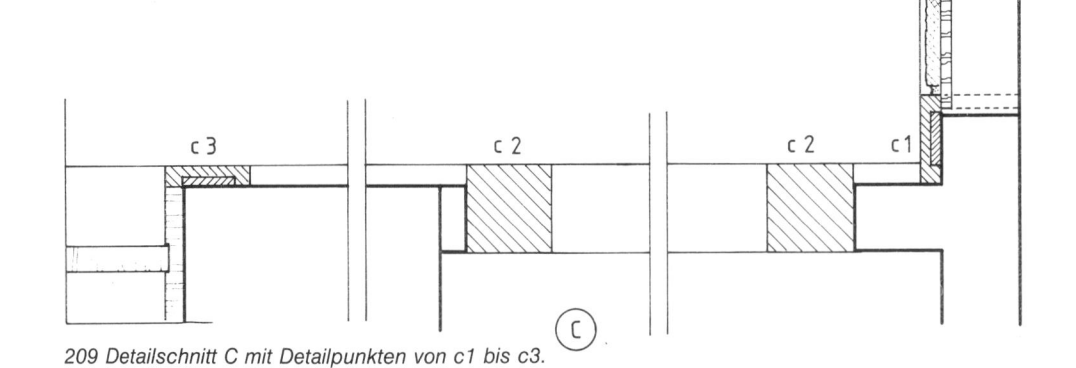

209 Detailschnitt C mit Detailpunkten von c1 bis c3.

Küchentür. Hier wurde die Zierverkleidung entfernt und an deren Stelle ein Mafi-Vollholzbalken aufgesetzt. Alle Türen sind in Eiche furniert und rustikal gebeizt. Somit sind diese stilgetreu und brauchen nicht mehr verkleidet zu werden.

Der vorhandene Fußbodenbelag aus Kunststoff auf Estrich verlegt, wurde entfernt und der Mauerschlitz von der

210 Segmentbogen-Durchgänge im fertigen Raum.

211 Blick auf die Fensterwand mit Sitzecke.

herausgenommenen Wand mit Estrichmörtel ausgegossen. Die gesamte Bodenfläche ist dann mit Keramikbodenfliesen, braun mit leichter Roteinfärbung, neu beklebt worden.

Die freien Wandflächen zwischen den Fachwerkverkleidungen sind nach gründlichem Abkleben der Holzteile, mit Folie und Kreppklebeband, mit eierschalenfarbigem Kunststoffputz überzogen worden.

Die Deckenfläche im Bereich der beleuchteten Balkendecke wurde mit Rauhfaser, Superkorn, tapeziert und weiß gestrichen. Vor dem Streichen wurden ebenfalls alle Holzteile sauber abgedeckt.

Zur Einrichtung des Raumes sind Möbel, die der Gesamtkonzeption entsprechen, gekauft worden. Dabei wurde auf die Polsterung, mit einem bunt durchgemusterten Gobelin, besonders Wert gelegt. Die Oberflächen der Einbauteile, Fichte sandgestrahlt, sind mit Maserolbeize in zwei Arbeitsgängen, Vor- und Nachbeizen, behandelt worden. Anschließend, als dritten Arbeitsgang, wurde die Oberfläche ausgebürstet. Diese Beize bringt bei sandgestrahlten Hölzern eine besonders rustikale Oberfläche heraus.

Die Fensterfront mit der Balkontür wurde nur mit einem rustikalen Tüll dekoriert. Auf Dekoschals und Übergardinen wurde bewußt verzichtet. Das einzige Fenster zur Straße hin ist als Blumenfenster genutzt. Es bringt durch das dezente Grün der Pflanzen noch eine Farbnuance mehr in den Raum. Das Grün der Pflanzen paßt gut zum Grün des Kachelofens.

Ein Raum zum Feiern

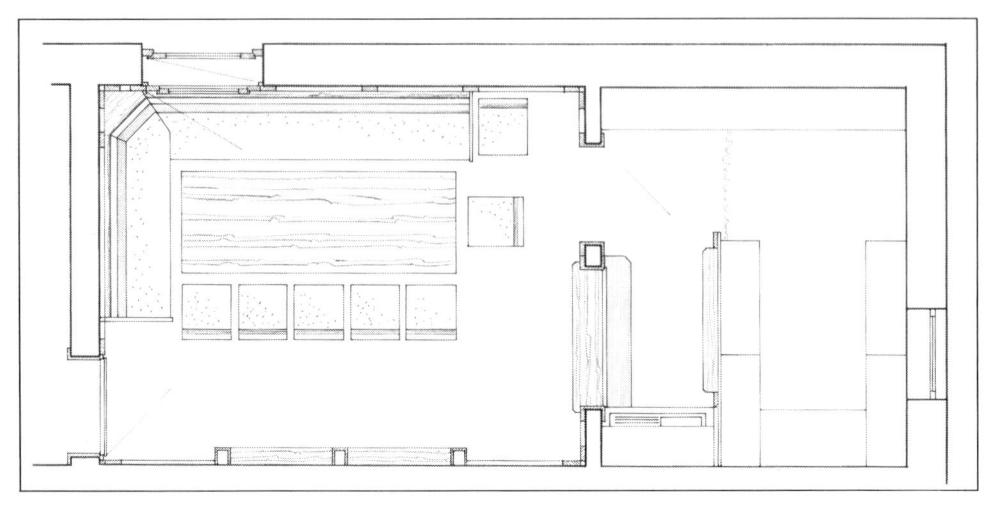

212 Grundriß für den Raum zum Feiern.

Der Wunsch, auch einmal mehr Personen außerhalb der eigentlichen Wohnung zu empfangen und unterzubringen, war der grundlegende Gedanke für die Einrichtung dieses Raumes. Er befindet sich innerhalb der Wohnung und doch separat. Wie viele Gelegenheiten bieten sich im Laufe eines Jahres an, um einmal gemütlich zum Spiel oder Gespräch oder auch mal zum Feiern zusammenzukommen.

Ein vorhandener Kellerraum mit Abstellkammer bot sich dazu an. Die Bausubstanz blieb erhalten, lediglich in die vorhandene Zwischenwand wurde eine Durchreicheöffnung geschlagen und ein Sturz eingezogen. Die im Raum befindlichen Wasser- und Abflußleitungen und die zum Garten führende Außentür mit zu öffnendem Glaseinsatz sind belassen worden.

Bei der Gestaltung wurde berücksichtigt, daß der Raum auch als Partyraum genutzt werden kann. Eine Bar sollte vorhanden sein. Andererseits befand sich im hinteren Abstellraum ein gemauertes Weinflaschenregal, das auch erhalten bleiben sollte. Warum also die Zwischenwand herausreißen, wenn der Nebenraum weiter genutzt werden soll? So wurde die Bar als separates Einbauelement in den Nebenraum gestellt. Die Zwischenwand erhielt eine Durchreicheöffnung, und der Barraum wurde nach

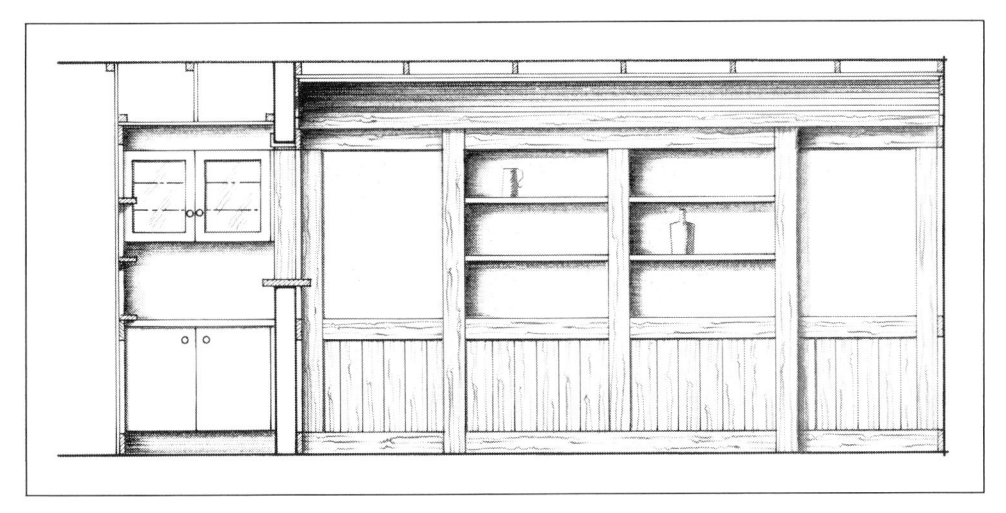

213 Wandaufbau der Innenwand mit Schnitt durch Trennwand und Bareinrichtung.

hinten mit einer Spanplatte abgeschottet. 12 bis 14 Personen sollten Platz finden. Mit einem großen Tisch und einer Eckbank wurde Platz für 14 bis 16 Personen geschaffen.
Die Decke ist der an der oberen Raumseite verlaufenden Wasserleitungsrohre wegen als Segmentbogendecke ausgeführt, an den langen Wänden auf Scheinbalken aufliegend. Die Segmentbogenfläche ist als Stulpschalung aufgebracht, durchgehend über die ganze Raumlänge.
Ein an der Innenwand verlaufendes senkrechtes Abflußrohr ist hinter einem Vorbau in der Fachwerkwandverkleidung verdeckt eingebaut. Gleichzeitig wurden in diesem vertieften Bereich Abstellmöglichkeiten geschaffen. Die Brüstung dieses Fachwerkaufbaues ist verbrettert. Damit sind die Neuanschlüsse, Wasser und Abwasser, für die Barspüle verdeckt und konnten überwiegend auf Putz verlegt werden.

Die Einrichtung der Bar, aus Spüle und Hängeschrank bestehend, sind vorhandene Küchenmöbel. Die Spüle erhielt eine neue Arbeitsplatte und einen Nirostaeinsatz. Die Türen des Hängeschrankes wurden mit Lichtausschnitten versehen und mit Ornamentglas, Rauten gelb, verglast. Die vorhandenen Holzfachböden sind durch Glasfachböden ausgetauscht. Die Rückwand der Baranlage besteht aus einer rohen Spanplatte, die zwi-

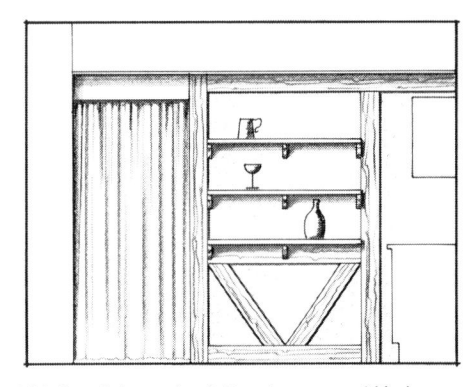

214 Barrückwand mit Durchgang und Vorhang.

schen Fußboden und Decke eingespannt und mit einer einfachen Fachwerkaufblendung aus Balkenschalen versehen wurde. Die Felder sind mit Rauhfaser tapeziert und gestrichen. Im oberen Teil sind für Flaschen noch einige Abstellböden auf kleinen Holzkonsolen montiert. Seitlich von dieser Rückwand bis zum Flaschenregal blieb ein Durchgang frei, der mit einem Vorhang als Einblickschleuse versehen wurde. Dieser Vorhang trennt das Flaschenregal im vorderen Bereich für bargerechte Aufbewahrung der Getränke und im hinteren Raum für allgemeine Flaschenlagerung. Der schmale Barraum hat als oberen Abschluß eine einfache, aus nordischen Profilbrettern gefertigte, hell angebeizte, abgehängte Decke.

Die Zwischenwand mit dem Durchbruch zur Bar und der vorhandenen Tür wurde ebenfalls raumseitig mit Fachwerkaufblendung aus Balkenschalen verkleidet und im unteren Brüstungsbereich mit Spaltklinkern ausgefacht.

Die Tür mit Türfutter ist mit Rotan-Brettern verkleidet und mit schmiedeeisernen Scheinbändern sowie einer schmiedeeisernen Drückergarnitur beschlagen. Die Durchgabeöffnung ist mit einer Resopalplatte in Schiefernachbildung und mit Resopal-Kantenumleimer abgedeckt. Das Mauerwerk darüber wurde mit Holz eingekleidet und an der Barseite mit einer Falzverkleidung für eine lose, herausnehmbare Einstellplatte, die mit einfachen Vorreibern gehalten wird, versehen. Ist »Ruhetag« an der Bar, wird die Platte eingesetzt, und eine Dekorations-

216 Blick auf die geschlossene Barwand.

215 Die Zwischenwand als Fachwerkverkleidung mit Bardurchreiche und Tür.

217 Der gleiche Blick mit herausgenommener Einstellplatte.

218 Wandabwicklung der Außenwand mit Eckbank und Fenstertür.

nische verbirgt den dahinterliegenden Arbeitsplatz. Bei Barbetrieb wird die Platte abgenommen, und es kann zum Umtrunk eingeladen werden.

Die anschließende Außenwand mit Tür zum Garten ist ebenfalls als Fachwerk verkleidet, die Brüstung ist verbrettert. Da kein weiteres Fenster im Raum ist, wurde die Außentür, die ein zu öffnendes Fenster besitzt, für Notfälle belassen. Zur Wärmedämmung und als Zusatzsicherung ist vom Tischler eine zusätzliche Tür gefertigt und in die Wandverkleidung flächenbündig eingebaut worden. Diese Tür ist mit einem Drehkippfenster ausgestattet. So erlaubt diese als Doppelfenster zu bezeichnende Konstruktion freies Be- oder Entlüften.

In dem Raum zwischen den Türen ist als Besonderheit eine indirekte Beleuchtung installiert. Die vor der Tür eingebaute Eckbank ist im Bandbereich der Tür teilbar, so daß sie weggezogen werden kann. Dadurch ist ein Öffnen der Tür von innen möglich geworden.

An der Eingangswand dominiert die vorhandene, jetzt verkleidete Tür mit schmiedeeisernen Scheinbändern und Drückergarnitur sowie der kurze Eckbankschenkel. Es ist an dieser Wand absichtlich viel freier Platz für Dekorationen belassen und zusätzlich noch ein Deko-Abstellbord montiert worden. Unter der Decke an den Schmalseiten des Raumes ist ein gebogener Scheinbalken an die Deckenkonstruktion montiert. Es

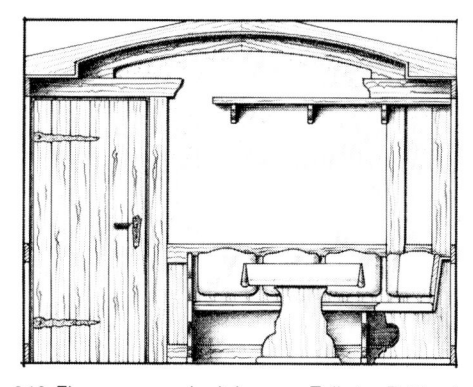

219 Eingangswand mit kurzem Teil der Eckbank.

220 Blick durch die Tiefe des Raumes auf die Eingangswand.

221 Die vorgezogene Fachwerkwand mit Dekorationen.

hat den Anschein, als läge dieser auf der Fachwerkkonstruktion auf.

Alle freien Wandflächen zwischen den Fachwerk- und Deckenkonstruktionen sind mit Edelputz verspachtelt und gestrichen.

Sind die Eckbank, der Tisch und die Stühle aus Eichenholz beziehungsweise Eiche furniert, rustikal gebeizt und lakkiert, so sind alle anderen Hölzer für Decken- und Wandflächen aus Fichte und nur mit Maserolbeize gebeizt und ausgebürstet.

Die Eckbank ist mit einzelnen Rückenpolstern, die in der Form den handelüblichen Stuhllehnen angepaßt sind, versehen. Die Sitzflächen sind durchgehend und nur mit Stoßfugen gepolstert und eingelegt. Als Polsterstoff wurde ein bunter Gobelin mit schwarzem Untergrund gewählt. Vorhänge waren nicht nötig, da keine Fenster vorhanden sind. Dafür wurde mit den Lampenschirmen Farbkontrast geschaffen. Hierfür wurde ein heller Stoff mit rustikalem Webcharakter gewählt, den man mit Bordüren besetzte; als Aufhängung diente Naturstrick. Dieser helle Stoff schirmt das Licht nicht ab, sondern strahlt es matt in den Raum ab. Außer den Pendellampen spenden zusätzliche, in den Deckenauflagebalken eingebaute Strahler Licht.

Die Dekoration bringt durch viele Formen und Farben und durch Abwechslung in den Einzelheiten Leben und Stimmung in den Raum. Verzichten Sie nie auf die dekorative Abwechslung.

Als Material wurde eines mit gebeizter, sandgestrahlter Oberfläche verwendet. Für den Deckenaufbau ist die Unterkonstruktion aus starken Massivbrettern geschnitten und nach der Wand- und Deckenbefestigung zusätzlich mit Lochbandeisen aufgehängt. Die Balkenkonstruktion und die Stulpschalung sind aus Rotan-Brettern aufgebaut. Lediglich die an

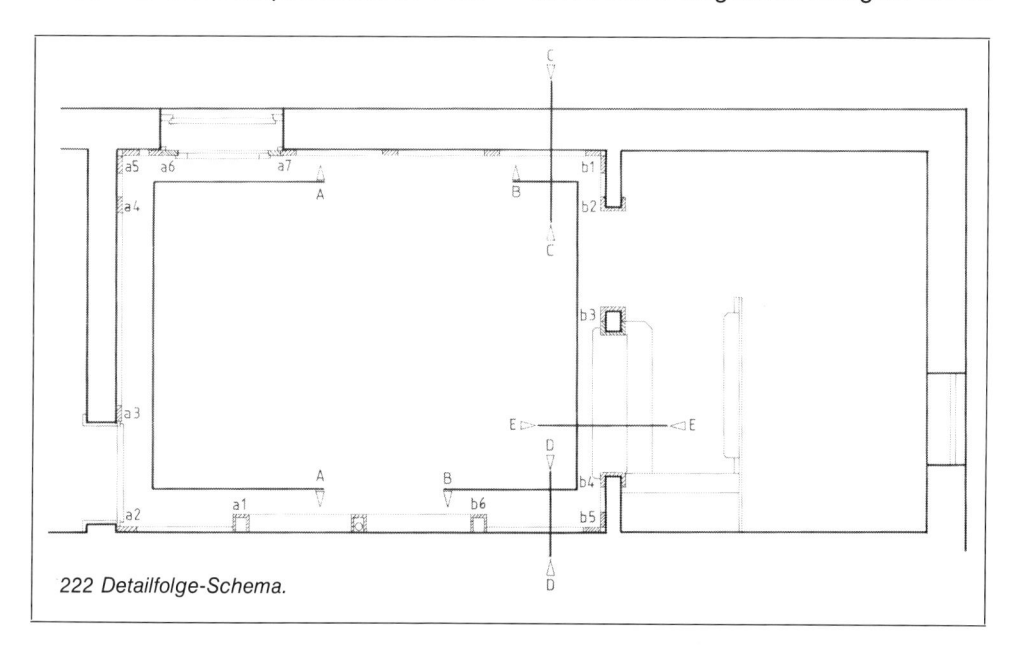

222 Detailfolge-Schema.

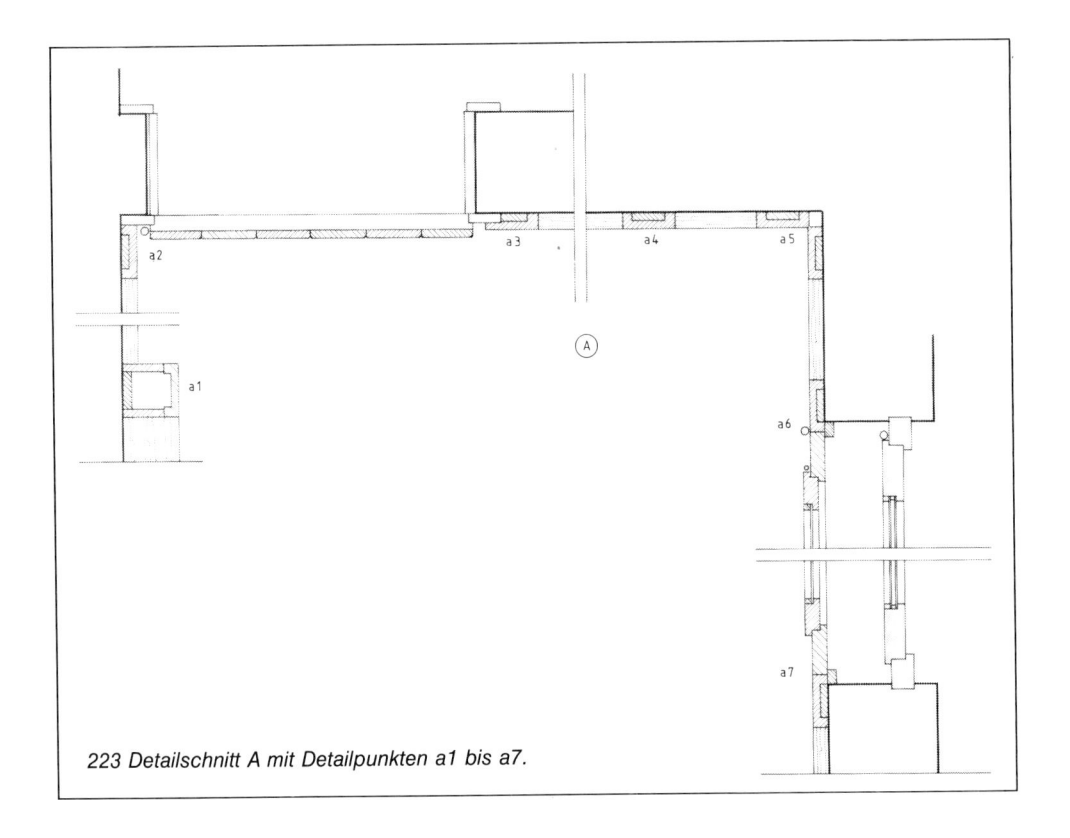

223 Detailschnitt A mit Detailpunkten a1 bis a7.

den Decken angepaßten Segmentbogenbalken sind aus Bohlen geschnitten und oberflächennachbehandelt.

Die Konstruktion ist auch in diesem Fall wieder abhängig von den gewählten Materialien beziehungsweise deren Herstellern. Auch hier wurden zweierlei Fabrikate verwendet, deren technische Verarbeitung in den Details ersichtlich werden. Die Detailpunkte entnehmen Sie bitte dem Detailschema. Der Wandaufbau beginnt mit Schnitt A.

Die im Fachwerkaufbau vorgezogenen Balken a1 sind frontseitig aus Mafi-Vollholzbalkenschalen mit seitlich auf die Tiefe zugeschnittenen und angeleimten Rotan-Brettern aufgebaut. Sie werden an den glatten Wänden mit Unterfriesen montiert.

Im Eckanschluß zur Tür a2 stößt eine Vollholzbalkenschale direkt auf die Falzverkleidung der Tür an. Bei Nachahmung ist zu beachten, daß der Drehbereich der Türbänder genug Platz behält und die Türaufdoppelung nicht in den verkleideten Falz einklemmt. Das vorhandene Türblatt wurde mit Rotan-Brettern aufgedoppelt und die sichtbar bleibende Falzverkleidung dunkelbraun gestrichen.

Im Anschlußpunkt a3 ist die Balkenschale um die Stärke der Falzverkleidung

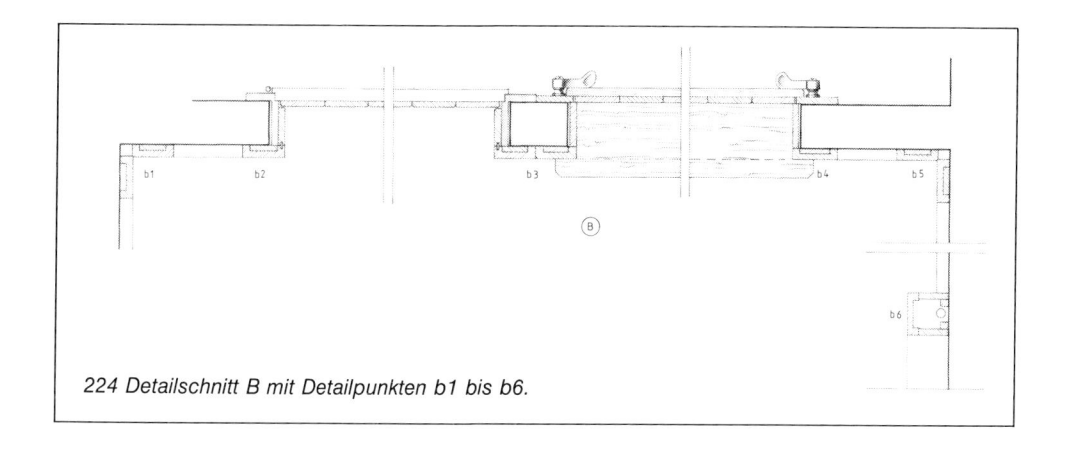

224 Detailschnitt B mit Detailpunkten b1 bis b6.

ausgefälzt und mit einem schmaler geschnittenen Unterfries montiert.
Die Fachwerkaufblendungen a4 bis a7 aus Vollholzbalkenschalen sind mit Unterfriesen normal montiert, wobei die Abfasung in der Ecke a5 bei der Montage berücksichtigt worden ist. Zwischen den Balken a6 und a7 ist die vom Tischler gelieferte Tür mit Drehkippfenster flächenbündig in die Fachwerkaufblendung eingebaut. Dieser flächenbündige Einbau war erforderlich, weil der lange Schenkel der Eckbank über die Tür hinweg glatt an der Wand anliegen mußte, da dieses Bankteil, wie schon beschrieben, zum Wegrücken gedacht ist.
Die beiden Balkenschalen a6 und a7 beziehungsweise deren Montagebretter sind durch mehrfaches Andübeln, insbesondere im Bänder- und Schließblechbereich, zusätzlich abgesichert. Schließlich hängt das gesamte Türgewicht an diesen Balkenschalen, und die Tür wird dazu noch bewegt. Die Balkenschalen wurden auf die Unterkonstruktion aufgeleimt, verschraubt und mit Flachbandeisen an der Mauerlaibung, unter Putz gegen Verkanten, nochmals abgesichert. Das gleiche auch im Schließblechbereich, um hier eine gewisse Einbruchsicherheit zu gewährleisten. Diese Befestigung der Balkeneinfassungen war Sache des Tischlers, damit er seine Tür sauber und fluchtgerecht und mit Garantieleistung abgeben konnte.
Bei den vorhandenen Türen b2 und b3 wurde die Zierverkleidung abgenommen und dafür eine Balkenschale aufgesetzt. Türfutter und Türblatt haben eine Aufdoppelung aus Rotan-Brettern erhalten. Schmiedeeiserne Langbänder und die schmiedeeiserne Drückergarnitur dienen als Dekoration.
Die Verkleidung der Bardurchreiche b3 und b4 ist zum Raum hin in die Fachwerkaufblendung aus Vollholzbalkenschalen einbezogen. Das Futter und die Falzverkleidung sind aus Rotan-Brettern, die auf Breite geschnitten und an die Balkenschalen angeleimt wurden. Die Einstellplatte aus Rotan-Brettern ist von der Barseite mit Querleisten verschraubt und hat als Halterung vier auf die Falzverkleidung geschraubte Fenstervorrei-

133

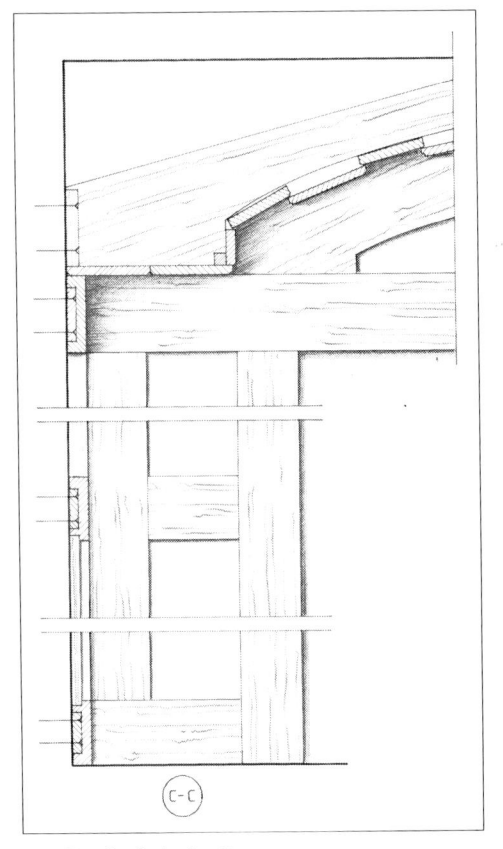

225 Detailschnitt C - C.

226 Detailschnitt D - D.

ber. Alle Kanten der Einstellplatte sind sauber abgekantet und geschliffen.
Der vorgezogene Fachwerkbalken b6 im Bereich des senkrecht aufgehenden Abwasserrohres an der Wand ist anstelle des Unterfrieses mit zwei Leisten montiert.
Im Höhenschnitt C - C sind die Stulpschalung der Decke und die Konstruktion des Deckenansatzbalkens deutlich sichtbar. Über die aus der Unterkonstruktion herausgeschnittenen Balkenschablone sind die Rotan-Bretter aufgeschraubt.

Somit ist eine sonst übliche Unterkonstruktion entfallen. Die Stulpschalung kann vor der Montage des Balkens, aber auch danach angebracht werden. Zu beachten ist nur, daß die Bretter des Balkens die Ansetzfuge der Deckenverkleidung voll abdecken. Der Wandaufbau aus Vollholzbalken ist in der Brüstung mit Rotan-Brettern verschalt. Dazu sind die aufrechten Balkenschalen im Bereich der Brüstung und die querlaufenden Balkenschalen auf die ganze Länge ausgefälzt und die Bretter lose mit Nut und Feder eingestellt.

Die Brüstung der vorgezogenen Fachwerkkonstruktion D - D ist ebenfalls verbrettert wie C - C, jedoch ist hier wegen des Vorsprungs eine Unterkonstruktion erforderlich. Mit an den aufrechten Balken geschraubten Leisten wird eine Spanplattenrückwand zwischen die Balken eingepaßt und festgeschraubt. Hierauf wird der gefälzte Sockel- und Brüstungsbalken zusammen mit der eingelegten Verschalung aufgeschraubt. Als Abschluß des Brüstungsbalkens ist auf die Oberkante der Spanplatte ein Rotan-Brett eingepaßt und auf seitlich befestigten Klötzen geleimt und verschraubt. Zu empfehlen ist, bei längeren Abständen an der Wand eine zusätzliche Auflageleiste anzudübeln, damit sich dieses Brett im Laufe der Zeit nicht durchbiegen kann.

Der Aufbau im Bereich der Bardurchreiche mit Einstellplatte ist im Schnitt E - E zu erkennen. Die Barplatte ist mit der seitlichen Mauereinfassung aus Rotan-Brettern von unten verschraubt und als Einheit in die Maueröffnung eingesetzt. Nach dem Einpassen der Balkenschalen, die im Abstand der lichten Futteröffnung gesetzt wurden, ist das Futter hieran angeleimt und die Platte mit Baukleber auf die Brüstung geklebt. Auf der Barseite ist anschließend die Falzverkleidung auf das Futter aufgeleimt und nach Leimaustrocknung direkt mit Messinglinsenkopfschrauben auf das Mauerwerk gedübelt. In den dreiseitig umlaufenden

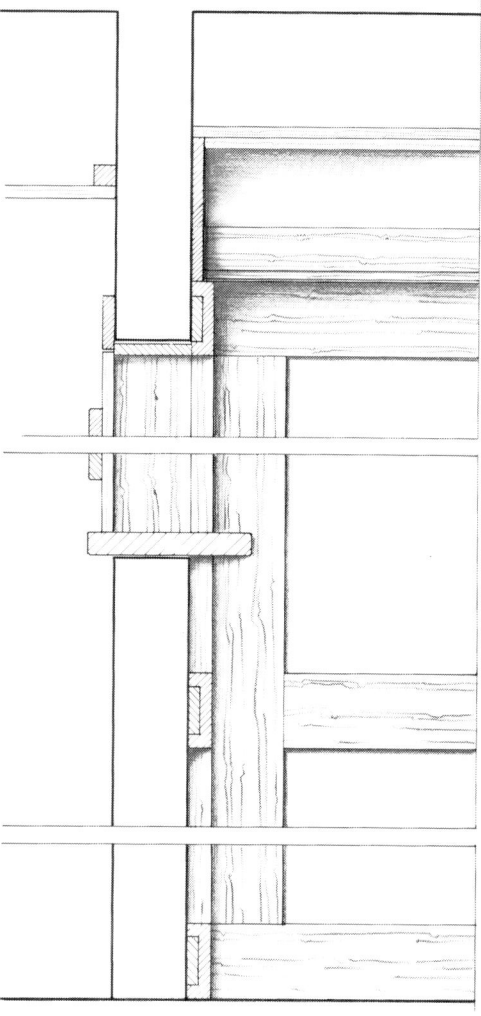

227 Detailschnitt E - E.

Falz ist die Einstellplatte eingepaßt. Die Eckbank ist, wie schon erwähnt, wegen der Türlage geteilt, Bild 212. Die Trennfuge ist so gelegt, daß die Bankkonstruktion dadurch nicht schwieriger wird und die Türen, Innen- und Außentür, noch weit genug aufgehen.

Vom Ende der Bank bis zur Wand ist soviel Platz gelassen, daß bei weggezogener Bank die Türöffnung frei zugänglich ist. Die Trennfuge ist unter dem Sitz mit zwei einfachen Sturmhaken zusammengehalten. Die Bank ist nach den Konstruktionen, wie unter »Sitzbänke« beschrieben, aufgebaut. An den Außenendungen der Bank sind ganze profilierte Abschlußwangen angesetzt. Die Sitzfläche ist aus Spanplatten mit angeleimter Frontkante und aufgelegten Polsterplatten, durchgehend mit Stoßfugen. Da die Rückenlehne mit Einzelpolstern ausgestattet ist, wurde die Rückenlehnenfläche aus furnierten Spanplatten gefertigt.

Der Tisch für die Eckbank ist mit 250 x 90 cm entsprechend der unterzubringenden Personenzahl nicht zu groß. Die Platte, 40 mm stark, ist mit 3 mm starkem Eichenfurnier beschichtet und handgeschruppt. Das Untergestell, bestehend aus zwei geraden Tischwangen und einer Verbindungszarge, hat eine zusätzliche Querverbindung als Stabilisierung mit Keilverschluß erhalten.

Damit der Mann hinter der Theke auch genug Arbeitsfläche zum Mixen und Zubereiten hat, ist in Tisch- beziehungsweise Spülenhöhe noch eine kunststoffbeschichtete und mit Kunststoffumleimer versehene Arbeitsplatte auf Stahlkonsolen an die Wand geschraubt. Sie ist nicht sehr breit, bietet aber genug Platz, um Flaschen und Gläser abstellen zu können.

Der Fußboden wurde mit Keramikplatten im Farbton Beige mit brauner Einsprenkelung neu ausgelegt. Da in diesem Keller ein glatter und ebener Estrich vorhanden war, sind die Platten nur mit Fliesenkleber aufgeklebt und verfugt worden.

Heizkörper waren in diesen Räumen nicht vorhanden. Aufgrund der technischen Schwierigkeiten und der damit verbundenen Mehrkosten wurde auf eine Neuinstallation verzichtet, zumal der große Raum verhältnismäßig gut temperiert ist und eine ständige Benutzung von vornherein ausgeschlossen war. So wurde die Heizungsfrage mit kleinen elektrischen Warmluftgeräten gelöst. Unterhalb der Sitzfläche des kurzen Bankschenkels ist ein Gerät an die Wand montiert, und ein weiteres Gerät wurde unter dem langen Bankschenkel lose auf den Boden gestellt. Diese Lösung hat sich in der Praxis gut bewährt.

Sollten Sie diese Heizlösung für Ihre eigene Gestaltung ins Auge fassen, so beachten Sie, daß hierfür einige zusätzliche Steckdosen mehr notwendig sind und die nach Möglichkeit über getrennte Stromkrreise Anschluß bekommen sollten.

Im Zusammenhang mit der Elektroinstallation sei noch zu bemerken, daß bei diesem Innenausbau die Lampen getrennt zu schalten und mit Dimmer ausgestattet sind. So kann entsprechend der Benutzung des Raumes die Beleuchtung geschaltet und geregelt und für die jeweilige Stimmung das richtige Licht geschaffen werden.

Die Wohnung

Der Bau eines Hauses stützt sich auf die in der Planung verwirklichte Vorstellung. Der äußere Stil ist gewissermaßen auch mitbeeinflussend auf die Innengestaltung des Bauwerkes. Im hier gezeigten Beispiel wurde das Haus dem Stil eines Landhauses angepaßt.
Noch ehe der Grundstein gelegt wurde, hat der Bauherr seine Gedanken für die Innenausstattung kundgetan. Sie sollte unbedingt rustikal ausfallen. So wurde im Gespräch und mittels skizzierter Vorschläge eine dem Bauplan entsprechende Lösung gesucht und gefunden.
Schon beim ersten Gedankenaustausch erklärte der Bauherr, daß er Fertigung und Einbau der rustikalen Innenausbauarbeiten soweit wie möglich selbst ausführen wolle. Deshalb wurde schon bei der Planung der Inneneinrichtung berücksichtigt, daß nichts Kompliziertes oder für den Selbermacher Durchführbares an Konstruktionen einzubauen ist.
Es konnte aber nun nicht auf alle Bauteile, die konstruktiv oder aus gestalterischen Gründen erforderlich waren, verzichtet werden, so daß für einige Arbeiten doch noch Fachleute herangezogen werden mußten.
Das »Muster«-Haus liegt am Hang und ist mit etwa 15° im Grundriß abgewinkelt. Die Straße liegt höher als der Hauseingang. Nach hinten, zum Wohnraum hin, fällt das Gelände stark ab. Das hat den Bauherrn und seinen Architekten veranlaßt, versetzte Ebenen zu schaffen. Das Wohnzimmer, obwohl unterkellert, befindet sich eine halbe Geschoßhöhe tiefer als die Eßdiele und ein paar Nebenräume, und es hat eine Gesamthöhe bis unter die Dachsparren. In normaler Geschoßhöhe von 250 cm ist ein fast umlaufendes Galeriepodest mit 120 beziehungsweise 150 cm Breite als Betonplatte eingezogen. Die Dachsparren mit maschinengeschruppter Oberfläche sind sichtbar geblieben, nach oben wurden sie mit gehobelten Profilbrettern abgedeckt.
Die eingezogene Mittelpfette, als statisch erforderliches und tragendes Element für das Dach, ist ein gehobelter Leimbinder mit 50 cm Höhe, dessen Oberfläche ebenfalls geschruppt ist. Die im First eingesetzten Zangen sind nach unten geschlossen verbrettert und, in der Höhe voll sichtbar, nach oben begehbar abgedeckt.
Zur Hangseite hin hat das Wohnzimmer zwei große Schiebefenster und seitlich, zum abgewinkelten Hausversatz hin, ein normales Fenster mit Brüstung. Dieses ist oberhalb der Galerie bis zur Dachschräge weitergeführt.
Auf der Galerie, im Bereich des Hausversatzes, ist ein Erker in die Dachkonstruktion eingebaut worden, und die Dachschrägen des Erkers wurden in die Gesamtkonzeption des Daches miteinbezogen.

228 Der Erker auf der Galerie im Rohzustand.

229 Blick vom Wohnzimmer in die Eßdiele.

An der seitlichen Außenwand ist eine Anordnung von vier kleinen Fenstern mit einer Brüstungshöhe von etwa 150 cm vorhanden. Über der Galerie ist eines dieser Fenster neu angesetzt und bis fast unter die Zangen weitergeführt. Zwischen den zwei Schiebefenstern ist der Schornstein für den offenen Kamin eingezogen.

Die vom Wohnzimmer durch eine halbe Treppenhöhe aus erreichbare Eingangshalle oder Eßdiele, 15° vom Wohnzimmer abgewinkelt, schließt den Durchgangsflur zu den Nebenräumen, die Tür zum Hauseingang, die Küchentür, einen Kachelofen und die Treppenanlage mit ein. Der Raum ist in zwei Ecken rechtwinklig und läuft zur anderen Seite in die Treppenöffnung und in den Durchgangsflur zu den Nebenräumen ein.

Dieser gesamte Wohnbereich, vom Wohnzimmer über die Eßdiele zum Eingang einschließlich Küche, sollte rustikal eingerichtet werden. Für diese Einrichtung und auch für die Verkleidung der Außenfassade mit Fachwerkaufblendung hatte der Bauherr eine alte, zum Abbruch vorgesehene Scheune gekauft. Der Scheunenabbruch, bestehend aus Balken verschiedener Stärken, Brettern und Bohlen, stellte das Grundmaterial für die Inneneinrichtung und der Außenfassadenverkleidung dar.

Nach mehreren Gesprächen und Überle-

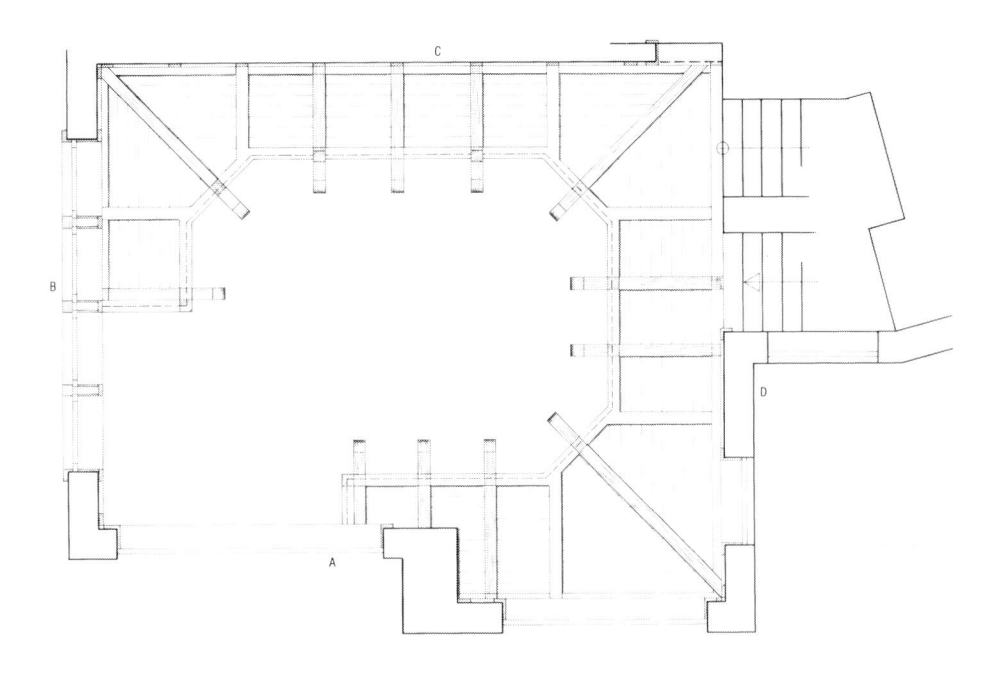

230 Grundrißzeichnung zum Wohnzimmer.

gungen hat die Planung dazu geführt, daß auch alle Innenwände als Fachwerk verkleidet werden. Im Wohnzimmer, unter der Galerie im Schornsteinbereich, wird ein dreiseitig offener Kamin aufgestellt. Die Galerie wird an der Frontkante mit breiten Balken eingefaßt und von unten mit kopfprofilierten Balken versehen. In die Felder zwischen diesen Balken werden alte Scheunenbretter eingepaßt. Die in die Decke eingebauten Strahler sind, da die Deckenkonstruktion die Einbauhöhe der Strahler nicht aufnehmen konnte, mit gedrechselten Holzringen eingefaßt.

Die Galerie, im Bereich der Innenwandfläche, ist mit zwei Schein-Hängebalken von der Decke beziehungsweise von den Zangen optisch abgehängt. Der Hängebalken sitzt auf der Galerie auf, durchdringt scheinbar den unter der Galeriedecke sitzenden Balkenkopf und hat als unteren Abschluß einen Zierkopf. Am Kopfende des Hängebalkens sind doppelte Knaggenverstrebungen zu dem unter den Zangen montierten Auffangbalken angesetzt. Die Konstruktion macht die Galerie noch wuchtiger als sie ohnehin schon ist. Außerdem ist für einen späteren Schrankeinbau vorgesehen, daß ein zusätzlicher Verstrebungsbalken, in gebogener Form, den Zierkopf abstützt.

Das Geländer für die Galeriebrüstung wird, wie auch das für die Treppe, aus gedrechselten Sprossen mit den dazu-

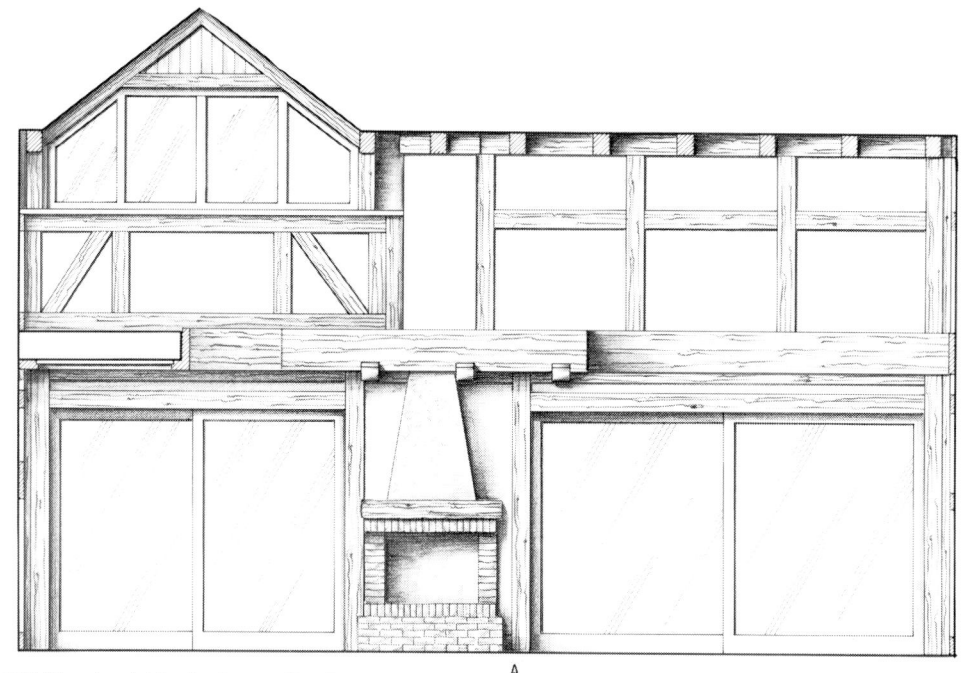

231 Wandansicht mit offenem Kamin.

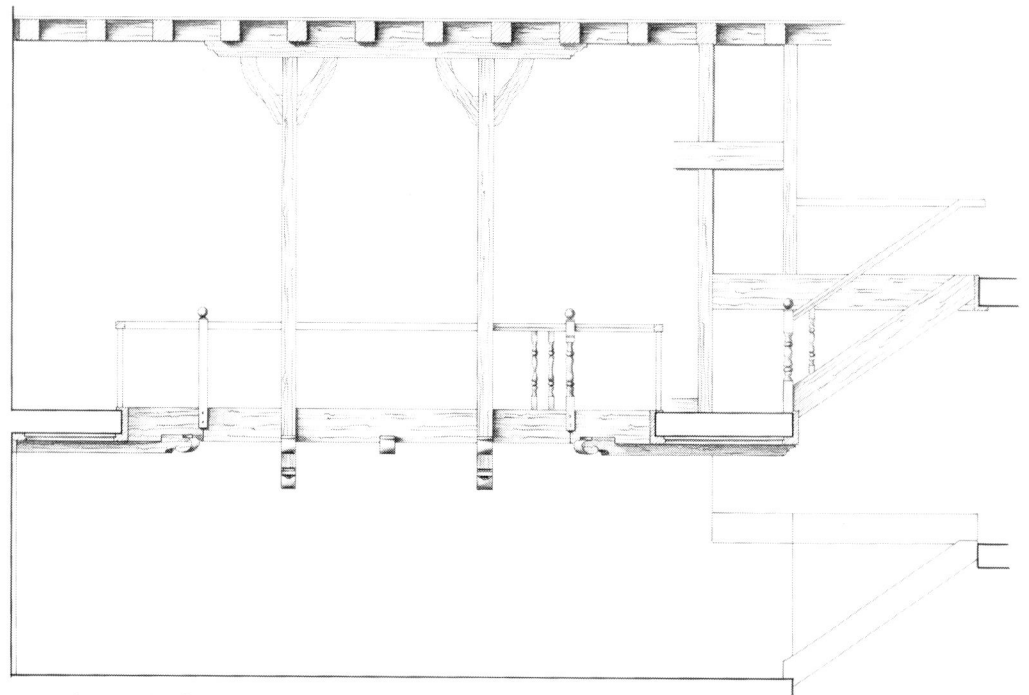

232 Ansicht der Galerie an Wand C mit Hängebalken von der Decke.

233 Grundrißzeichnung zur Eßdiele.

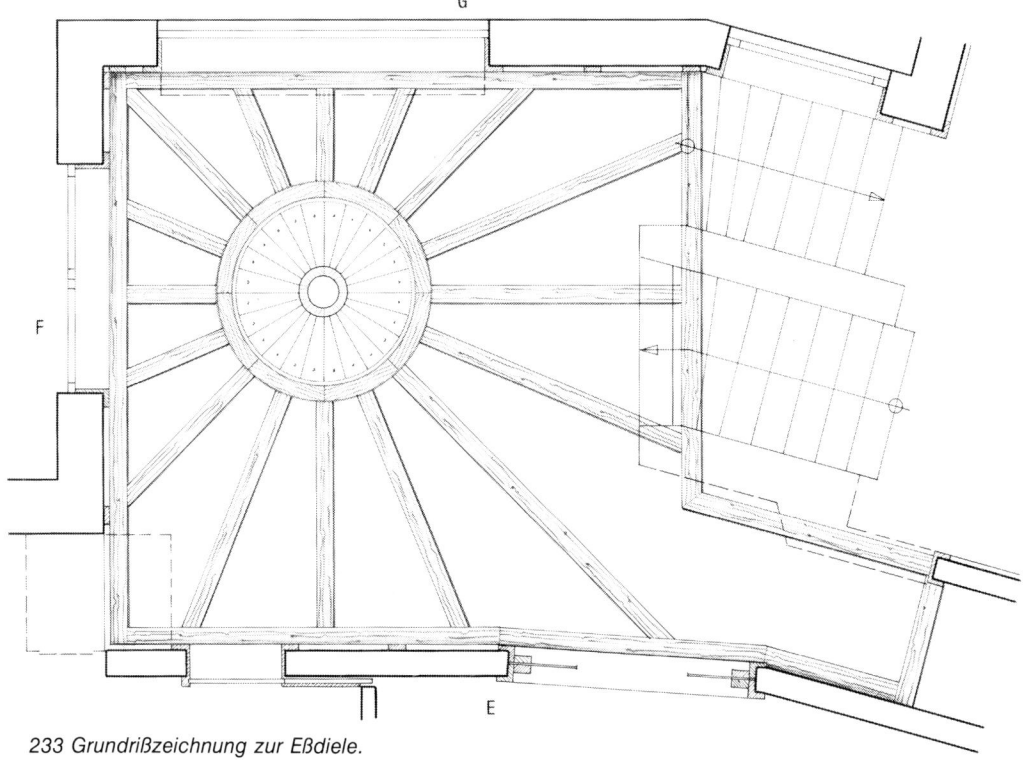

passenden Handläufen und Eckpfosten, gefertigt.
In der Eingangshalle ist aufgrund der verschiedenen Eckverhältnisse eine strahlenförmig verlaufende Balkendecke mit verputzten Feldern und einem Rundteil über dem Eßtisch eingebaut. Dieses Rundteil ist aus keilig geschnittenen Scheunenbrettern mit umlaufender Schattennut und abgefasten Kanten ausgelegt und im Mittelpunkt mit einer doppelten Holzrosette abgedeckt. Letztere ist gleich der Aufhängepunkt für die Pendellampe. Die strahlenförmig verlaufenden Balken stoßen an den Wänden auf den Decken-Wandbalken an. Im Bereich der abgewinkelten Treppenöffnung laufen die Balken auf die kanteneinfassende Verkleidung an.
Der Kücheneingang, als Schiebetür gebaut, ist in das Fachwerk miteinbezogen und als Wandfläche betont, indem die Tür ebenfalls mit Scheunenbrettern verkleidet wurde.
Die Windfangtür zur Garderobe und zum Hauseingang sollte eine Ganzglastür sein. Um hier die rustikale Gestaltung nicht zu verlassen und die Wandgestaltung nicht aufzureißen, wurde diese Tür besonders beachtet. Wenn die Decke schon mit einem runden Deckenteil verziert ist, warum sollte das Runde in der Tür nicht wiederholt werden? So wurde auf die einflüglige, parsolfarbige Ganz-

234 Wandansicht mit Ganzglaseingangstür und Schiebetür zur Küche.

glastür mit Bodentürschließer und seitlicher fester Verglasung einschließlich der Oberlichtscheibe beiderseits ein Rundbogen mit geschweiften, 6 cm starken Eckstreben aufgebracht. Die Bogenteile sind durch Löcher im Glas, die bei der Bestellung genau angegeben werden mußten, festgeschraubt. Die Rundbogenbalken sind entsprechend der gewählten Form aus aufgetrennten Scheunenbalken ausgeschnitten. Die Verschraubungslöcher wurden nach der Montage mit Zierkopfdübel ausgeleimt. Die Fachwerkaufblendung im Wohnzimmer ist in strenger Linienführung und

235 Strahlenförmig aufgebaute Balkendecke in der Eßdiele mit Deckenrundteil (während der Bauzeit).

236 Die Eingangstür mit aufgedoppelten Rundbogen.

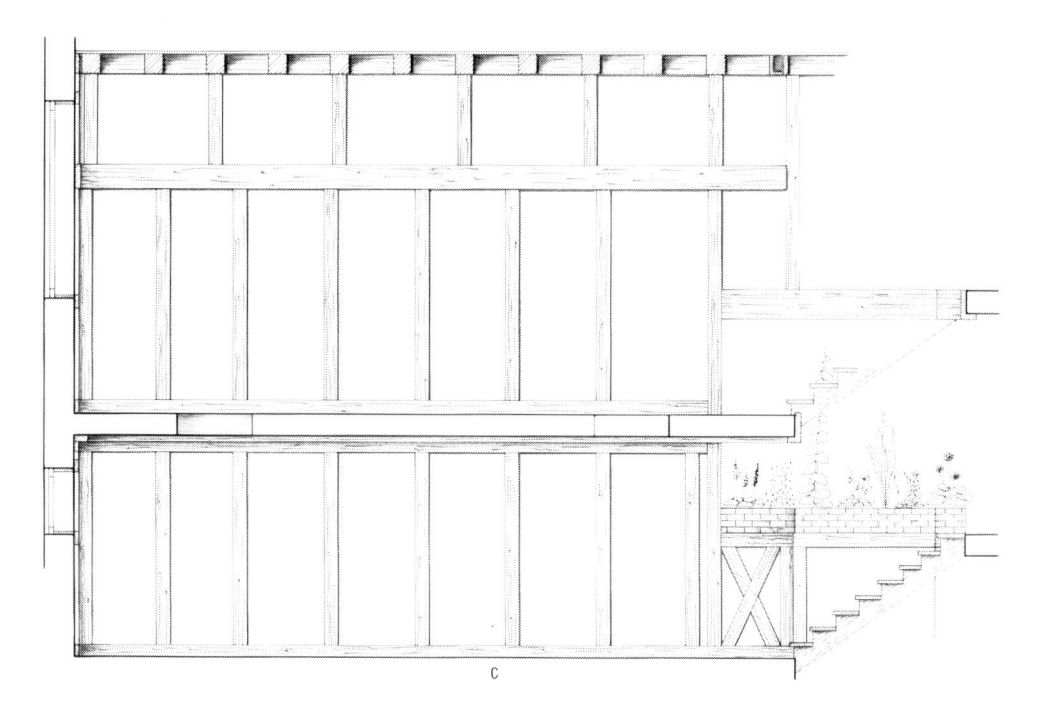

237 Wandansicht C mit Fachwerkaufblendung in strenger Aufteilung.

trotz der Gesamthöhe des Raumes im Innenwandbereich in senkrechter, aufwärtsstreckender Formation angeordnet. Man konnte hier ohne Bedenken diese Lösung anwenden, da die Galerie mit ihrer Brüstung und der hohen Frontbalkenkante die aufrechte Linienführung sehr stark unterbricht. Zudem wird vermutlich zu einem späteren Zeitpunkt die Wandfläche der Galerie mit Regalen oder Bordbrettern für die Bibliothek ausgestattet werden. Auch wird die Aufrechte durch den von der Mittelpfette ausgehenden, doppeltbreiten, quer zum Raum verlaufenden Balken gemildert. Ebenso wie dieser Balken wurde die Deckenkanteneinfassung im Bereich der Treppe als breiter Balken auf die Wandverkleidung weitergeführt. Außerdem bringen die fenstereinfassenden Balken bei den kleinen Fenstern unterhalb der Galerie mehr als genug Querteilung in den Raum.

Außerdem sind noch zwei schräge Streben in der Erkerbrüstung und eine Kreuzverstrebung an der Wand unterhalb des gemauerten Blumenkastens am Treppenabgang zum Flur vorhanden, die Bewegung in die strenge Linienführung bringen.

In der Eingangshalle ist mit der Wandverkleidung ähnlich verfahren worden. Der obere Wandbalken ist hier entfallen und die Wandverkleidung sitzt direkt unter dem Deckenbalken. Dies war wegen der Form und der Konstruktion für die Ganzglastür notwendig geworden.

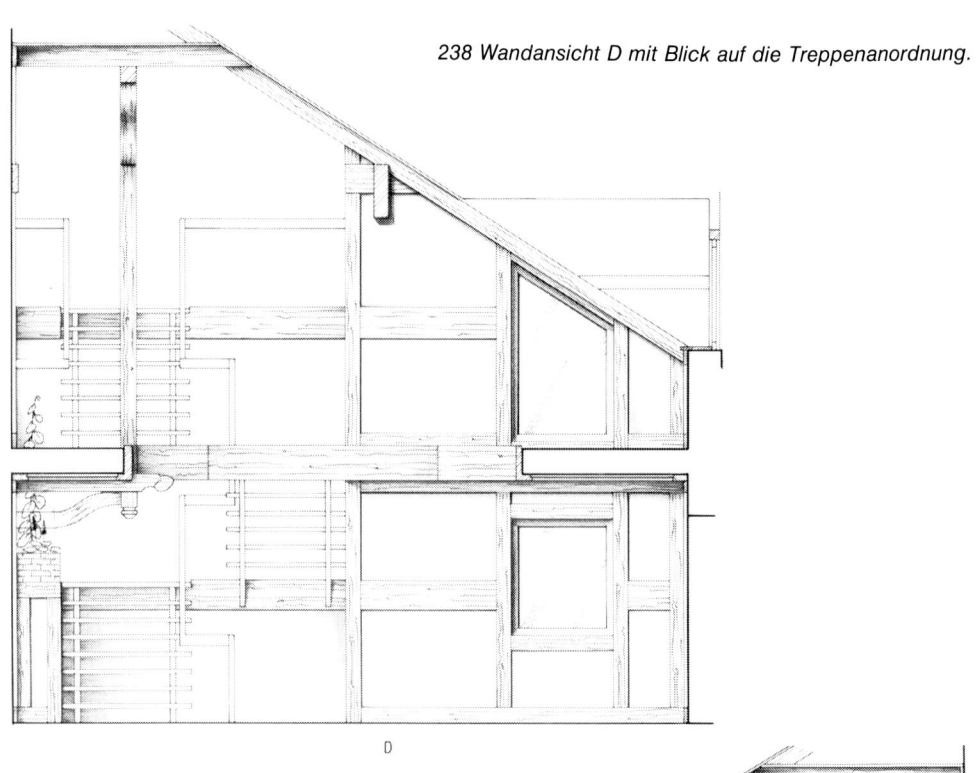

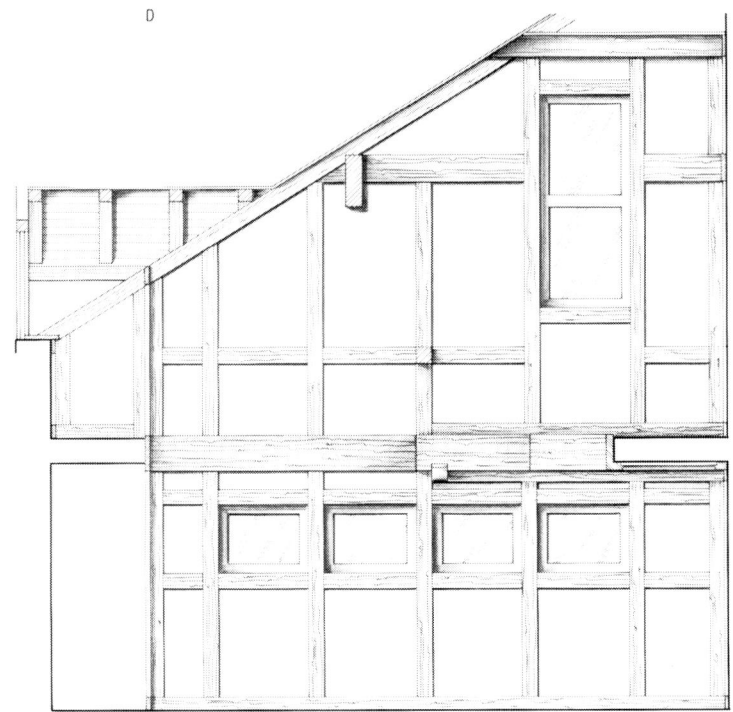

238 Wandansicht D mit Blick auf die Treppenanordnung.

D

239 Wandansicht B mit der Fensterreihung.

B

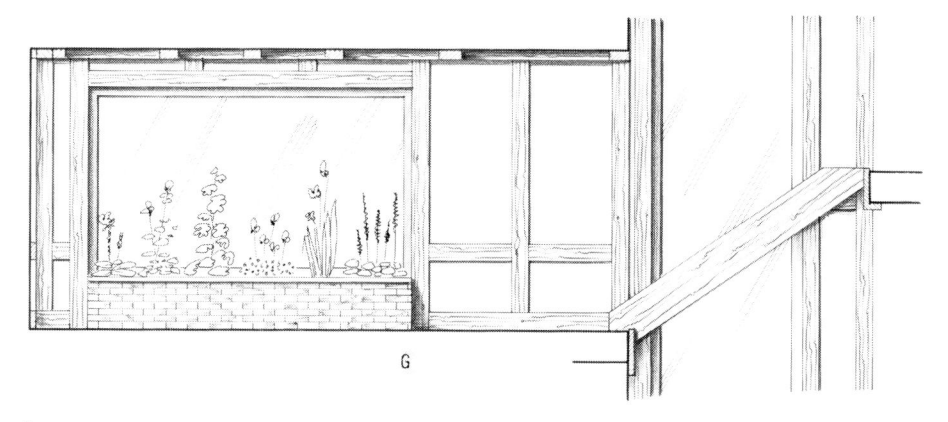

240 Wandansicht G, Eßdiele mit Blumenfenster.

Die Brüstung unter dem großen Fenster, etwa 40 cm hoch, ist als Blumenkasten in der gleichen Art wie neben der Treppe aus Klinkern aufgemauert. Die Ecke für den Kachelofen ist absichtlich ohne Verkleidung geblieben, damit der Kachelofen auch in Erscheinung treten kann.
Da in diesem Haus alle Räume mit Fußbodenheizung ausgestattet sind, brauchten Heizkörper nicht berücksichtigt zu werden. Der Kachelofen ist mehr oder weniger als Übergangsheizung oder als die besondere Heizung gedacht. Er wird von der Küche aus befeuert.
Die Küche mit gesondert angeordneter Sitzecke hat als Deckenverkleidung eine

241 Wandansicht F, Eßdiele mit Kachelofen.

einfache Balkendecke bekommen, die im Sitzbankbereich zwischen den Balken mit Brettern verkleidet worden ist. Die Feldflächen wurden verputzt und gestrichen.

Alle für den Innenausbau verwendeten Balken und Bretter stammen aus dem Scheunenabbruch. Das Material wurde zunächst sortiert, und der Schmutz mit einem Hochdruck-Heißwassergerät abgesprüht. Die benötigten Vierkantbalken für Stützen, Knaggen, Querbalken und die kopfprofilierten Balken unter der Galeriedecke wurden aussortiert und zugeschnitten. Die restlichen Balken hat ein Zimmereibetrieb gemäß der benötigten Stärke aufgetrennt. Außerdem hat man hier auch die Rundteile und die Profilköpfe der Balken anschneiden lassen.

Sämtliche Oberflächen der Hölzer wurden vor der Montage mit Imprägnierung eingelassen. Der Farbton mußte auf diese alten und vergilbten Oberflächen abgestimmt werden.

Auf eine Detaillierung der Wandabwicklung kann hier wohl verzichtet werden, da die Holzteile direkt auf die Wand gedübelt und mit Zierkopfdübel abgedeckt wurden. Trotz dieses großflächigen Ausbaues sind keine besonderen Detailpunkte aufgetreten.

Bei der Montage in den oberen Höhen des Raumes ließ sich mit einer Leiter nicht mehr viel unternehmen, deshalb mußte ein Gerüst aufgestellt werden. Der Bauherr fand in seinen zwei Jungen, die beide noch im schulpflichtigen Alter sind, eine tatkräftige Hilfe. Sie waren es, die in luftiger Höhe, die meisten Arbeiten erledigten. Vielleicht werden sie später auch einmal richtige selbständige Heimwerker.

Ein Schnitt durch den Galerieaufbau läßt die Konstruktion und den Gesamtaufbau erkennen. Schon beim Betonieren der Galerieplatte wurden für die Befestigung der Frontbalken Gewindestäbe, die etwa noch 10 cm über die Randeinschalung hinausragten, mit einbetoniert. Diese herausragenden Gewindestäbe wurden später auf die genaue Länge abgeschnitten und Frontbalken darübergesteckt. Das zum Einführen des Gewindestabes gebohrte Loch wurde etwa um ein Drittel der Stärke aufgebohrt, und der Balken mit einer Mutter festgeschraubt. Die aufgebohrten Löcher sind nach der Montage mit Dübel ausgeleimt worden.

242 Montagegerüst auf der Galerie für die Arbeiten im oberen Wandbereich.

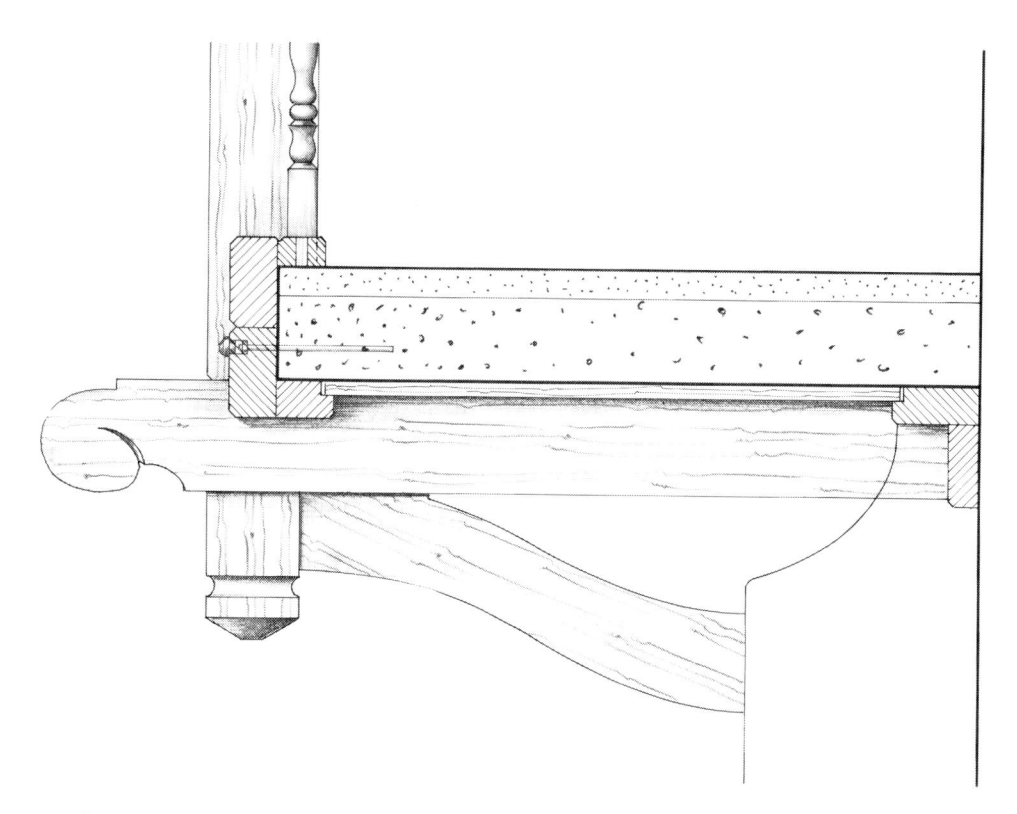

243 Schnitt durch den Galerieaufbau.

Gleichzeitig ist der über den Estrich hinausragende Frontbalken mit einer Sockelleiste versehen und auf die Betonplatte aufgedübelt, jedoch werden vor der Montage und nach dem Einpassen die Sockelleiste und der obere Handlauf für die Geländerstäbe gebohrt. Sockelleiste und Handlauf sollten in der Breite identisch sein. Man erspart sich doppeltes Einpassen, weil ein Teil als Schablone benutzt werden kann.

Für die Aufnahme der Verbretterung unter der Galerieplatte wurden die unteren Längsbalken vor der Montage gefälzt. Die Bretter selbst sind mit einer Nut und eingeschobenen Federn versehen und in die Falze der Längsbalken eingelegt. Der hier darunter sitzende kopfprofilierte Balken ist im Bereich der Längsbalken ausgeklinkt. Auf diese Konstruktion ist der Hängebalken aufgesetzt, und zwar so, daß er frontseitig auf dem Balkenkopf aufsitzt, sein eigentliches Gewicht aber auf der Betonplatte ruht. Unterhalb des Kopfbalkens ist zusätzlich noch ein profiliertes Balkenteil als Abschlußstück für den Hängebalken angedübelt. Eine gebogene Stützverstrebung sitzt direkt hinter diesem Abschlußstück und geht in geschwungener Form auf die noch einzubauende Schrankwand über.

Die Reihung der kleinen Fenster in der

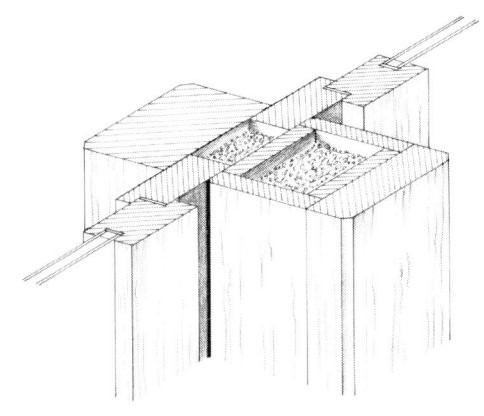

244 Anschluß der Fenster in Wand B zu den Fachwerkverkleidungen.

Außenwand ist baulicherseits nur von den aufgeblendeten Fachwerkbalken gehalten. Die inneren Fachwerkbalken sind fluchtgerecht mit den äußeren Balken zu setzen. Der Zwischenraum wird durch vorheriges Anschrauben von Abstandsbrettstücken und Ausstopfen mit Isolierwolle mit Brettern verkleidet. Ratsam ist es, wenn der Fensteranschluß mit Silikon verfugt wird.

Beim Anschluß an die Ganzglastür in der Halle ist, nach der vom Lieferanten durchgeführten Montage der Glaseinstell-U-Schiene, soweit aufzudoppeln,

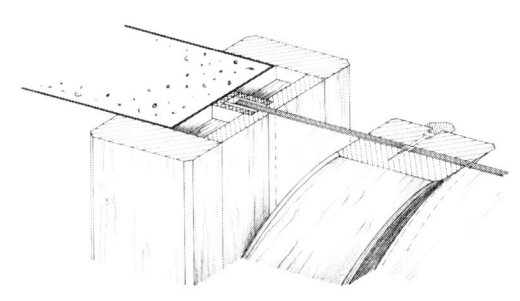

245 Einkleidung der Ganzglastür zum Mauerwerk und Verschraubung des doppelseitig aufgesetzten Rundbogens.

daß die U-Schiene voll verdeckt ist. Dann werden die Fachwerkbalken angepaßt und angedübelt. Der äußere und innere Rundbogenbalken mit 6 cm Stärke ist durch in die Glastür gebohrte Löcher festgeschraubt und das Schraubenloch mit einem Zierdübel ausgeleimt. Ebenso wird mit den profilierten Eckeinsätzen verfahren.

Voraussetzung für diese Arbeit ist, daß die Bohrlöcher nach einer zuvor gefertigten Schablone in die Türglasfläche genau eingemessen werden, damit die Glashütte danach arbeiten kann. Die Glasflächen sind aus Sekuritglas und müssen vor dem Härten der Scheibe im Werk gebohrt sein. Nachtägliches Bohren in Sekuritglas ist nicht möglich.

Die Deckenkonstruktionen sind schon am Anfang dieses Buches beschrieben worden. Ich möchte aber an dieser Stelle nochmals darauf zurückkommen, da die in der Eßdiele montierte Decke doch eine Besonderheit darstellt. Aus den breiten Scheunenbalken, die auf eine Stärke von 12 cm aufgetrennt wurden, sind die Einachtel-Segmentbögen herausgeschnitten. Zuvor wird der ganze Deckenaufbau auf einer Platte aufgerissen und von dem Einachtel-Segment aus einer Hartfaserplatte eine Schablone gefertigt. Nach dieser Schablone werden die Segmentbogenbalken mit einer Schweifsäge oder, wenn vorhanden, mit der Bandsäge ausgeschnitten. Die Schnittflächen der einzelnen Teile sind mit der Raspel nachzuglätten und mit dem Bürsteneinsatz auszubürsten. Die Sichtkanten, bei Stoßfugen auch seitlich, sind mit einer in der Bohrmaschine eingesetzten Fräserkombination abgefast, anschließend

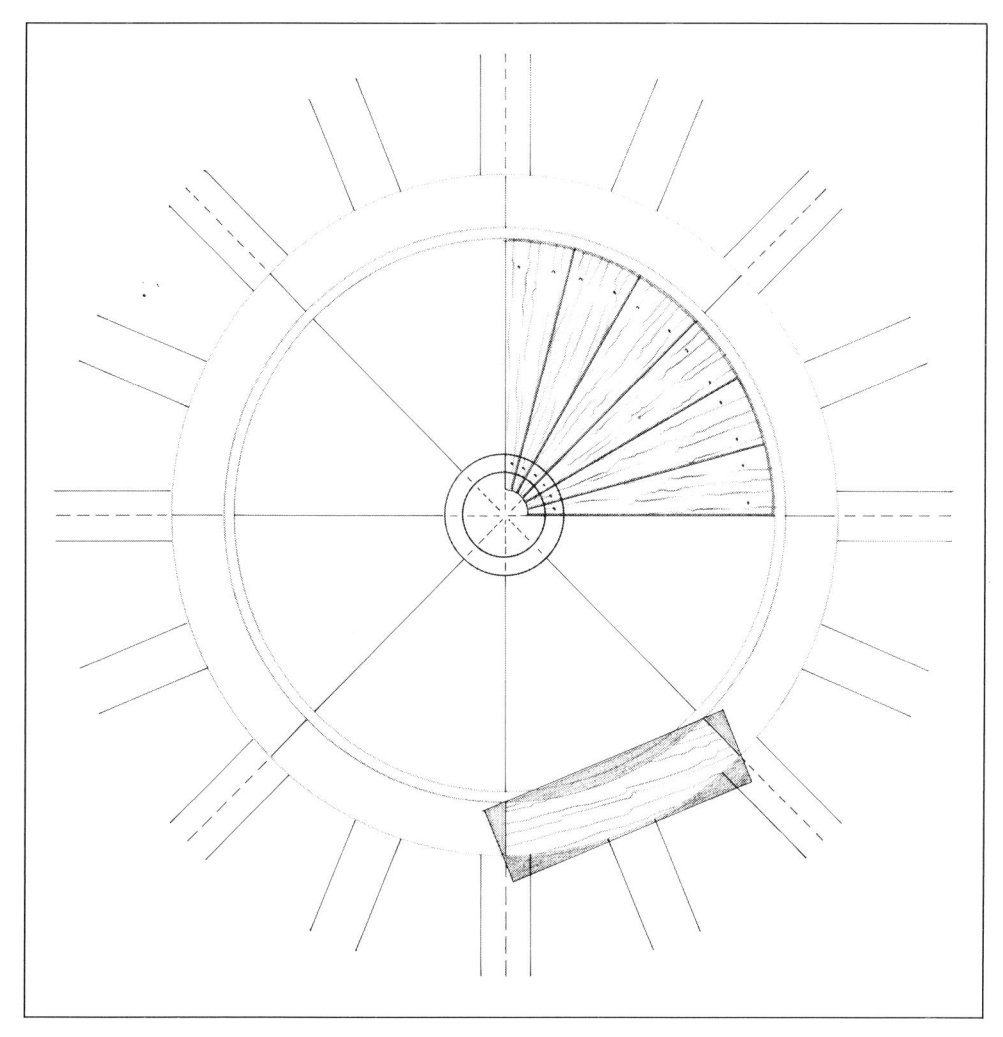

246 Deckenrundteil in der zeichnerischen Darstellung.

wurde in die der Decke zugewandten Innenrundung ein Falz mit 17 mm Tiefe eingefräst.
Eine rohe, 16 mm starke Spanplatte, die um soviel größer als der Falz breit ist, wird dazu als Unterkonstruktion für die Verbretterung ausgeschnitten. Das Zentrum für die Lichtleitung wird durchbohrt und die Platte an die Rohdecke gedübelt.

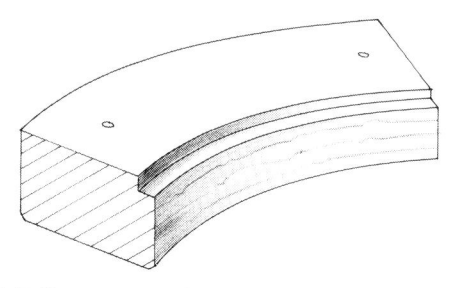

247 Segment des Deckenrundteils mit gefälzter Innenkante für die Spanplattenunterkonstruktion.

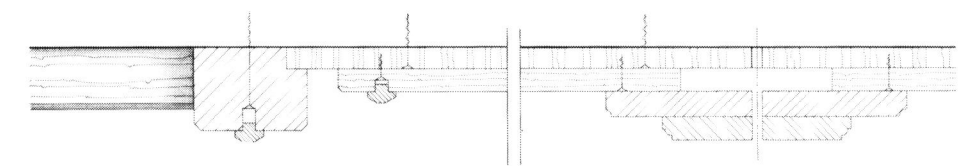

248 Schnitt durch das Deckenrundteil.

Voraussetzung ist, daß die Lichtleitung vorher als Zentrum herausgemessen wurde. Der Rand der Spanplatte wird als spätere Schattenfuge etwa 8 cm breit schwarz gestrichen. Um diese Platte herum werden dann die Segmentbogenteile mit Dübeln an die Decke geschraubt, und zwar so, daß die von hier strahlenförmig ausgehenden Balken, 8 cm stark, auf Mitte Stoß sitzen. Es ist zweckmäßig, die Balkenteilung auf der Spanplatte zu markieren und diese gleich richtungsgerecht zu montieren.

Die Stöße der Balkenteile könne wahlweise stumpf mit Leimangabe zusammengefügt werden, oder man sägt mit der Tischkreissäge eine Nut in die Stroßkante ein und leimt einen schwachen, ellipsenförmigen Hartfaserstreifen dort ein.

Auf die montierte Spanplatte werden die nach Schablone gefertigten Bretter aufgeschraubt. Diese einzusetzenden Bretter sind frontseitig abzufasen oder zu profilieren. Die Mitte des Bretterfeldes und die zuerst angesetzte Schraube wird mit einem oder einem aus vier Teilen zusammengesetzten Brett, das rund ausgeschnitten und dessen Rand profiliert, gedrechselt oder abgefast ist, abgedeckt.

Nachdem die Richtung des strahlenförmig verlaufenden Balkens mit der Schnur aus dem Zentrum herausgemessen worden ist, wird der Balken am Wandbalken angelegt, mit der Schmiege angerissen und abgeschnitten. Danach wird der Balken wieder eingesetzt und die Länge am Kreisbogen festgestellt. Mit der bereits vorhandenen Einachtel-Kreisschablone wird die Rundung angezeichnet und die Länge mit der Schweifsäge abgeschnitten. Die Anschnittkanten sind wiederum mit einer Fase zu versehen. Die Größe der Abfasung ist den vorhandenen Kanten der alten Balken anzupassen.

Wie schon der Umschlag dieses Buches zeigt, ist diese Heimwerkstatt in den eigenen vier Wänden sehr groß, und

249 Ansetzen des Segmentbogenteils auf der Kreissäge zum Einsägen der Federnut.

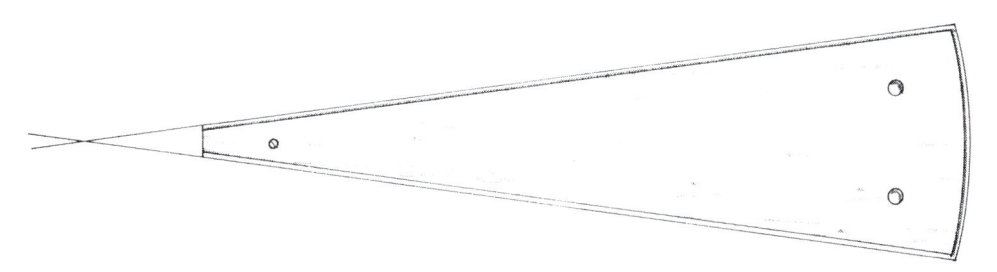

250 Brett für die Verkleidung des Deckenrundteils, alle Kanten sind profiliert.

manch einer hat am Anfang schon gesagt: »Für mich zu groß!« Hat man aber den Mut zum Anfangen gefaßt und besitzt man die Ausdauer zum Fertigmachen, dann wird auch solch ein großer Innenausbau zu schaffen sein. Hinzu kommt, daß man sich in den eigenen vier Wänden Zeit lassen kann. Es muß doch nicht alles auf einmal fertig werden. Mit etwas Geduld läßt sich auch in einer Wohnung leben, die noch nicht vollständig fertig ist. Die Arbeit läuft einem ja nicht davon. Eine halbfertige oder angefangene Arbeit erinnert immer wieder daran, daß man gelegentlich weitermachen muß.

251 Die Baustelle als überdimensionierte Heimwerkstatt,...

252 ... und das Ergebnis einer fertigen Arbeit.

Zum Vergleich möchte ich Ihnen das Titelbild noch einmal vorstellen: Es ist ein überdimensional großer Raum, der den angefangenen Innenausbau in der Werkstatt eines Heimwerkers zeigt. Für manch einen mag das erschreckend sein. Doch dem ist nicht so. Wer sich im Eigenstudio in die Materie einarbeitet, findet auch wieder heraus.

Das Ergebnis ist auf Bild 252 mit der fertigen Einrichtung zu sehen. Die Aufnahme wurde vom gleichen Standpunkt aus wie das Titelbild gemacht. Aller Staub ist weg, die Kabel für die Notbeleuchtung und das Werkzeug wurden entfernt, auch der Ärger, der während der Bauzeit zu überwinden war, ist jetzt vergessen. Ist der Raum aber erst eingerichtet und bewohnt, verschmerzt man auch, wenn noch einiges fertiggestellt werden muß, zum Beispiel der offene Kamin und verschiedene Abschlußarbeiten.

Vergleichen Sie einmal den leeren Erkerausbau in Bild 228 mit dem fertigen Innenausbau einschließlich Möblierung. Schlägt Ihnen das Herz da nicht etwas höher? Das Foto ist von der Galerie der gegenüberliegenden Seite aufgenommen worden und läßt noch einen Blick auf die Sitzecke im Erdgeschoß zu.

Desgleichen kann man einen Blick von der Galerie auf die Sitzgruppe an der Außenwand unter der Fensterreihung werfen. Auf diesem Bild erkennt man deutlich die Höhe des Gesamtraumes. Es war nicht einfach, die Lampen mit den drei selbstgefertigten Keramikschirmen an die Balkendecke zu hängen. Dazu wurde extra eine lange Leiter benötigt. Der Platz unter dem hohen Fenster auf der Galerie ist doch bestimmt ein schöner geruhsamer Arbeitsplatz mit Blick über die gesamte Wohnfläche und in die freie Natur.

Bild 255 zeigt die gleiche Sitzgruppe, wie soeben von oben gesehen, jetzt aus der Sicht eines im Raum stehenden Betrachters. Hier vermißt man lediglich noch den Einbauschrank an der rechten Wand. Aber auch er wird eines Tages eingebaut sein.

Die Abschlüsse der Galerie und die Anordnung der vier kleinen Fenster, die mit Butzenisolierglas verglast sind, sind deutlich zu erkennen. Ebenso das Wandteil über dem Schiebefenster bis zum Dachflächenansatz.

Könnte das alles nicht auch für Sie, lieber Leser, ein Anreiz sein, so etwas in ähnlicher Weise nachzuvollziehen?

Gehen wir jetzt vom Wohnzimmer über ein paar Stufen in die höher liegende Eßdiele. Links ist die gemauerte hübsch bepflanzte Blumenwanne zu sehen, über dem Betrachter befindet sich die Decke der Galerie mit den kopfpofilierten Balken, den Einbaustrahlern mit gedrechselten Holzeinfaßringen, dazu wird sichtbar die Frontkante der Galerie, noch mit dem Namen des ehemaligen Besitzers dieses Balkenstückes und dem Verarbeitungsdatum, 1850, schön eingekerbt und schwarz ausgelegt.

Und über diesem Galeriefrontbalken sieht man die in gleichmäßigen Abständen montierten, schön gedrechselten Geländerstäbe und Eckpfosten mit abschließendem, profiliertem Handlauf, der sich im Treppenaufgang wiederfindet und am Eingang der Eßdiele endet.

Geradeaus vor uns, über dem Eßtisch,

ist das runde Deckenteil zu sehen. Bild 229 nach zu urteilen könnte man meinen, die strahlenförmig angeordneten Deckenbalken führten direkt dorthin.

In der Eßdiele gehen wir auf das verschobene Zentrum mit dem Eßplatz zu. Links davon in der Ecke der schlichte Kachelofen. Anschließend, etwas weiter links, die Kücheneingangstür als betontes Fachwerkelement. Dazu rechts unter dem großen Fenster die langgezogene, mit Klinkern aufgemauerte Blumenwanne. Drehen wir uns halb um, so stehen wir vor der Windfangtür aus Glas, die mehr nach einem Burgportal als nach einer Ganzglastür ausschaut. Und wenn wir jetzt dem sich öffnenden Deckenbalken folgen, der links an die einfassende Verkleidung der Treppenöffnung und rechts an den Wandbalken über der Glastür endet, befinden wir uns im Flur zu den Nebenräumen.

Hat Ihnen die Ganzglastür besonders gefallen und wollen Sie sich mit dem Gedanken befassen, etwas Ähnliches zu tun, so besprechen Sie Ihre Absicht mit dem Glastürlieferanten. Er wird die Türgröße ausmessen und gibt Ihnen die sichtbare Glasfläche zwischen den Glaseinstellrahmen an. Sie können dann in Ruhe Ihre Schablone für die Balkenaufdoppelung, im Maßstab 1:1, anfertigen und legen dann gemeinsam mit dem Glaslieferanten die Bohrlöcher fest. Wenn Sie technisch begabt sind, fertigen Sie gleich eine Zeichnung mit der entsprechenden Bohrlochbemaßung an. Jedes Bohrloch muß, von der Achse aus gemessen, in der Höhe und im seitlichen Abstand bemaßt werden, und die Lochgröße muß genau angegeben sein.

Sicher werden Sie auf einigen Fotos bemerkt haben, daß in die rustikale Einrichtung moderne Möbel und Einrichtungsteile mit eingebracht worden sind. Das ist kein Stilbruch, sondern es verdeutlicht den Mut zum heutigen modernen Wohnen. Andererseits sind die vorhandenen Möbel erst einmal mitgebracht worden und werden eines Tages auch anderen weichen müssen. Vieles hat auch noch keinen festen Platz.

So steht der Fernseher noch auf dem Fußboden herum und die Bilder und Dekorationen liegen noch im Umzugsgepäck. – Die Aufnahmen sind erst wenige Tage nach dem Einzug gemacht worden. –

Anerkennend soll hier noch angemerkt sein, daß die Bauherrin ihre Keramikfliesen für die Küchenwände und ihre Keramik-Lampenschirme so rechtzeitig in eigener Heimwerkstatt liebevoll gefertigt hat, daß zum Einzugstermin die Fliesen verlegt und die Lampen aufgehängt werden konnten.

Es ist für die Gestaltung eines so umfangreichen Innenausbaues anzuraten, daß man sich rechtzeitig Gedanken macht und diese aufschreibt oder skizziert und dadurch Ideen sammelt. Später, wenn die Sache spruchreif wird, kann man ergänzen, streichen und sich erforderlichenfalls noch den Rat von Fachleuten einholen.

Kommen Sie zu keiner Gesamtkonzeption und gelingt es Ihnen nicht, Ihre Einzelwünsche in die Gesamtheit unterzubringen, dann ist es besser, Sie lassen sich die Planung fertig erstellen. Schließlich ist es ja eine Investition, die auf Dauer Gefallen finden soll.

253 Der Erker, fertig ausgebaut.

254 Blick von der Galerie auf die Sitzgruppe.

255 Die Sitzgruppe im Blickfeld des Eintretenden.

256 Blick auf die Abschlüsse der Galerie und zu den Fenstern.

257 Der Zugang vom Wohnzimmer zur Eßdiele.

258 Die Eßdiele, Blick über den Eßplatz zum Kachelofen.

Blättern Sie nochmals zurück, und schauen Sie erneut in die Eßdiele oder den »Raum zum Feiern« hinein, so wie dort gezeigt, kann auch jeder andere Raum, auch der Ihren Wünschen gemäße, entsprechend abgewandelt eingerichtet sein.

Ich hoffe sehr, daß Ihnen der in diesem Buch gezeigte Rundgang durch die Wohnung den rustikalen Innenausbau leichter und verständlicher gemacht hat und Ihnen bei der Gestaltung und handwerklichen Fertigung eine Hilfe sein wird.

Herstelleranschriften

Sandgestrahlt
  Bretter
  Profilleisten
  Konstruktionsmaterialien für Hohlbalken und Decken

ROTAN GmbH Holztechnik
Am Steinbruch 7
8121 Polling

Sandgestrahlt
Sandgestrahlt und geflammt
  Vollholzbalkenschalen
  Strukturpaneele
  Vollholzbalken

MAFI-Deckenwerke GmbH
Martin Fillafer
7944 Herbertingen

Sandgestrahlt
Geschruppt
  Profilbretter
  Profilleisten
  Hohlbalken verleimt

Hermann Wiebel GmbH & Co. KG
Hobelwerk
Postfach 61
8207 Endorf/Obb.

Behackt oder behauen
  Balkenschalen
  Massiv-Balken
  Profilbretter

Martin Menz
Rustikale Oberflächen
Waldmühlenweg 6
6411 Ehrenberg 3 - Reulbach

Echtholz
  Deckenbalken
  Paneele
  Profilleisten

Wilhelm Linden
Dorstener Str. 199
4200 Oberhausen 11

Geschruppt
  Balken
  Deckenprofilbretter
  Profilleisten

Jörg Overlack
Rauentaler Str. 50
7550 Rastatt

Massivholz
  Verleimte Lamellenplatten
  Deckenpaneele furniert
  Profilleisten

ruff-Holz
Industriestr. 14
8510 Fürth-Bislohe

Massivholz
  Deckenbretter
  Hohlbalken
  Rundbalken verleimt
	Wimmer — Innenausbau
	Egerlandstr. 12
	8266 Töging a. Inn

Eiche-Massivholz
  Hohlbalken
  Konsolen
	Gustav Wermann
	Rustikale Raumgestaltung
	5401 Oppenhausen/Hunsrück

Furniert Decken — Kassettenplatten	Feintechnik Hubert Clompe Postfach 60 7114 Pfedelbach

Rustikale Fertigteile aus geschäumtem Kunststoff mit Holzdekor
  Balken
  Konsolen
  Paneele
	Necumer-Vertrieb GmbH
	Gartenstr. 4
	4508 Bohmte

Balken
  Konsolen
  Paneele
	Wellwood Deutschland GmbH
	Industriestr. 56
	4150 Krefeld

Ergänzende Halbfertigteile für den rustikalen Innenausbau
Gedrehte Holzteile
  Säulen
  Sprossen
  Handläufe
	Müller Kirchbrak GmbH
	Holzwerk
	Bahnhofstr. 4
	3452 Kirchbrak

Stichwortregister

A
Abbruch (bestehende Zwischenwand) 79
Abdeckbrett 46
Abdeckkappe 19
Abfasung 11
Abhängekonstruktion 32
Abhängung 21, 30
Abschlußwange 90, 136
Abstandsschablone 19
Abstellauszug 51
Abstellboden 40
Abstellbord 38
Abstützwinkel 99
Achtelkreisteil 97
Aluwinkel 61
Anleimer 53
Anschlagleiste 53
Anschnittkante 11
Anschnittkantenbearbeitung 11
Ansetzfuge (Deckenverkleidung) 135
Aufbauschablone 52
Aufblendung von Fachwerk 34
Aufhängedübel 89
Aufschraubband, schmiedeeisernes 54
Aufschraubmodell 65
Auftrennen der Balken 35
Ausfräsung 44
Außenwange, profilierte 90

B
Balken, gerissener 9
Balken, kopfprofilierter 147
Balkenanschnitt 35
Balkendecke 10
Balkendecke, unterteilte 20
Balkenfries 12
Balkeninnenschablone 67
Balkenkassettendecke 24
Balkenkopf 56
Balkenkopf, auskragender 56
Balkenkopf, profilierter 73
Balkenkreuz 38
Balkenkreuz, geschweiftes 40
Balkenschablone 32
Balkenschale 44
Balklenschale, flache 10
Balkenschale mit Einschubnut 16
Bankgröße 87
Baufeuchtigkeit 9
Baukleber 63
Befestigungskralle 45
Beileimer 104

Beize 9
Beize mit Wachszusatz 10, 109
Beleuchtungsbalken 122
Beleuchtungsblende 41
Betonsäule 81
Blechtreibschraube 58
Bleiverglasung 73
Blumenwanne 77
Bodenträgerlochreihe 70
Bogenteil 38
Bogenunterkonstruktion 28
Brett, sandgestrahltes 74
Brettabhängung 32
Brüstung 77
Brüstungselement 122
Butzenisolierglas 152

D
Dachlattenkonstruktion 31
Dämmeffekt 14
Decke mit innerem Beleuchtungsfeld 21
Decke, rustikale 14
Decke, tiefer abgehängte 22
Deckenauflagebalken 131
Deckenansatzbalken 134
Deckenträger 81
Doppelplatte 68
Drehkippfenster 129
Drehstangenmöbelschloß 54
Drückergarnitur, schmiedeeiserne 128
Durchreicheöffnung 126

E
Eckabdeckplatte 94
Eckbank, eingebaute 41
Eckleiste, profilierte 27
Eckverbinderleiste 67
Eiche (Hartholz) 9
Eigengewicht 33
Einachtel-Kreisschablone 150
Einachtel-Segmentbogen 148
Einlaßmodell 65
Einschubbrett 16
Einsetzpunkt (Zirkelschlag) 98
Einstellnut 76
Einzelfeldmaß 43
Elektroabzweigdose 29
Eßdiele 116
Eßtisch 87

F
Fachwerkabgrenzung 83
Fachwerkaufblendung 34, 133
Fachwerkaufblendung aus Balkenschalen 52
Fachwerkfeld 34
Fachwerkfüllung 77
Fachwerktrennwand 66
Fachwerkzwischenwand 70
Fase 11
Feldteilung 43
Fensterlaibung (Einfassung) 61
Fenstersturzverkleidung 122
Fenstervorreiber 133
Fertigbalken 10
Fertigteil 107
Festhalter 33
Fichte 9
Fleckbildung 12
Fliesenbelag 114
Frontanleimer 77
Frontbalken 24
Frontblende 12
Frontstück 51
Frontumleimer 77
Furnierkante 90
Fußboden 113
Fußbodenbelag 113
Fußbodenheizung 62
Fußgestell, gestemmtes 87
Fußstützwange 87

G
Galerieaufbau 146
Galeriebrüstung 139
Galeriepodest 137
Gehrung 44
Gehrungsecke 94
gezapft 67
Gipskartonplatte 22
Gipskarton-Verbundplatte 46
Glastür 77
Glastürband 77
Gleitkeil 33
Grobstruktur-Mörtel 12

H
Halbfertigteil 107
Halbrundbank 98
Handschweifsäge 87
Heizkörper 62
Heizkörperbeschlag 64
Heiznische 62

Heizungsverkleidung, rustikale 62
Hirnholz 37
Hirnholzstreifen 36
Hochdruck-Heißwassergerät 146
Höhenausgleich durch Brettabhängung 31
Höhenlasche 31
Hohlbalken 67
Hohlkörper aus Brettern 22
Holzbemalung 110
Holzdübel 36
Holzeinfaßring, gedrechselter 152
Holzfederleiste 16
Holzfußboden 114
Holzkonsole 40
Holzring, gedrechselter 139
Holzrosette 141

I
Innenkorpus (Querbalken) 32

K
Kachelofen 62
Kamin, dreiseitig offener 139
Kantenprofil 11
Kantenumleimer 103
Kassettendecke (Aufbau) 26
Keilverschluß 104
Kellenwurf 81
Kiefer 9
Knagge 41, 55
Konsole 55
Konterlattung 16, 60
Kopfteilprofilierung 22
Kragbalken 56
Kreuzwange 102
Kunststoffputz, grobkörniger 12
Kunststoffwinkel 61

L
Lackierarbeit 109
Lacknest 109
Landhausgardine 115
Langband 59
Langfeldleuchte (abgedeckte Ausführung) 12
Langholz 32
Langriemen 114
Latte, aufgesattelte 51
Lattenabhängung 32
Lehnenholm 98
Leichtmetallblech 63
Leistenkreuz 102
Leuchtstofflampe, abgedeckte Ausführung 122
lichtes Maß 77
Lichtkanalabschottung 14
Linsenkopfschraube 55
Lochbandeisen 131
Löffeleisen 108
Luftaustritt 100

M
Magnetschnäpper 54
Maserolbeize 125, 131
Maßdifferenz 26
Maßeinteilung 26
Maßerrechnung 11
Massivanleimer 55
Massivbalken 67
Massiv-Eichenholz 9
Massivholz 9
Mehrschichtenplatte 97
Messingverglasung 73
Mittelbalken 11
Mittelpfette, eingezogene 137
Möbelbauplatte 75
Möbelbauplatte, kunststoffbeschichtete 103
Montage der Balkenfriese 13
Montage der Stützbalken 37
Montagebrett 45, 133
Montagekralle 58
Mosaikparkett 114
Musterversatz 92

N
Nagel, gestauchter 27
Nischenverkleidung 47
Noniusabhänger 31
Nut- und Federbrett 45

O
Oberfläche, behauene, behackte 108
Oberfläche, gebrannte, geflammte 107
Oberfläche, geschruppte 107

P
Parkettfußboden 114
Partyraum 126
Probebeizung 109
Profilbrett 14, 45
Profilbrett, nordisches 128
Profilbrett, sandgestrahltes 62

R
Randfries 27
Rapport 92
Raumteiler 55
Reaktionsbeize 119
Reflektionsfolie 63
Reinigungsöffnung 29
Rückenpolsterung 91
Rundbank 97
Rundbogendecke 28
Runddecke 42

S
Säulenfußgestell 102
Säulentisch 101
sandstrahlen 35

Schädlingsbefall 35
Schattenfuge 150
Schattennut 14
Schattennut, umlaufende 141
Scheinbalken 127
Scheinbalken, gebogener 129
Scheinband, schmiedeeisernes 59, 128
Schein-Hängebalken 139
Scheunenbrett 141
Schloßschraube 92
Schmiege 37, 105, 150
Schnellspannabhänger 31
Schnittbuckel 106
Schraube, selbstschneidende 58
Schraubzwinge 64
Schrupphobel 107
Schubkasten 51
Segmentbogen 38, 117
Segmentbogendecke 127
Segmentdecke 28
Setzlatte 43
Sitzabschlußleiste 91
Sitzauflegeleiste 99
Sitzplatte (auf Gehrung schneiden) 91
Sitzpolster 91
Sitzpolsterplatte 91
Sockelbalken 44
Sockelbrett 58
Spaltklinker 35, 128
Spanplatte 22, 28
Spanplattenschraube 58
Spezial-Schaumstoffkleber 92
Stäbchenparkett 114
Stahllochblech 63
Stahlsäule 81
Stahlträger-Unterzug 84
Stichsäge, elektrische 87
Stollenwand 73
Stoßfugenversatz 99
Strebe 37
Streckmetall 63
Stützbalken 36, 38
Stützelement, freitragendes 55
Stützknagge 69
Stulpbrett 18
Stulpkonstruktion 17
Stulpschalung 17
Sturmhaken 136
Styroportapete 63

T
Teildecke 31
Teppichauslegeware 114
Tisch 101
Tischgröße 87
Trennwand 55
Trennwand, gemauerte 117
Türaufdoppelung 58
Türblattverkleidung 58

159

Türdurchbruch 42
Türeinfassung 56
Türfutter 56
Türfutterverkleidungsbrett 58
Türverkleidung 38

U
U-Balken 68
Übergangsheizung 145
Umleimer 88, 90
Unterfries 45
Unterkonstruktion 28
Unterlattung 16
Unterlattung, verstärkte 46
Unterspanngaze 92
Unterzug 81
U-Schiene 65

V
Verbindungszarge 136
Verblendklinker, handgeformter 40
Verbretterung der Fachwerkfelder 45
Verkleidungsbrett 61
Verschalung im Bogenbereich 28
Verschalung (verlegen) 28
Versenkstift 27
versenktverschrauben 19
Verstrebungsbalken 139
Vorhangbalken 21
Vorhangschiene 10
Vorhangstange 115
Vorreiber 128
Vorschaltgerät 12

W
Wabenaufbau 58
Wabentür 58
Wärmeisolierung 17
Wandquerbalken 44
Wangenholm 96
Wangenkreuz 103
Wangentisch 101
Wangenverbreiterung 99
Wasserabstellhahn 29
Wasserwaage 43
Wurmbefall 35

Z
Zierdübel 148
Zierverkleidung 38
Zugmesser 108
Zusatzleiste, nutbildende 76

Bildnachweis

Titelbild: Martin Lange, 8641 Marktrodach

Alle übrigen Bilder und Zeichnungen stammen vom Verfasser.